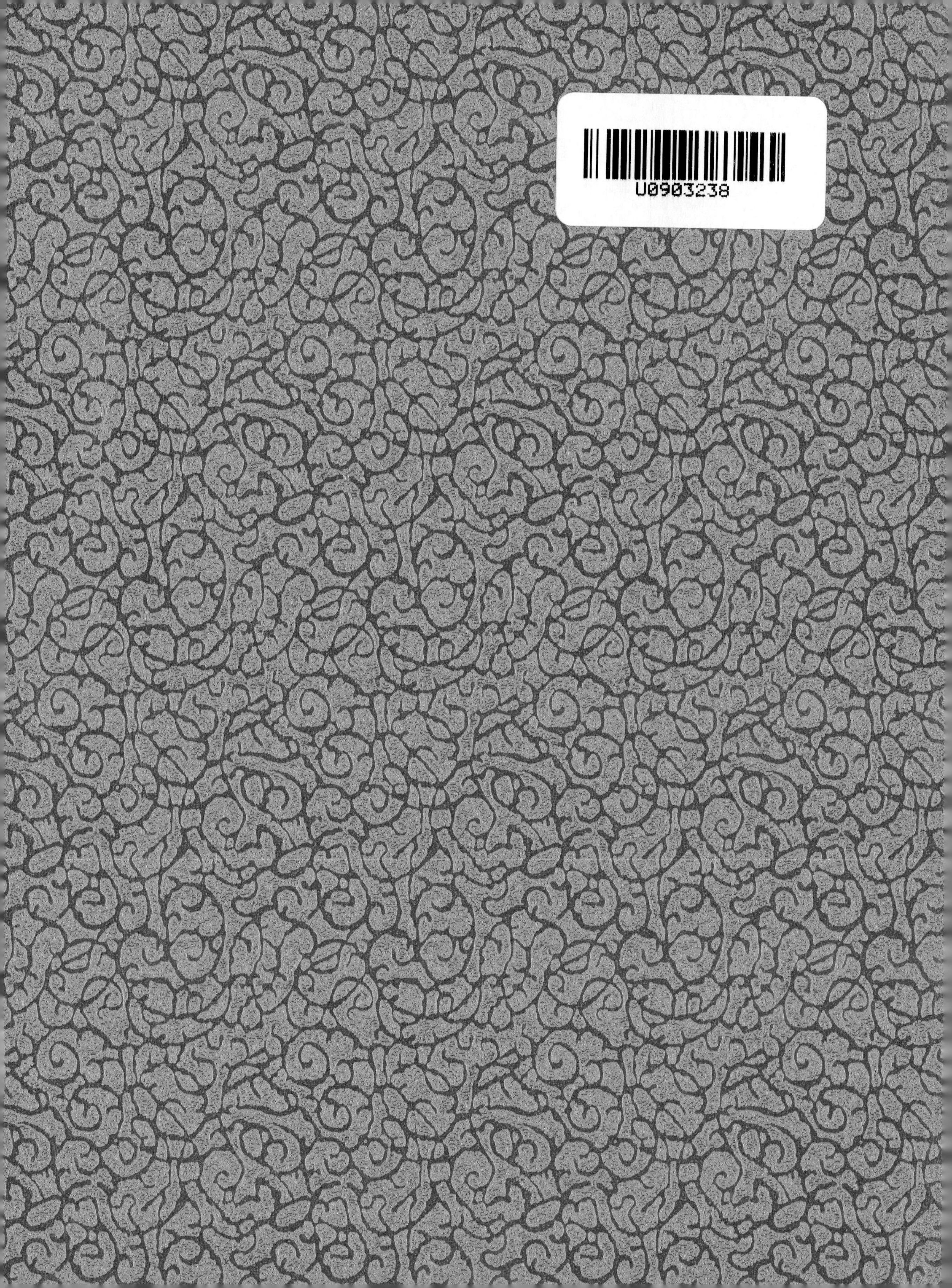
U0903238

Omnia Vincit Amor:
Memento Mori.
你必将死亡，
爱征服一切。

图书在版编目（CIP）数据
爱洛芙19卷/PING Z著. —北京：中国和平出版社，
2006．11
ISBN 7-80201-534-0

Ⅰ．爱… Ⅱ．P… Ⅲ．法国－中世纪史－通俗读物
Ⅳ．K565.3-49
中国版本图书馆CIP数据核字（2006）第125904号

爱洛芙19卷

PING Z 著
选题策划／王蕾
责任编辑／王蕾
美术编辑／谢颖
协理美编／温钰 刘天易
封面设计／海凝
责任校对／王秀玲
责任印制／王红 宋小仓
出版发行／中国和平出版社
社　　址／北京市西城区鼓楼西大街154号（100009）
发 行 部／（010）84026164　84026019
网　　址／www.hpbook.com
经　　销／新华书店
印　　刷／北京外文印刷厂
规　　格／787×1092mm 1/16 15印张
版　　次／2006年11月第1版 2006年11月第1次印刷
ISBN 7-80201-534-0/K·028
定　　价／39.80元

LA AMOUR in XIX Bookes
by PING Z
a Chinese Citizen

中国和平出版社

Memento
Mori
Omnia
Vincit
Amor

**This book is dedicated to my most witty
and no less learned friend
Geoffrey H. Grimm
(1917–1999)
for an eternal remembrance.**

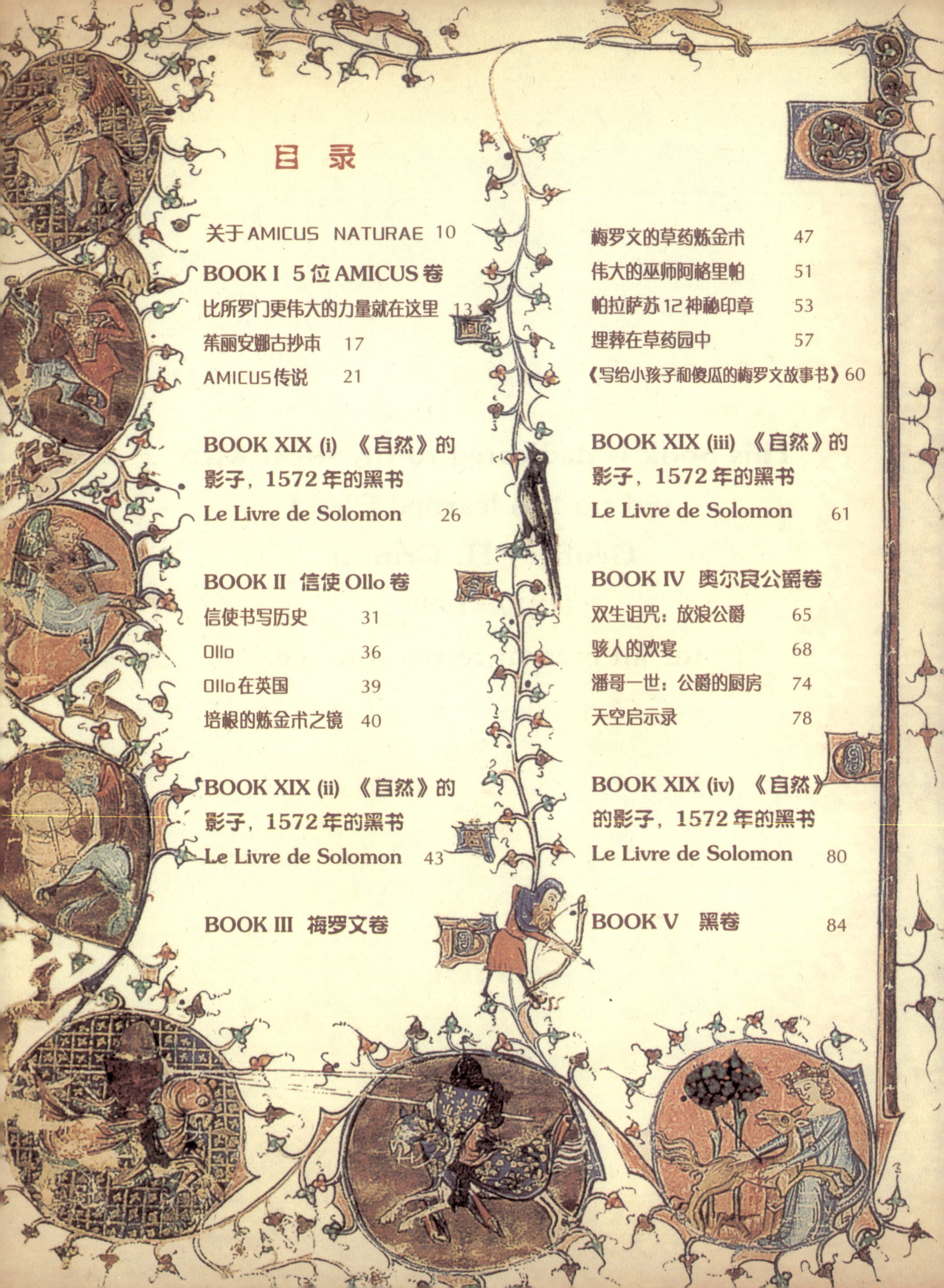

目 录

关于AMICUS NATURAE 10

BOOK I 5位AMICUS卷

比所罗门更伟大的力量就在这里 13

茱丽安娜古抄本 17

AMICUS传说 21

BOOK XIX (i) 《自然》的影子，1572年的黑书 Le Livre de Solomon 26

BOOK II 信使Ollo卷

信使书写历史 31

Ollo 36

Ollo在英国 39

培根的炼金术之镜 40

BOOK XIX (ii) 《自然》的影子，1572年的黑书 Le Livre de Solomon 43

BOOK III 梅罗文卷

梅罗文的草药炼金术 47

伟大的巫师阿格里帕 51

帕拉萨苏12神秘印章 53

埋葬在草药园中 57

《写给小孩子和傻瓜的梅罗文故事书》60

BOOK XIX (iii) 《自然》的影子，1572年的黑书 Le Livre de Solomon 61

BOOK IV 奥尔良公爵卷

双生诅咒：放浪公爵 65

骇人的欢宴 68

潘哥一世：公爵的厨房 74

天空启示录 78

BOOK XIX (iv) 《自然》的影子，1572年的黑书 Le Livre de Solomon 80

BOOK V 黑卷 84

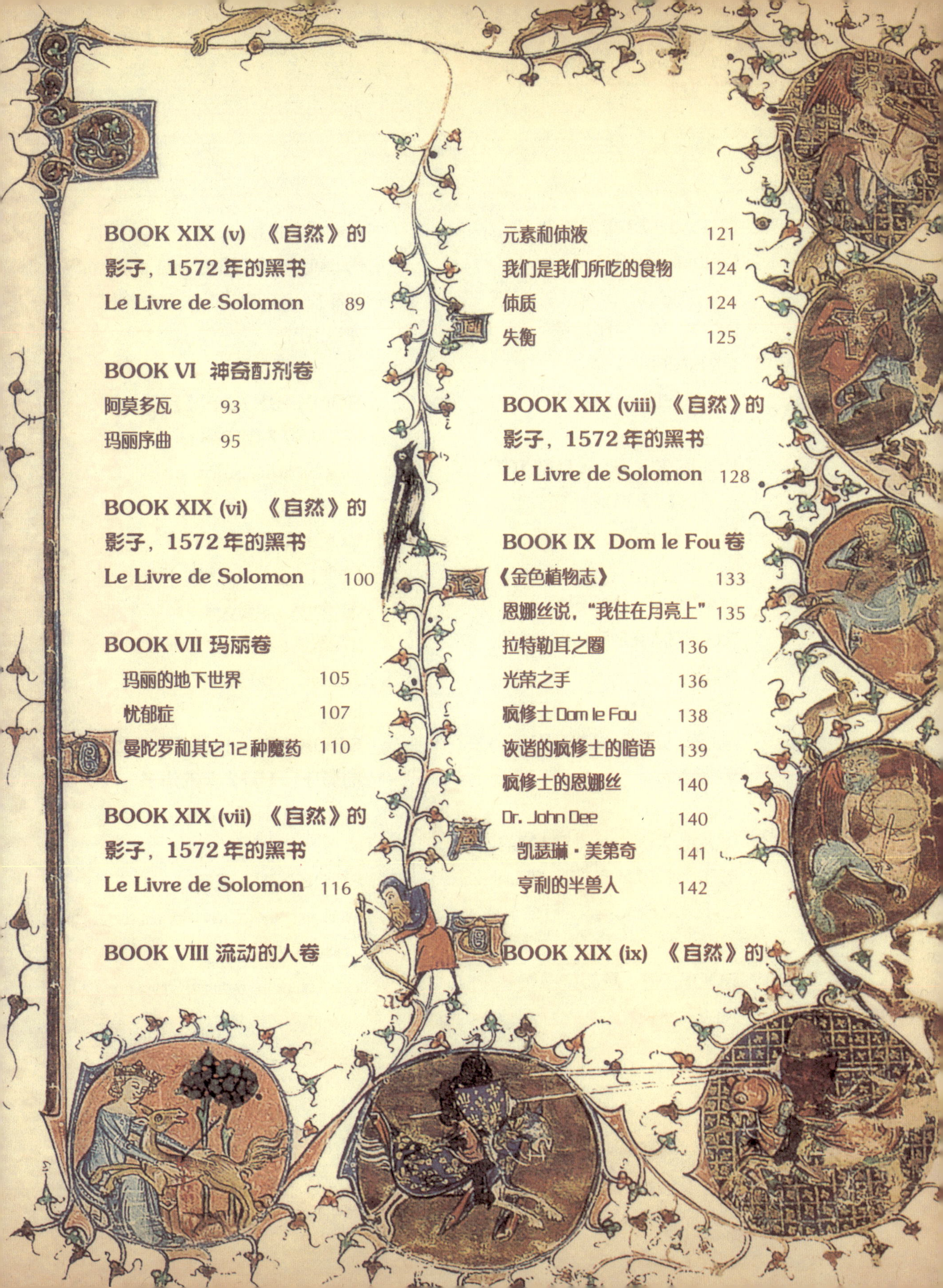

BOOK XIX (v) 《自然》的影子，1572年的黑书 Le Livre de Solomon 89

BOOK VI 神奇酊剂卷
阿莫多瓦 93
玛丽序曲 95

BOOK XIX (vi) 《自然》的影子，1572年的黑书 Le Livre de Solomon 100

BOOK VII 玛丽卷
玛丽的地下世界 105
忧郁症 107
曼陀罗和其它12种魔药 110

BOOK XIX (vii) 《自然》的影子，1572年的黑书 Le Livre de Solomon 116

BOOK VIII 流动的人卷
元素和体液 121
我们是我们所吃的食物 124
体质 124
失衡 125

BOOK XIX (viii) 《自然》的影子，1572年的黑书 Le Livre de Solomon 128

BOOK IX Dom le Fou卷
《金色植物志》 133
恩娜丝说，"我住在月亮上" 135
拉特勒耳之圈 136
光荣之手 136
疯修士Dom le Fou 138
诙谐的疯修士的暗语 139
疯修士的恩娜丝 140
Dr. John Dee 140
凯瑟琳·美第奇 141
亨利的半兽人 142

BOOK XIX (ix) 《自然》的

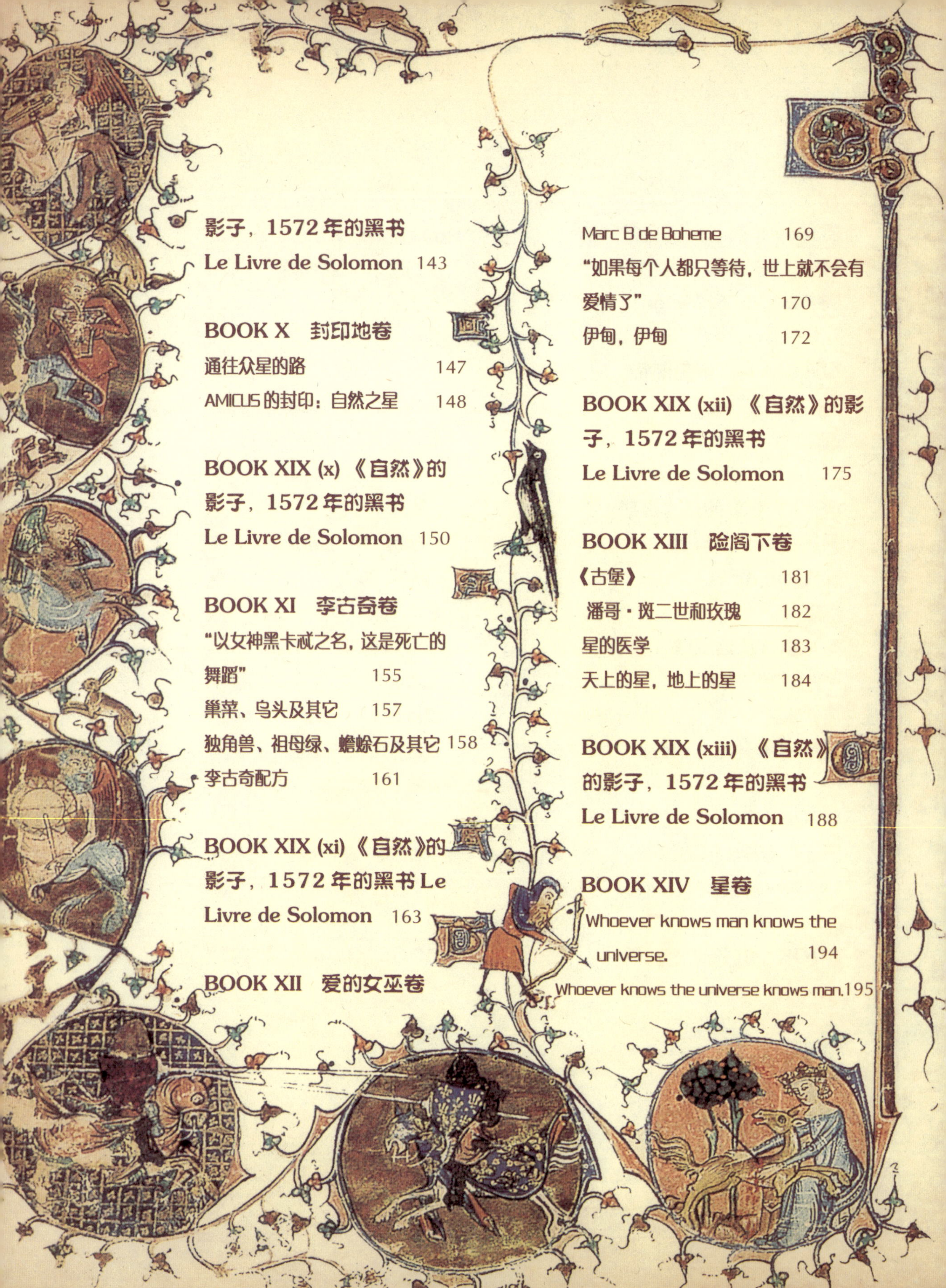

影子，1572 年的黑书
Le Livre de Solomon 143

BOOK X 封印地卷
通往众星的路 147
AMICUS 的封印：自然之星 148

BOOK XIX (x) 《自然》的影子，1572 年的黑书
Le Livre de Solomon 150

BOOK XI 李古奇卷
"以女神黑卡忒之名，这是死亡的舞蹈" 155
巢菜、乌头及其它 157
独角兽、祖母绿、蟾蜍石及其它 158
李古奇配方 161

BOOK XIX (xi)《自然》的影子，1572 年的黑书 Le Livre de Solomon 163

BOOK XII 爱的女巫卷
Marc B de Boheme 169
"如果每个人都只等待，世上就不会有爱情了" 170
伊甸，伊甸 172

BOOK XIX (xii) 《自然》的影子，1572 年的黑书
Le Livre de Solomon 175

BOOK XIII 险阁下卷
《古堡》 181
潘哥·斑二世和玫瑰 182
星的医学 183
天上的星，地上的星 184

BOOK XIX (xiii) 《自然》的影子，1572 年的黑书
Le Livre de Solomon 188

BOOK XIV 星卷
Whoever knows man knows the universe. 194
Whoever knows the universe knows man. 195

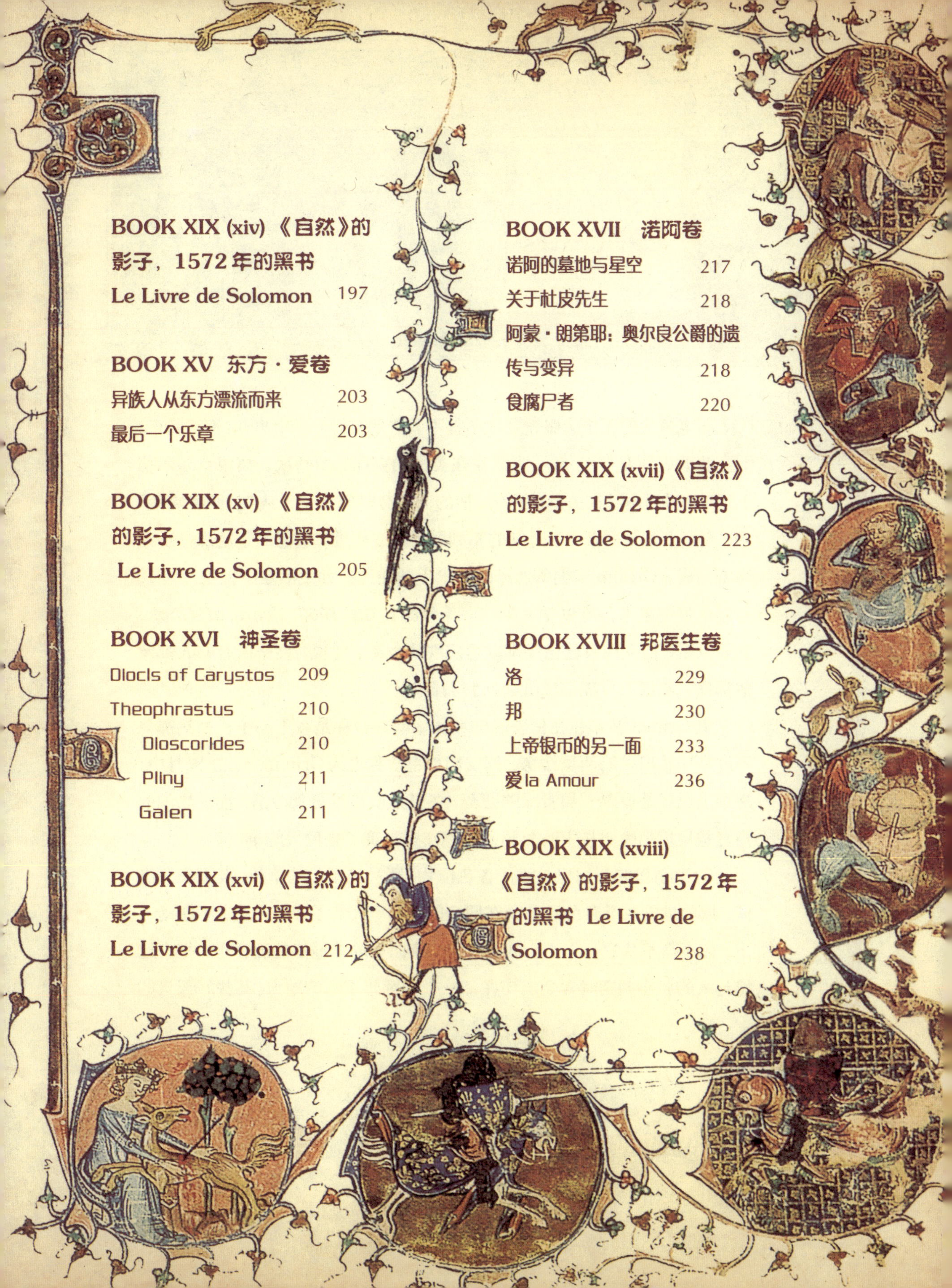

BOOK XIX (xiv)《自然》的影子，1572年的黑书 Le Livre de Solomon 197

BOOK XV 东方·爱卷

异族人从东方漂流而来 203

最后一个乐章 203

BOOK XIX (xv) 《自然》的影子，1572年的黑书 Le Livre de Solomon 205

BOOK XVI 神圣卷

Diocls of Carystos 209

Theophrastus 210

Dioscorides 210

Pliny 211

Galen 211

BOOK XIX (xvi)《自然》的影子，1572年的黑书 Le Livre de Solomon 212

BOOK XVII 诺阿卷

诺阿的墓地与星空 217

关于杜皮先生 218

阿蒙·朗第耶：奥尔良公爵的遗传与变异 218

食腐尸者 220

BOOK XIX (xvii)《自然》的影子，1572年的黑书 Le Livre de Solomon 223

BOOK XVIII 邦医生卷

洛 229

邦 230

上帝银币的另一面 233

爱la Amour 236

BOOK XIX (xviii)《自然》的影子，1572年的黑书 Le Livre de Solomon 238

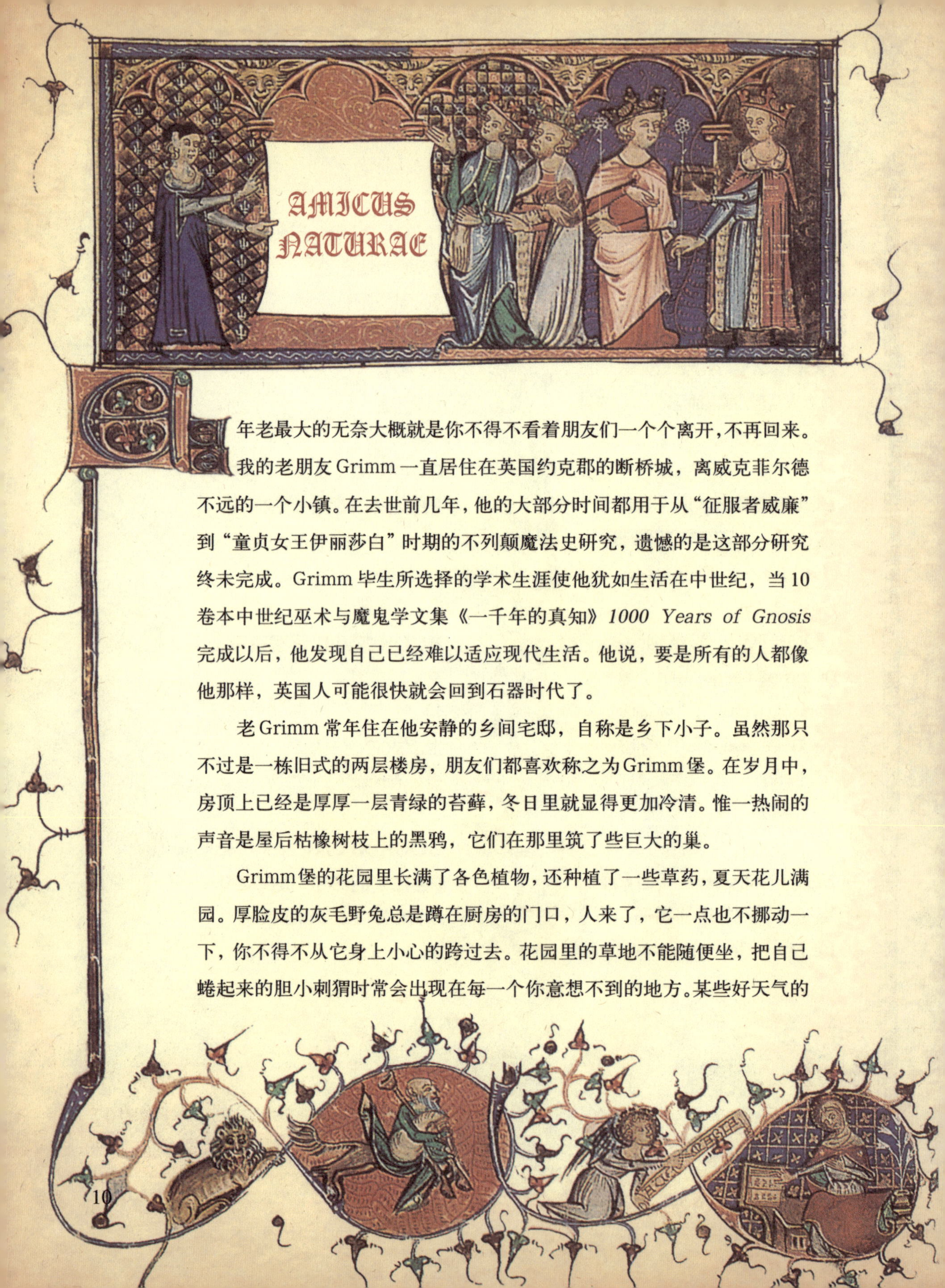

年老最大的无奈大概就是你不得不看着朋友们一个个离开，不再回来。我的老朋友Grimm一直居住在英国约克郡的断桥城，离威克菲尔德不远的一个小镇。在去世前几年，他的大部分时间都用于从“征服者威廉”到“童贞女王伊丽莎白”时期的不列颠魔法史研究，遗憾的是这部分研究终未完成。Grimm毕生所选择的学术生涯使他犹如生活在中世纪，当10卷本中世纪巫术与魔鬼学文集《一千年的真知》*1000 Years of Gnosis*完成以后，他发现自己已经难以适应现代生活。他说，要是所有的人都像他那样，英国人可能很快就会回到石器时代了。

老Grimm常年住在他安静的乡间宅邸，自称是乡下小子。虽然那只不过是一栋旧式的两层楼房，朋友们都喜欢称之为Grimm堡。在岁月中，房顶上已经是厚厚一层青绿的苔藓，冬日里就显得更加冷清。惟一热闹的声音是屋后枯橡树枝上的黑鸦，它们在那里筑了些巨大的巢。

Grimm堡的花园里长满了各色植物，还种植了一些草药，夏天花儿满园。厚脸皮的灰毛野兔总是蹲在厨房的门口，人来了，它一点也不挪动一下，你不得不从它身上小心的跨过去。花园里的草地不能随便坐，把自己蜷起来的胆小刺猬时常会出现在每一个你意想不到的地方。某些好天气的夜晚，老Grimm会和偶尔到访的朋友坐在花园小径旁的椅子上闲聊，现在回想起来，那些有趣的谈话是如此令人怀念啊。

4、5月的时候，老Grimm时常在朋友们闲聊的间隙，走进乱蓬蓬的灌木丛，很快就能从里面找到他想要的东西，有时候是一把石榴色的浆果，有时是一些散发奇特香味的紫色花瓣，为他的蔬菜沙拉做准备。那时候鹊的叫声很吵，它们一刻不停。老Grimm会笑着念叨那首古老的英格兰民谣，

“1 for poor,
2 for rich,
3 for a boy and 4 for a girl,
5 for silver,
6 for gold,
7 for a secret never to be told……”

它能为你预言看见几只鹊会有什么后果。

老Grimm常常说，属于我们的时代已经结束了，还有多少人看见过一粒种子破土而出的样子，看见过它从种子到成熟植株的过程，人们很久以前就不再惊叹于自然的神奇力量，把一切都看得太过理所当然。

我并不想把这个简单的序言变成献给他的墓志铭。

更多自然之友及其成员的历史见于老Grimm撰写的10卷本中世纪巫术与魔鬼学文集*1000 Years of Gnosis*。“自然之友”直译自拉丁文AMICUS NATURAE，这个名字出自老Grimm的创造，而它所指称的那个学会自创立以降，从未曾被命名。

BOOK I
5位AMICUS卷

比所罗门更伟大的力量就在这里

1572年，曾经在一次决斗中被削掉一截鼻子的伟大的丹麦人第谷Tycho Brahe在仙后座发现了一颗超亮的新星，这是人类天文学史上极为光明的时刻，从此欧洲人开始用新的眼光看待他们曾经以为永恒不变的天空。

可是这一年，1572 年，却是巴黎历史上黑暗的一年。

那时候，法兰西之王查理九世还在王座上，他的母亲“毒蛇夫人”凯瑟琳·美第奇就坐在他的身后。她把美丽的玛戈，她的女儿，查理的妹妹，嫁给了纳瓦尔的亨利，也就是后来的法国国王亨利四世。婚

礼成为阴谋，按照凯瑟琳的意愿，在圣巴托罗缪节之夜，来巴黎参加婚礼的胡格诺教徒遭到屠杀，巴黎成为一个屠宰场。在这次杀戮中，大概有3000多名胡格诺教徒失去了生命，鲜血遍地。

痛恨凯瑟琳的人咒骂她和她的儿子们都是魔鬼，在他们的治下，巴黎完全成为撒旦之城。这样的说法即使从字面上理解也是有道理的。根据官方的估算，在1572年的巴黎，大约有三万名巫师——撒旦的信徒。从外表看，这些人有各自不同的社会身份，显赫的贵族，博识的学者，受人尊敬的医生，占星家，甚至虔诚的教士……他们无所不在。但作为巫师，他们却是一样的，都是召唤魔鬼的行家，他们能役使大大小小的魔鬼，在黑夜里利用它们来招回亡灵，寻求财富，制造爱情，干预政治，或是达成最卑鄙下流的目的，满足最阴暗的欲望。

魔鬼听不懂法语、英语或是拉丁语，它们有自己的语言。要召唤它们，需要借助一种书的力量，那就是黑书，它为巫师们提供关于召唤魔鬼应使用的咒语以及最适宜的时刻等技术性指导。在贵族的袖子里，医生和学者实验室最隐秘的墙洞中，上流社会妇人们首饰匣的夹层，都可能找到这样一本书。

1572年的巴黎，最流行的黑书是《所罗门之书》，*Le Livre de Solomon*。巴黎巫师们相信它是一部由所罗门王亲手写成的古老魔法书。全书用古希腊文写成。从字面看，它的内容很简单，讲的是所罗门王从大天使米迦勒那里得到一枚可以召唤魔鬼的指环，他通过指环的力量命令诸魔为他建造那闻名遐迩的所罗门王神庙。书中详细列出了各种魔鬼的名字、它们的魔法所在，以及通过哪位天使及何种方式可以使这些魔鬼臣服。在这本书里，包含了古代魔法、天文、天使学、魔鬼学的知识，直到今天仍被公认为“魔鬼百科全书”。它是巫师们

的必备之书，召魔的咒语手册。

传说中的所罗门王大约生活在公元前9世纪。他在10岁时获得了和上帝对话的机会，上帝问他要什么，他毫不犹豫只选择了智慧，上帝很满意他的回答，于是除了智慧以外，还赐予他能胜过世界上所有王的财富。黄金和宝石在他的王国堆积。单看他每天餐桌上的食物就能知道他的富有，10头肥牛，20头牧牛，100只羊，还有数不清的各类肥禽，鹿和野味。所罗门王的酒杯全用黄金做成。最令人印象深刻的是他的博学。他熟悉所有关于自然的知识，能与各种野兽、鸟类、爬行动物和鱼交谈。而令他成为后世巫师们的偶像是因为他精通魔咒，他能号令天上地下一切神灵，地狱的魔鬼、小妖精、地下宝藏的守护神、水中的女妖、精灵和火蛇。每种植物都告诉他关于它们的秘密。中世纪的欧洲巫师对这个传说深信不疑，他们称所罗门王为世界上第一位伟大的巫师，甚至认为连他的名字本身也具有强大的法力。而《所罗门之书》，那是所有魔法的开端。

然而即使是巴黎最高明的巫师，也不会想到他们手中的《所罗门之书》只是一个残缺的版本，它的最初有另一种样子。如果人世间真有魔法，那它所教授的必定比所罗门王的魔法更伟大。

故事要从茱丽安娜抄本说起。

茱丽安娜古抄本

St. Polyeuctos 教堂里镌刻着对茱丽安娜的赞美，
“她征服了时间，智慧胜过伟大的所罗门。”
在这个时代，女人的智慧并不如此被由衷的赞美。

St．Polyeuctos教堂是拜占庭帝国著名的教堂之一，原本只是由茱丽安娜的曾外祖母Aelia Eudokia修建的一个小教堂，后来茱丽安娜公主将这个教堂扩建，扩建后的教堂宏伟富丽令人惊叹，据说再现了传说中所罗门王神殿的样子，这大概是茱丽安娜公主所做过的了不起的事情之一。

茱丽安娜是Olybrius和Placidia的女儿，大约诞生于公元462年。

她的父亲Olybrius（Flavius Anicius Olybrius，imperator），是一个意大利贵族，472年他当上了西罗马帝国的皇帝。Olybrius的父亲就是在公元395年成为罗马执政官的Anicius Hermogenianus Olybrius。

茱丽安娜的母亲Placidia（Galla Placidia Valentiniana the younger），则来自于更显赫的家族。她的父亲是公元425—455年在位的西罗马帝国皇帝瓦伦提诺三世(Flavius Placidus Valentinianus，imperator)，祖父是西罗马帝国皇帝君士坦丁三世（Constantius III，imperator，421年在位）。

我们再来追溯Placidia母亲Licinia Eudokia的家族。Licinia

Eudokia（Licinia Eudokia Theodosia，augusta）的父亲是东罗马帝国皇帝狄奥多西乌斯二世（Theodosius，imperator ，408—450年在位），狄奥多西乌斯二世的父亲是Arcadius（Flavius Arcadius

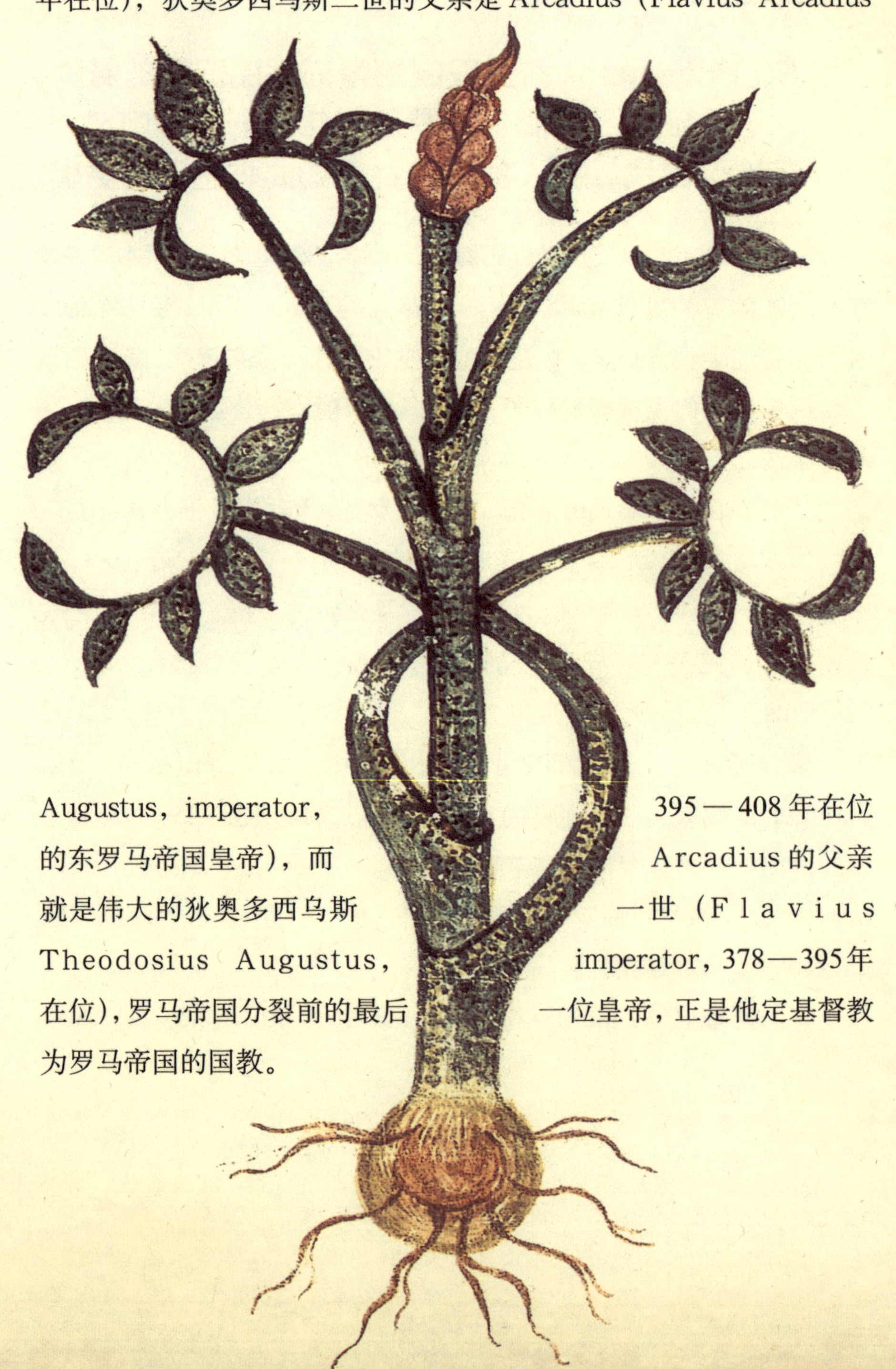

Augustus，imperator，395—408年在位的东罗马帝国皇帝），而Arcadius的父亲就是伟大的狄奥多西乌斯一世（Flavius Theodosius Augustus，imperator，378—395年在位），罗马帝国分裂前的最后一位皇帝，正是他定基督教为罗马帝国的国教。

可是茱丽安娜直到今天还被人们记得却不是因为这些高贵的祖先。

当古罗马帝王的殿堂崩塌，声名在历史中暗淡，如同他们的肉体在泥土中腐败，茱丽安娜公主的名字却因为一本书而不朽。

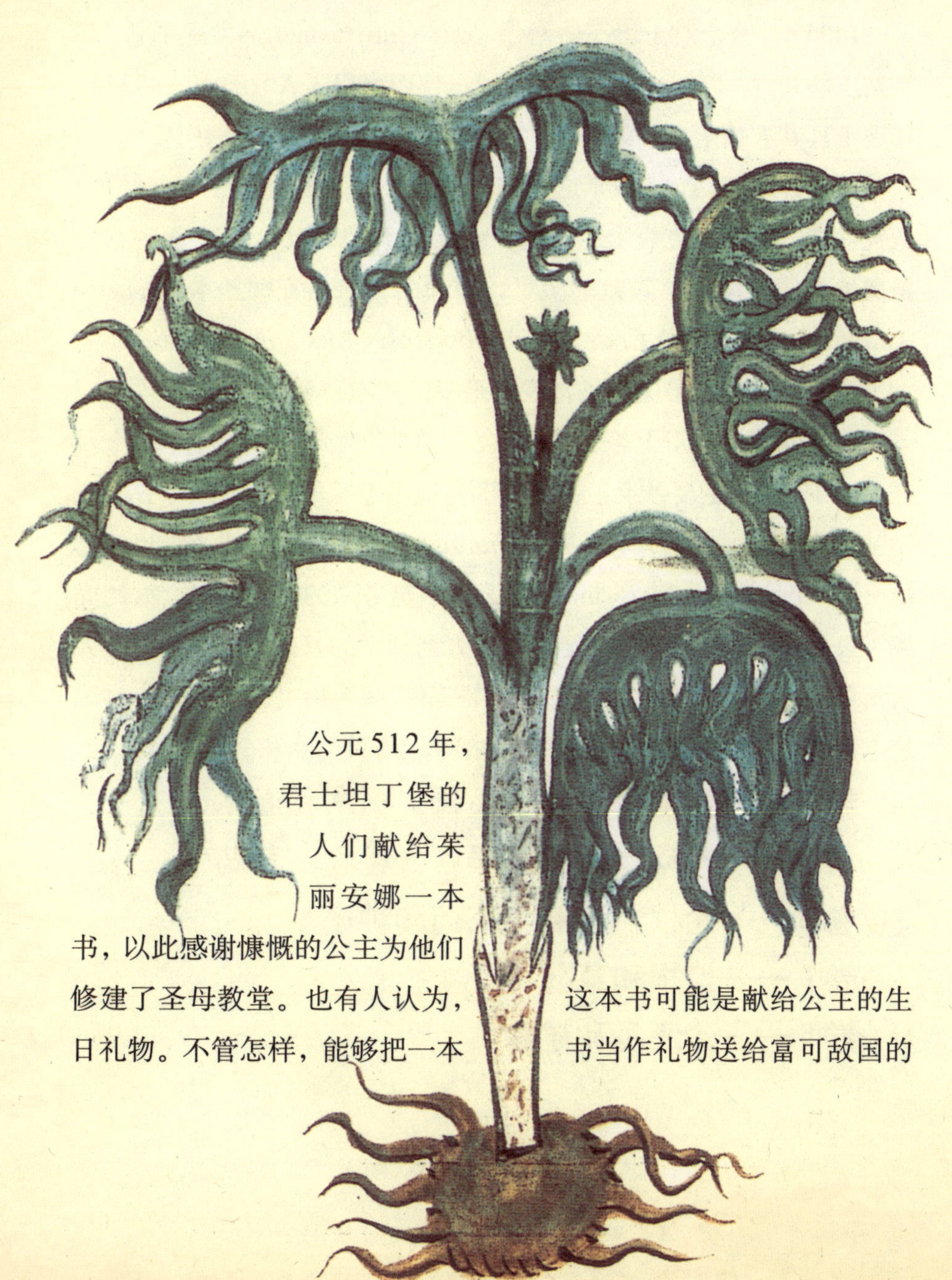

公元512年，君士坦丁堡的人们献给茱丽安娜一本书，以此感谢慷慨的公主为他们修建了圣母教堂。也有人认为，这本书可能是献给公主的生日礼物。不管怎样，能够把一本书当作礼物送给富可敌国的罗马公主，可见这书弥足珍贵。

从此，这份属于公主的皇室财产在君士坦丁堡沉寂了近900年。之后，它的历史可以说相当传奇。

1406年，一个君士坦丁堡僧侣John Chortasmenos发现了它，并将其重新装订。17年之后，它又属于一位西西里人Aurispa。1453年，它被土耳其人掠走，100年后，它在一个犹太人Hamon手中。

历经许多辗转，1569年这本书被欧洲人买下送到维也纳，献给神圣罗马帝国皇帝马克西米连二世Emperor Maximilian II，而现在它是奥地利国家图书馆收藏的宝贝，被命名为茱丽安娜抄本*Juliana Anicia Codex*，编号*Codex Vindobonensis Medicus Graecus 1*。

这就是世界上最美的书，现存最早的图本草药书。

茱丽安娜抄本用上等羊皮制成，尺寸370 × 312mm，有491个对开页。由于抄本主要抄录了古希腊医生迪奥考莱的著作《药物书》，所以又被称为《维也纳迪奥考莱》*Vienna Dioscorides*，或《维也纳药物书》*Vienna De Materia Medica*。迪奥考莱的《药物书》大约完成于公元70年，它是17世纪以前西方药剂学的基础，那时候欧洲人所倚赖的药物知识主要就是来自这部著作。《药物书》全书分五卷论述了可以作为药材的大概600多种植物，35种动物和90种矿物。

卷1——论芳香精油、油膏、树木和灌木

卷2——论动物、兽类器官、谷物、草药

卷3——论根、汁液、草药和种子

卷4——论根和草药

卷5——论酒类和矿物

茱丽安娜抄本只收录了《药物书》第2卷关于草药的部分内容、第3卷以及第4卷的全部。作为能与罗马公主的尊贵与财富相匹配的礼物，茱丽安娜抄本的重点并不在文字。

整部抄本里共有383张巨幅全彩植物图，每种植物的名字用红色书写。正是这些彩图使茱丽安娜抄本成为西方历史上如此重要的一部书。令人惊叹的不仅是彩图的美，还因为在中世纪，它们成为西方草药书绘图摹仿的范本，于是，欧洲人在一千年里几乎都用同一双眼睛看植物了。

迪奥考莱的《药物书》原本是没有图的，茱丽安娜抄本里383幅美丽的植物肖像并不属于《药物书》。

无论是1572年巴黎流行的黑书《所罗门之书》，还是茱丽安娜抄本，它们都不过是另一部古老著作的影子，《自然》*Naturae*。

AMICUS传说

在老Grimm的《一千年的真知 · 卷六》中有对《自然》一书的描述。羊皮卷《自然》，成书时间不会晚于公元前3世纪。尺寸稍小于茱丽安娜抄本，498个对开页，总共绘制了1534幅药用植物图。1534幅全彩植物图，足以让古书收藏家的眼睛放出光来。

但在植物学家眼里，这些植物的分类方式才是更有趣的部分。

《自然》用古希腊文写成，它讲述了一个关于魔鬼的故事，说的

是所罗门王利用魔戒召唤魔鬼来修建所罗门神庙。书中出现了59个魔鬼的名字，还提到了可以降伏这59个魔鬼的天使名。1534种植物没有标名，它们被分散绘制在59个魔鬼和59位天使的名下，每个名下有9到17种植物不等。

文字有音有义，每个字可以有确定的意思，人们能够将它们读出来。然而在很多时候，使人心迷惑的也总是文字。《自然》里的每句话都与魔鬼有关，谁会知道它竟然是一部杰出的药物学著作？通过对1534种药用植物这种奇特的分类，5位AMICUS记录了他们对“安静赐福者”的全部发现。可是它们却并不对每一双眼睛显现，即使《自然》的画卷此刻摊开在我们眼前，对于它所展示的奥秘，我们也只是视而不见。

在书中很多地方，《自然》的绘图者为了能更好的表现主体而省略了所描绘植物的许多细节，比如有些图只画了植株从正面呈现的形态。立体的植物被描绘在二维的平面上必然会使植物的某些部分缺失，加之绘图者不具备今天的系统植物学知识将一种植物同其它种类明显区别，所以即使是非常写实描绘了某种植物的图在今天也不能确知其真正所指。

猫头鹰在林中低吟：他们永远不会衰老，年华被镀上了银色的光辉。——《信使志》

这是现存的自然之友信使志里对5位AMICUS个人特征仅有的描述。他们的名字早已消失在历史的迷雾里。AMICUS在拉丁语里的意思是朋友。“5位朋友”是《自然》的撰写者，也是自然之友学会可以追溯的最早历史。出于对他们的崇敬，其追随者对他们生平的记述也变得像神话一样离奇。

5位AMICUS，传说中所有不幸者的守护者。

根据信使志的记载，5位AMICUS最后悄然离开平凡人的世界，前往至福之地。而《自然》的知识却通过他们的追随者得以流传。

在西方医学的历史上，这部古老的著作曾经被视为可怕的“罪恶之书”，而另一些人却将它奉为神圣，他们清楚的了解《自然》所教授的药物学知识，如同透过阳光看见树叶的脉络。他们将手放在它的上面起誓：死亡终至，惟有爱征服一切。

《自然》和他们的故事，你将慢慢了解。

关于5位AMICUS生活的年代和他们最可能的身份，及其与中世纪秘密医学会“自然之友”的关系；

《自然》为何要用如此隐秘的方法撰写；

《自然》如何曾经进入狄奥多西乌斯大帝的宫廷；

茱丽安娜抄本的撰写者只选取了383种植物的缘由；

茱丽安娜抄本如何按照《自然》的原意给予曼陀罗特殊的地位，比如在茱丽安娜抄本的第4对开页的背面是迪奥考莱的肖像，和他在一起的还有一个手握曼陀罗的人物形象，那是拟人化的“灵感”

Heuresis。“灵感”正在将曼陀罗交给迪奥考莱，在他们脚下有一条可怕的狗。在第5对开页的背面是迪奥考莱侧面像，他正在分析和描述曼陀罗，“智慧理性”的化身Epinoia出现在他的面前，伸出握着一株曼陀罗的手，让一位不知名的抄写员比照着把曼陀罗画在一张羊皮卷上。而在第205对开页的背面，有一幅图被怪异

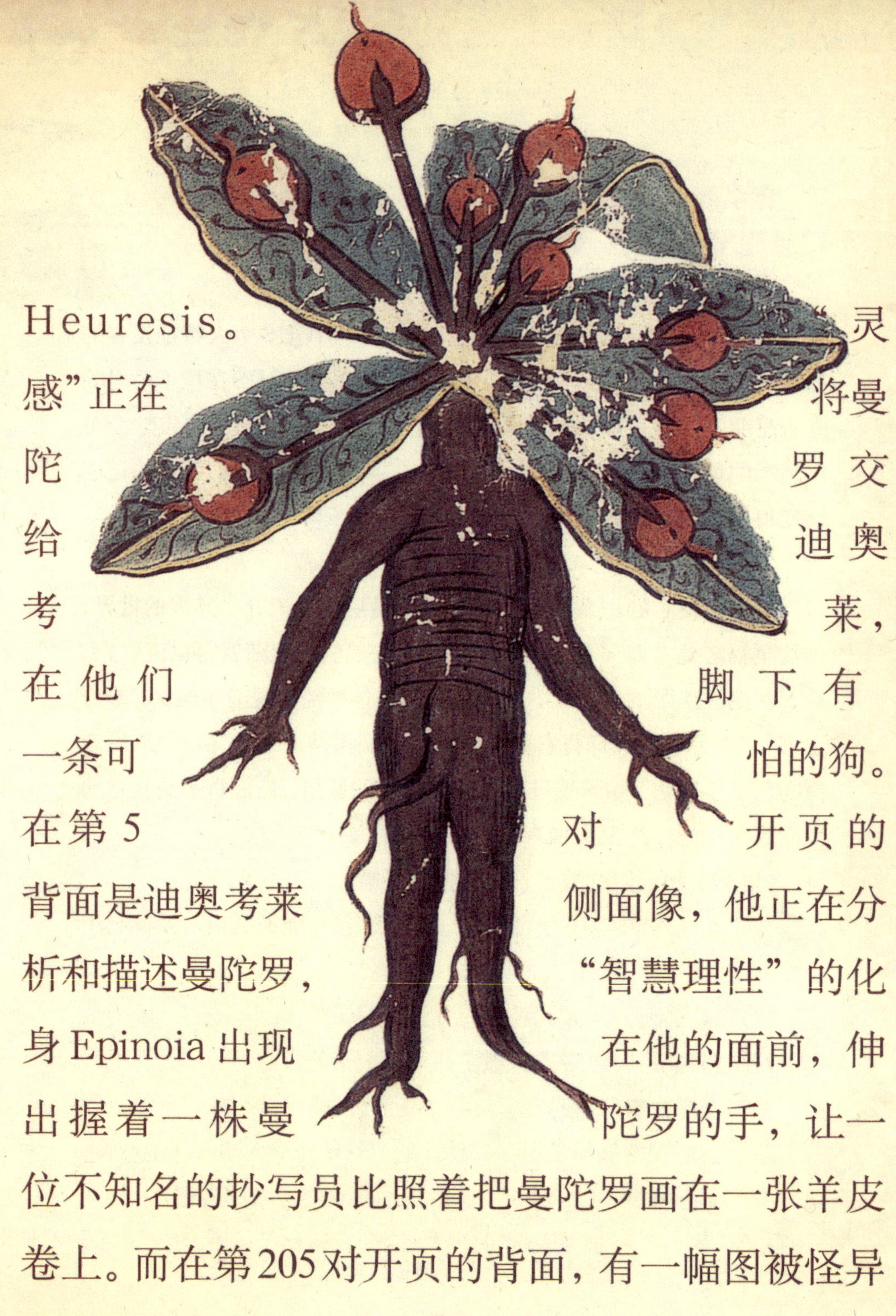

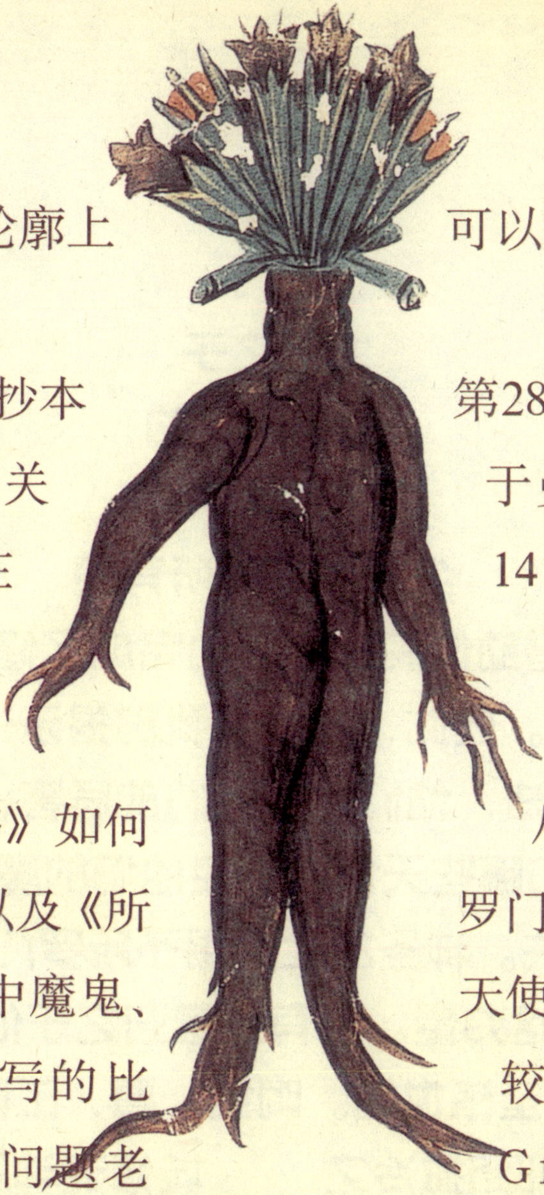

的抹去，从轮廓上可以看出是一株曼陀罗；

茱丽安娜抄本第287—289纸质对开页上关于曼陀罗的内容如何在14世纪时被人加入；

1572年的黑书《所罗门之书》如何从《自然》流变而来，以及《所罗门之书》现存几种版本中魔鬼、天使名与《自然》中原拼写的比较；

以上这些问题老Grimm在《一千年的真知·卷六》中都有论述，那里还有奇异的故事。

所
罗门，
大卫之子，
耶路撒冷的
王，他是天空、
尘世和冥界所有魔
鬼的主人。借助他们的手，他完成了修建神殿的所有
卓绝工作。在此，他要为我们揭示这些魔鬼的
可怕魔法，他们对于人们的危害，并告知
我们哪些天使能够使他们的魔力消
失。神圣的上帝赐予所罗门王
这力量。所有荣耀归之于他，
直至诸世纪。阿们。看，工匠们
在耶路撒冷之　　城修建神殿，
魔鬼厄里　　　　奥在日落时
来到他　　　　　　们中间。
他　　　　　　　　　　拿

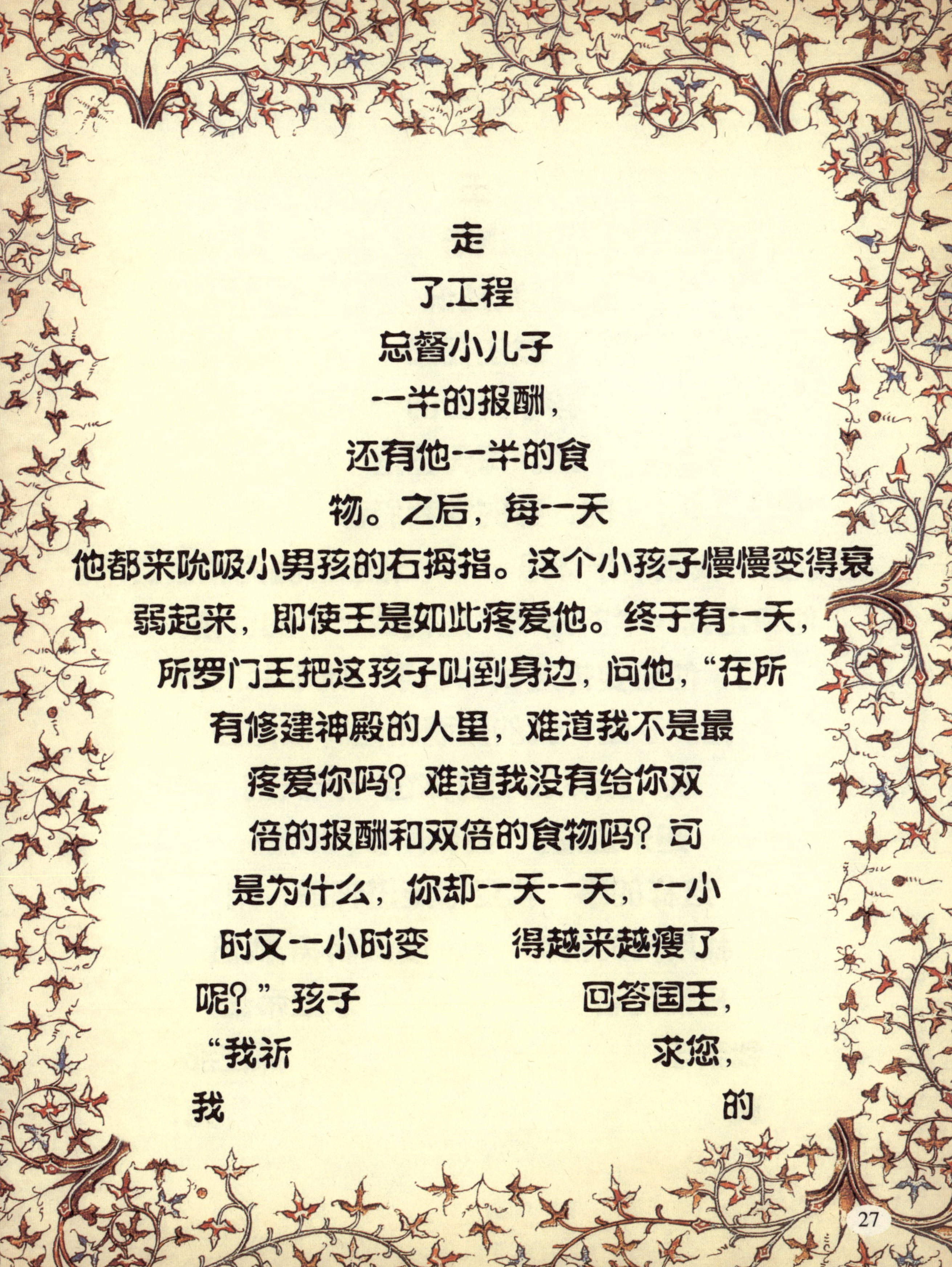

走了工程总督小儿子一半的报酬，还有他一半的食物。之后，每一天他都来吮吸小男孩的右拇指。这个小孩子慢慢变得衰弱起来，即使王是如此疼爱他。终于有一天，所罗门王把这孩子叫到身边，问他，“在所有修建神殿的人里，难道我不是最疼爱你吗？难道我没有给你双倍的报酬和双倍的食物吗？可是为什么，你却一天一天，一小时又一小时变得越来越瘦了呢？”孩子回答国王，“我祈求您，我的

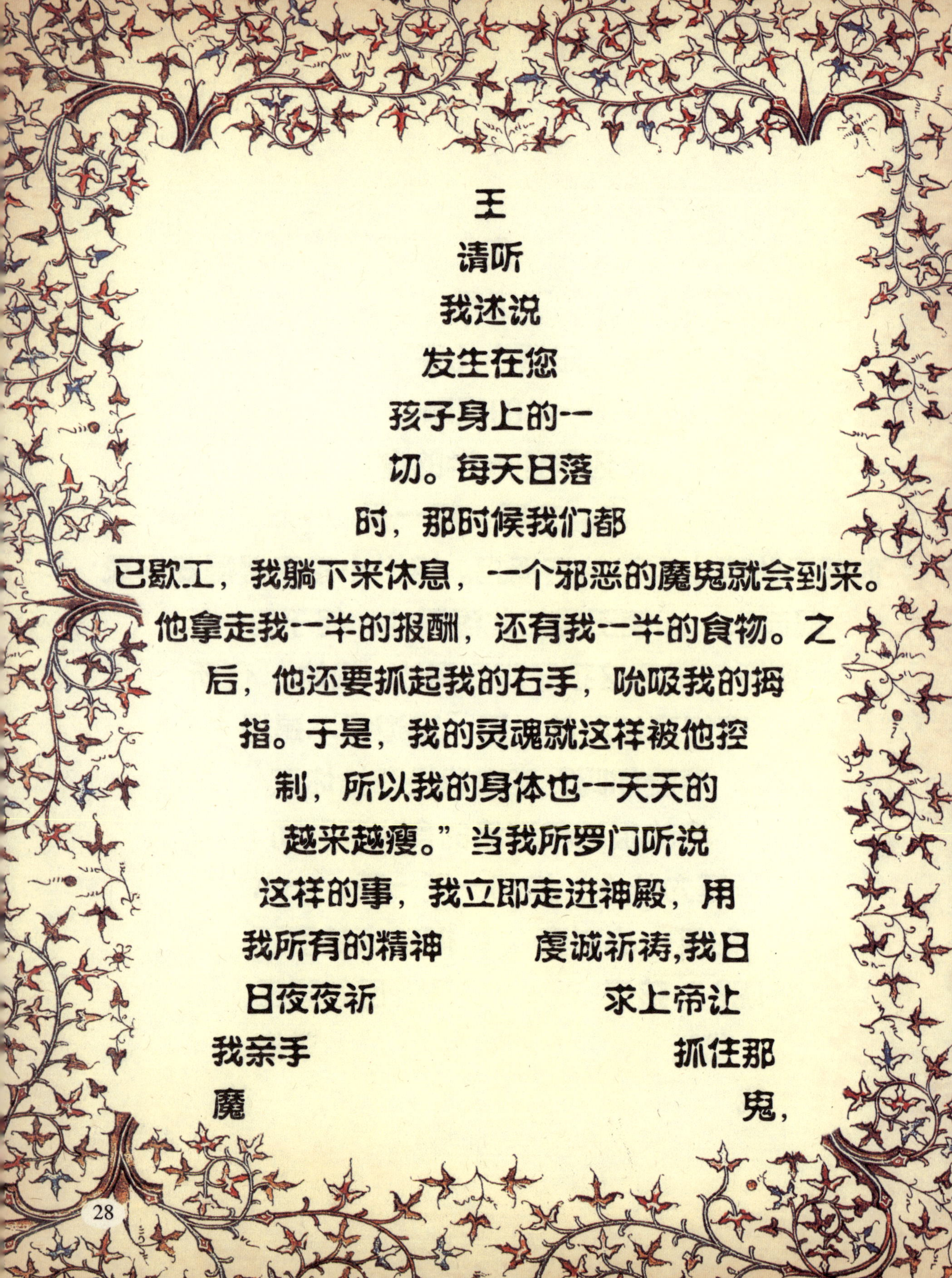

王

请听

我述说

发生在您

孩子身上的一

切。每天日落

时，那时候我们都

已歇工，我躺下来休息，一个邪恶的魔鬼就会到来。

他拿走我一半的报酬，还有我一半的食物。之

后，他还要抓起我的右手，吮吸我的拇

指。于是，我的灵魂就这样被他控

制，所以我的身体也一天天的

越来越瘦。”当我所罗门听说

这样的事，我立即走进神殿，用

我所有的精神　　虔诚祈祷，我日

日夜夜祈　　求上帝让

我亲手　　抓住那

魔　　鬼，

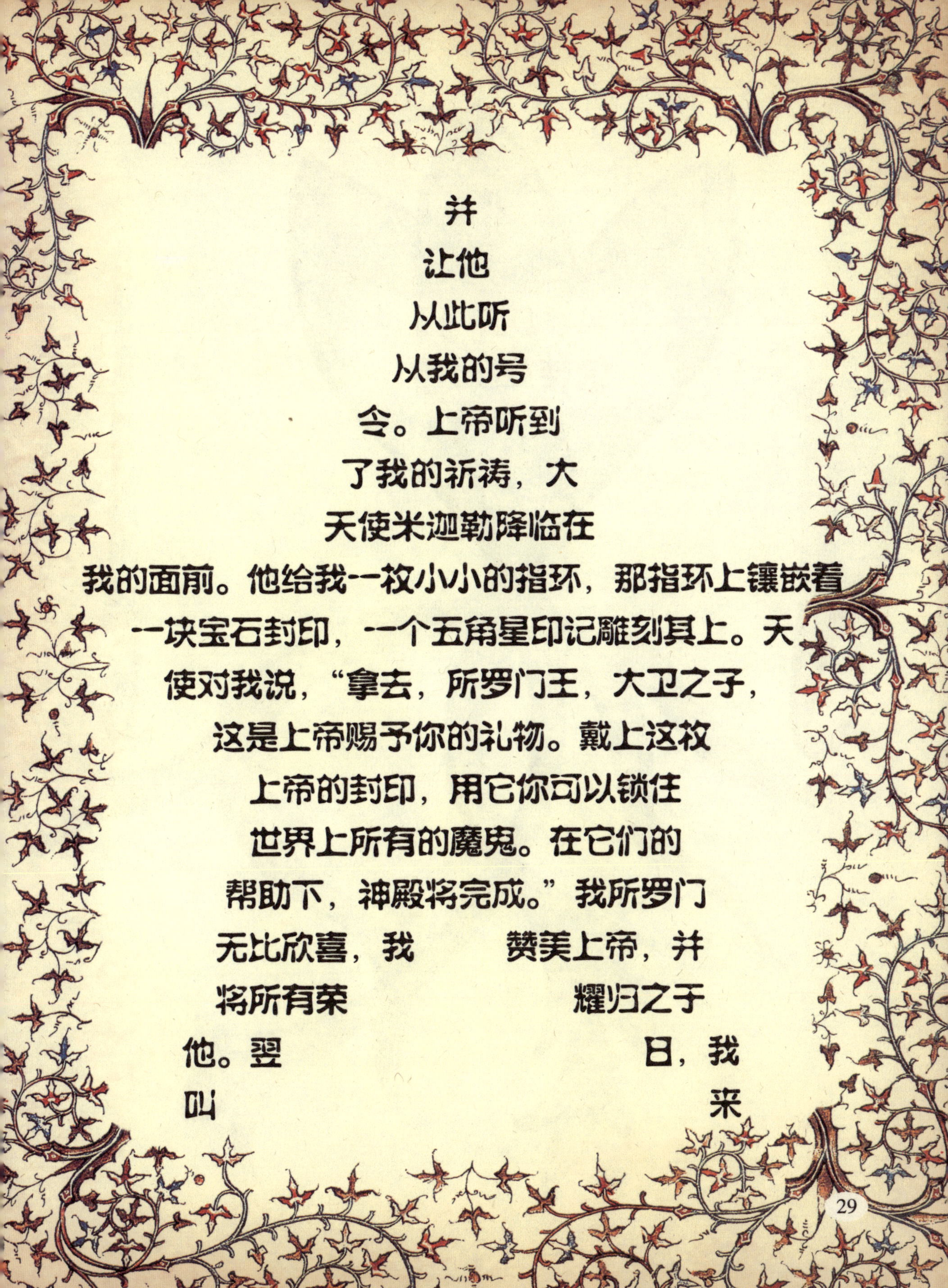

并让他从此听从我的号令。上帝听到了我的祈祷，大天使米迦勒降临在我的面前。他给我一枚小小的指环，那指环上镶嵌着一块宝石封印，一个五角星印记雕刻其上。天使对我说，“拿去，所罗门王，大卫之子，这是上帝赐予你的礼物。戴上这枚上帝的封印，用它你可以锁住世界上所有的魔鬼。在它们的帮助下，神殿将完成。”我所罗门无比欣喜，我赞美上帝，并将所有荣耀归之于他。翌日，我叫来

BOOK II
信使Ollo卷

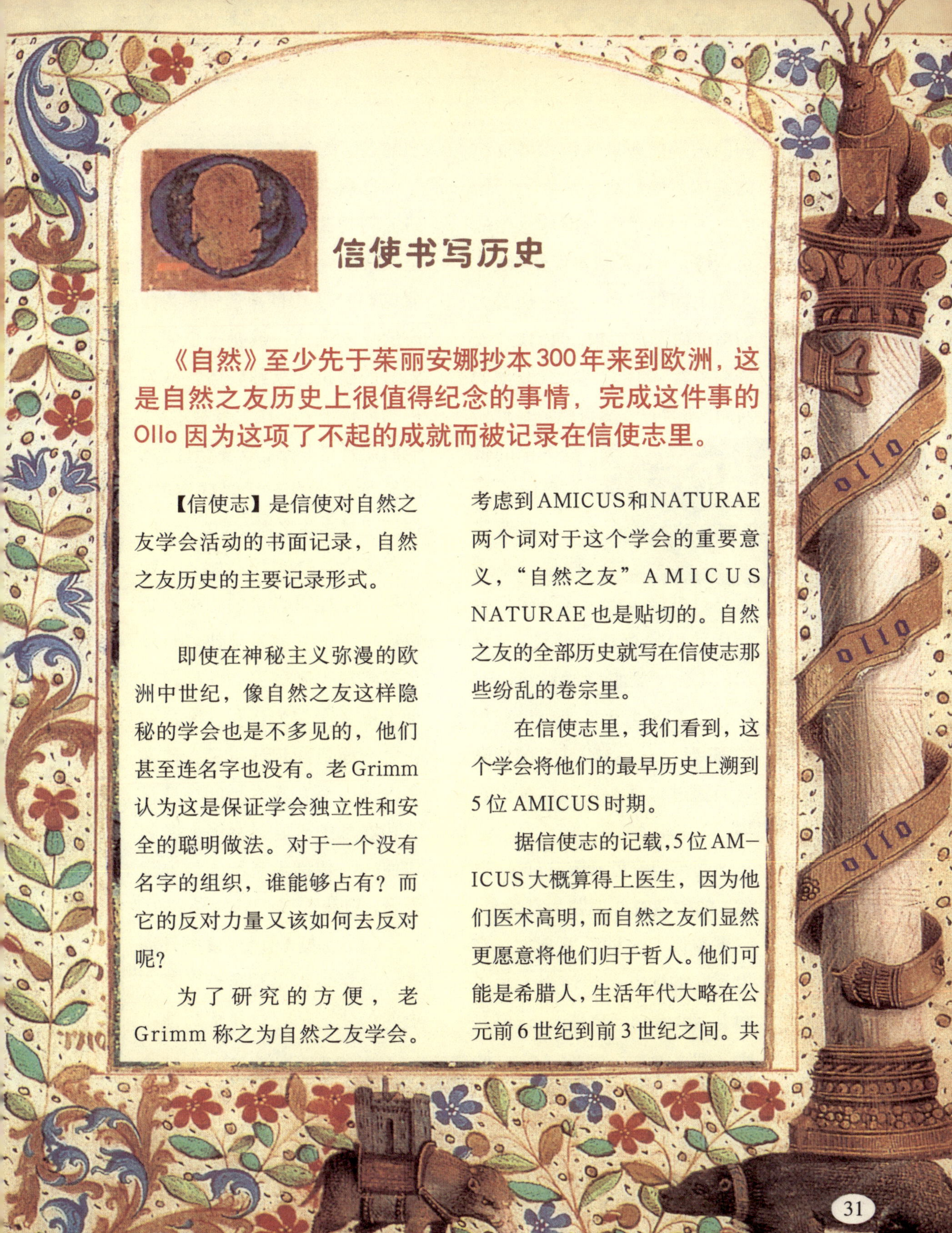

信使书写历史

《自然》至少先于茱丽安娜抄本300年来到欧洲，这是自然之友历史上很值得纪念的事情，完成这件事的Ollo因为这项了不起的成就而被记录在信使志里。

【信使志】是信使对自然之友学会活动的书面记录，自然之友历史的主要记录形式。

即使在神秘主义弥漫的欧洲中世纪，像自然之友这样隐秘的学会也是不多见的，他们甚至连名字也没有。老Grimm认为这是保证学会独立性和安全的聪明做法。对于一个没有名字的组织，谁能够占有？而它的反对力量又该如何去反对呢？

为了研究的方便，老Grimm称之为自然之友学会。考虑到AMICUS和NATURAE两个词对于这个学会的重要意义，“自然之友”AMICUS NATURAE也是贴切的。自然之友的全部历史就写在信使志那些纷乱的卷宗里。

在信使志里，我们看到，这个学会将他们的最早历史上溯到5位AMICUS时期。

据信使志的记载，5位AMICUS大概算得上医生，因为他们医术高明，而自然之友们显然更愿意将他们归于哲人。他们可能是希腊人，生活年代大略在公元前6世纪到前3世纪之间。共同的医学理念是他们深厚友谊的基础。他们从生活在不同地方的人们那里探寻肉体永生的可能性，一生风雨兼程，在欧亚大陆上四处游历，为生病的人们治疗而不求回报。他们是“安静赐福者”的精通者，那是他们对草药的叫法。《自然》是他们留下来的惟一著作。

古希腊医生并不需要通过书籍来学习区分他们日常所使用的草药的药性。《自然》只是一部纲要性的指南，对于其中118类天使或魔鬼药物的阐释，5位AMICUS的追随者们通过口耳相传的传统而获得。

同茱丽安娜抄本一样，《自然》的创造者并不曾为它命名，它更类似于一种手稿合集，在提到它的地方，信使志上总是写着Naturae（自然），这就是它的名字的由来。

自然之友到底只是一个以研究药物为主的医学组织，或是仅仅以保存5位AMICUS隐藏在《自然》中的草药知识为使命的秘密团体，或是一个假托先贤的中世纪巫师联盟？从现存的资料来看，我们很难定义。他们或者是其一，或者都是。然而至少有一点是可以确定的，他们追寻永生之术。

这个学会从13世纪才开始使用文字记录自己的历史，负责这项工作的就是信使。自然之友将自己隐藏得如此深，以至于成员间很少相互往来，而在学会成员间传递讯息，使学会内部能够在几百年间维持交流和联系的人就是众多无名的信使——传递消息的人，说到无名，Ollo是惟一的例外。

Ollo就是【信使志】的开创者，最早负责书写自然之友历史的信使之一。这也成为他被后世颂赞的原因之一。

书写历史是一种较为夸大的说法，更确切的说，它只不过是信使对自己所见耳闻与自然之友成员相关之事的记录。

【信使志】*Notes of The Messengers*是Grimm对所有信使记录的统称，由许多相对独立的文献构成，它们出自不同的人之手，相互间没有太大的联系和连续性。这些分散的信使志大致可以按三种叙事方式来归类：一种按照时间发生的先后顺序来记录学会的活动，而另一种则按照学会成员的人名排序，还有一种是根据地理区域。现存的信使志都是用拉丁文写成，就其装订技巧和方式来看，分属于好几个世纪，最晚成书的距今也已有300多年的历史。

历代学会成员的活动散见于这些混乱的信使志，关于学会的书面历史就这样慢慢堆积起来。现存的信使志都是用羊皮写成。

为了保守秘密，从纸张的选材、墨水的制造、插图的绘制乃至信使志的装订都要由信使亲自完成。

信使会先从皮货商那里购买小羊羔的皮，成年羊的皮不适宜用作书写材料，因为里面富含脂肪，很难清洗干净。羊皮要先放置在流动的水中浸泡好几天，然后再用生石灰溶液浸泡数天。期间要多次翻动，这样做可以使毛发和污垢从皮上脱落。漂洗完毕后用绳子将羊皮紧绷在一个木架上，用浮石刮擦羊皮，以去除附着在皮上的绒毛和油污，使制成的羊皮纸显得更洁白，在上面书写起来才会更流畅。刮擦羊皮的同时还要用苦艾水不停的冲洗，以后用这羊皮制成的书就能免于虫蛀。之后再把冲洗好的羊皮放在太阳下曝晒。

等到羊皮干了以后，从木架上割下来就可以使用了。大多数信使志都是瘦长形的，这是矩形羊皮对折叠放后的结果，这样就不用裁减昂贵的羊皮，是最经济的尺寸。

信使书写用的墨水是用橡树虫瘿、绿矾、阿拉伯树胶、水

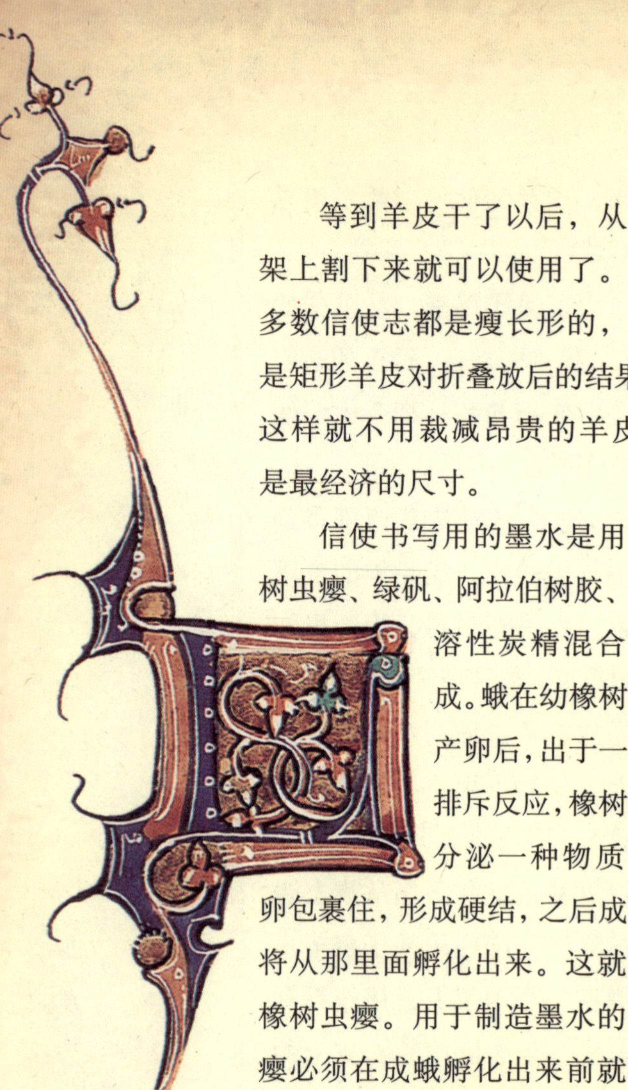

溶性炭精混合制成。蛾在幼橡树上产卵后，出于一种排斥反应，橡树会分泌一种物质将卵包裹住，形成硬结，之后成蛾将从那里面孵化出来。这就是橡树虫瘿。用于制造墨水的虫瘿必须在成蛾孵化出来前就要收割。在最早的信使志上记录着墨水的制作方法（按英制换算为）：“1夸脱水，2盎司阿拉伯树胶，5盎司橡树虫瘿粉，3盎司绿矾，在温暖的阳光下放置一段时间，很快就会变成上好的墨水。”

老Grimm称这种墨水为“信使墨水”the messenger ink。“信使墨水”的缺点显而易见，它的酸性很强，会腐蚀羊皮，现存信使志里大多数的页面破损都是由于墨水腐蚀造成的。

信使不仅娴熟的掌握着抄写技能，同时也算得上是艺术家了。因为所有必需的图画都是由他们自己完成，绘图所使用的“信使颜料”也是由他们亲手制造。这些颜料用蛋清和水调制，混以蜂蜜和阿拉伯树胶，然后加入各种颜色，红色通常用朱砂、红铅制成，蓝色用蓝色鸢尾花榨出的汁，棕色来自烧过的木炭等等。

就像是一种约定好的传统，信使志通常使用紫色的页面来记录特别重大的事件，在这些页面上，羊皮被染成紫色，然后

用金色和银色来书写文字。老 Grimm 称之为“紫稿” *the purple script*。

信使不会在信使志里留下自己的名字，但也并非毫无踪迹可寻。在某些信使志末尾不显眼的地方常找得到一两句用小号字体书写的话，那是辛苦完成信使志的书写者有意留下的幽默。

“神要诅咒谁，就让他学会写字。”

……

“世界上没有比抄写更苦的事，它弯曲你的背，扭绞你的胃，模糊你的双眼，心就死了。”

……

“AMICUS 吉伯第二部分到此结束，非常冗长，非常啰嗦，非常沉闷。感谢上帝终于完成，感谢上帝，再次感谢上帝。”

……

“谁要是敢偷走此书，让他下地狱，让他被油炸，让他发高烧，让他被轮子碾碎，让他被绞死。阿们。”

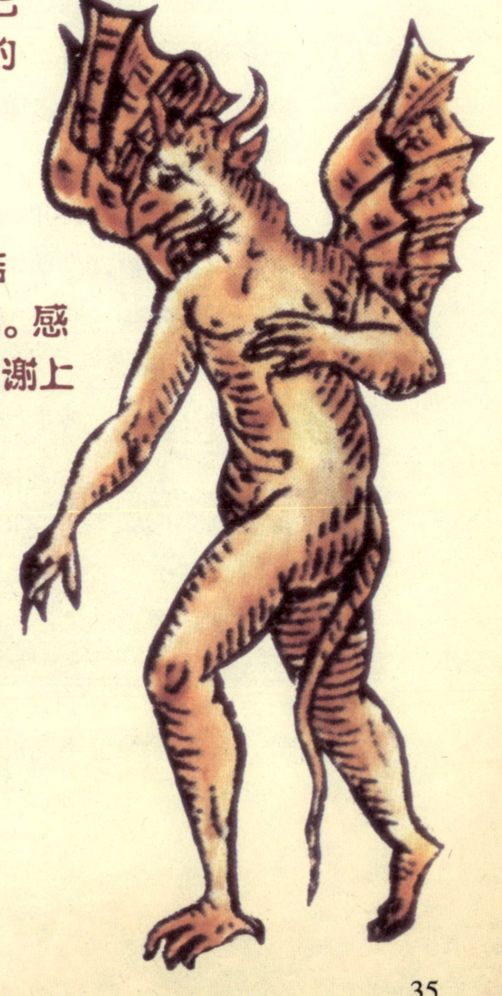

Ollo

就我们的常识来看，药物研究者并不一定需要亲自种植草药，可是这对自然之友却是必须的。他们不能在药铺与住所间跑来跑去，订购违禁药物，或者大量购买剧毒的草药而不引来任何猜疑和调查。亲手种植是获得原料最简单的方式。

一般说来，为了方便研究，每个学会成员都有属于自己的草药园，而在Ollo的时代，学会在欧洲至少有7个大的秘密草药园。草药园分散在欧洲气候不同的几个地方，以便种植学会所需要的各类植物。每个草药园至少已有500年的历史，种植有上千种的植物，在13世纪的欧洲，只有贵族或修道院才有可能拥有如此规模的草药园。根据这一点，我们便可以推测这些草药园主人同时也是学会成员的身份。

7大草药园最初的主人根据自己对某种植物的喜好来为它们命名，他们信仰植物就像信仰圣人，每种植物在他们眼中都有自己的性格和历史。现今名字见于记录的有5个草药园，它们是曼陀罗、天仙子、爱神木、黑颠茄和金色玫瑰。

这些草药园虽呈现各自独特的样子，然而其间布局也有相似之处。基本上在园子中央都有一个水池，或是一棵特别的树，或是一口井。草药园被分成许多部分，每部分种植不同的植物，相互间用边界小径分开。

Ollo和诸信使穿行在这些草药园之间，为身处欧洲各个角落的学会成员送去新一季的消息、草药以及他们订购的书籍。

自然之友的药物研究显然离不开草药的种植，而新药物的发现则依赖于草药种植的进步，以及新品种的引入。这也是Ollo和诸信使的职责所在。

关于Ollo的样貌，我们只能通过想象了。信使志提到过他有浓密的胡子，以及，他的母亲是英国人。

Ollo令人赞赏的才能在于，他常有办法找到那些被认为已经失传的古代植物学典籍，以及珍贵植物的种子，还有，他把大马士革玫瑰的茎送到了英国，在那里插种。Ollo与同时代的航海探险家有很深的联系，他们常为他带来新的植物品种。

Ollo甚至同海盗也有交往，他特别提及一位古诺先生Honegger Gounod，古诺曾到过马来群岛，在其中一座小岛上，他险些丧命于死亡之树下，传说这种树散发强烈的有毒气味，那种气味能催眠，可以杀死方圆几里之内的植物和动物，如果谁在这棵树下睡觉就会长眠不醒。根据古诺的描述，马来人常把囚犯捆在树干上，这就是他们的死刑。古诺说："欧洲人都是被绞死的，马来人都是被熏死的！"古诺先生的那次历险为Ollo带回了死亡之树的树皮。

现在看起来，古诺不过是个喜欢吹牛的人，因为他说他到过埃及，在那里他从凤凰的巢里找到肉桂，又说在尼罗河的源头，人们傍晚向河里撒网，只要早晨去收网就能获得满载的姜、大黄和芦荟。在高加索山脉南坡的森林里，他发现了胡椒。他说胡椒长在树上，树下满是可怕的毒蛇，当地人在收获胡椒之前都会先用火把将毒蛇驱散，树上有些胡椒被火燎烧以后起皱变黑，就成了黑胡椒。他还能找到有许多琥珀鱼的湖，琥珀鱼在水草上产琥珀，只要傍晚安静的守在湖边就能采集到新鲜的琥珀……

在信使记录里，信使们不会明确的提及事件发生的年月、日期或时间。即便如此，我们还是能够根据一些线索来推断年代。比如Ollo，我们就能确定他生活在13世纪，因为在他记录的信使志里提到了他与罗杰·培根的友谊，那是我们熟悉的英国人。

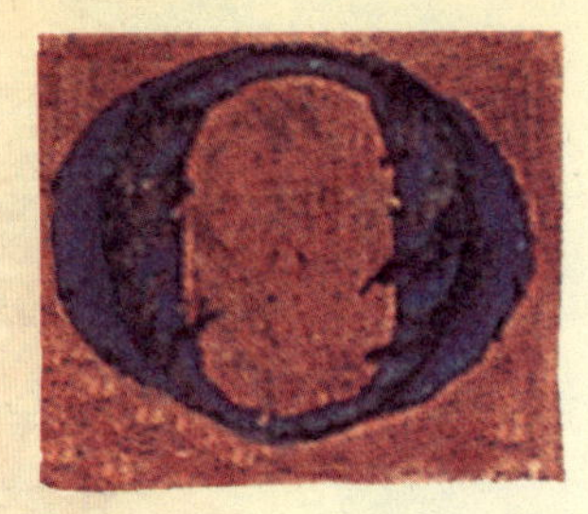

Ollo 在英国

Ollo在信使志中记录了自己在英国兰开夏郡找到藤壶树的经历，以及那种树在春天发出的嫩芽对治疗忧郁症的奇效。他证实了藤壶树与小橡树看起来没有太大的差别，而当时流传的对藤壶树的看法是没有道理的。那时学者们普遍认为神奇的藤壶树生长在海边一片泡沫之地上，树上结满贝壳。等到贝壳成熟爆裂开后，会从里面露出鸟腿，鸟借助它们的喙挂在树上，它们会渐渐羽翼丰满，变成比鸭大，比鹅小些的水禽，最后掉进海里。吃了这种水禽能使人身体健壮，远离疾病。这大概是13世纪最离谱的传说之一，伟大的学者大亚尔倍Albert Magnus曾宣称这种树并不存在。

Ollo不仅记录英国的植物生长情况，还记录了许多与草药和植物无关的风俗见闻，写得饶有兴趣，在昂贵的羊皮上写如此无聊的小事，足以显示出他对英国的特殊情感。

他的描述使我们得见那时候英国乡村的生活画卷。

他写道，“啤酒对英国人来说和面包一样重要！……英国的酿酒能手大多是女人，如果酿造劣质啤酒，或者卖出的啤酒不足量，她们将受到严厉的惩罚。人们还唱这样的歌：

女人，听好，

啤酒不足量，卖家要下地狱，

书上就是这么说！”

Ollo曾经住在西约克郡一个名叫“桥”的村子里，村子里的人都会酿酒。他详细记录了他们酿造啤酒的原料，“大麦、小麦和燕麦，和麦芽一起发酵……酿酒至少需要一口很大的锅”。谁家酿出了一批新鲜的啤酒，就会在屋子大门上挂上一把扫把作为标志，在酒卖光以前，这里就成了一个临时酒店。邻居们、外乡客常会到那里去打发一整晚，根据老Grimm的换算，大概一个便士就可以买到3加仑，很便宜。“过不了多久，就会出现争吵和打斗，可是人们似乎都已习惯。”

醉酒后总会有不幸的事情发生，Ollo曾亲眼看见过各种烂醉的人的结局，从马上掉下来摔死的；路过市场时掉在井里淹死的；迷眼惺忪朝池塘里撒尿而滑倒在水里的……

Ollo继续写道，他所听过的最惨的醉鬼悲剧是关于一个喝醉酒的母亲，“她坐在火炉前喝酒，醉得连怀里的婴儿从腿上滑下去也不知道，哦，上帝，孩子正好掉在火炉上一锅煮沸的牛奶里。”

培根的炼金术之镜

自然之友的成员罗杰·培根Roger Bacon，Ollo称之为“我的朋友”。在信使志里，Ollo用“紫稿”抄录了罗杰的一段话。这段话出自罗杰·培根的著作《炼金术之镜》，他用玄妙的语言礼赞了五位AMICUS的成就。

《炼金术之镜》最初用拉丁文写成，书名为*Speculum Secretorum Alchemiae*。直到1597年，也就是罗杰·培根去世300年后，这本书才第一次被译为英文*Mirror of Alchemy*出版。

（1214—1292）

罗杰·培根，现代科学重要的奠基人之一，精于多种学科，如天文学、植物学、化学、医学、光学和数学。他被赞誉为"同时代所有智者中的凤凰"，"神奇学者"，"实验科学的先驱"，有趣的是，他的一生却与"科学"的否定者——"魔鬼"，脱不了关系。甚至连他的牛津大学同事也认为他精通黑魔法，而他所有的知识无疑都是从魔鬼那里得来。身处英格兰的阴暗中世纪，与魔鬼相通的控罪成为这位毕生致力于科学的学者一生痛苦的根源，他为此而承受的折磨也是常人难以想象的。

1257年，培根被方济各会的私设法庭宣判为巫师，他因此被囚禁了10年。

1271年，培根对他所处的时代极度失望而发出哀叹，"罪恶统治着我们。正义死去了。"

1277年，宗教法庭认为培根的教学含有"可疑的新奇观点"，对他提出两项指控：不相信神迹，并与魔鬼结盟。

1278年，培根以"异端"罪名被遣送到意大利的Ancona修道院，在那里的监狱中被幽禁了14年。

1292年，罗杰·培根被释放后不久就去世了。

《炼金术之镜》的内容共有7章，这是各章的标题：

第1章 炼金术的定义

第2章 关于自然法则和矿物的产生

第3章 炼金药应该从何物中提炼

第4章 如何使炼金之火和缓持续

第5章 关于器皿和火炉的质

第6章 关于在实验过程中呈现的重要色彩

第7章 如何制造使身体完美的药剂

Ollo抄录的那段话见于末章"如何制造使身体完美的药剂"。

按照1597年的第一个英译本，这段话是这样的：

The forerunners of this Art, who have founde it out by their philosophie, do point out with their finger the direct & plain way, when they say: Nature, containeth nature: Nature overcommeth nature: & Nature metting with her nature, exceedingly rejoyceth, and is changed into other natures. And in another place, Every like rejoiceth in his like: for likenesse is saide to be the cause of friendship, wherof many philosophers have left a notable secret.

大意是说，那些发现了这门艺术的先行者，他们伸出手，为我们指明了这条简单直接之路径，那就是：自然，包容自然；自然，征服自然；自然与自然相会，极度欢愉，之后其质便转化。相似者易相合，相似性才产生友谊，关于这友谊，众多哲人留下了一个重大的秘密。

在这段话之后，是Ollo用金色书写的两个字，

LAUS AMICUS

（荣耀 AMICUS）

Ollo抄录这段话的用意在于，在自然之友的历史上，这是一个值得纪念的发展，因为它意味着有人开始将《自然》的知识与另一种伟大艺术——炼金术相连。

在关于梅罗文的信使记录中，我们将看到这两者之间更多的联系。

那个男孩，把指环交给了他，“拿着这个，当魔鬼再来的时候，将这枚指环扔向他的胸膛，并对他说，‘以上帝的名义，所罗门王在此召唤你。’然后你马上跑向我，无论听见魔鬼对你说什么，你不要害怕，也不要有半点疑虑。”于是，孩子拿了指环离开了。看，在惯常的时刻，厄里奥，这狂暴的魔鬼，像一团燃烧的火一样来到，来拿取孩子的报酬。小男孩按照王的吩咐将指环扔向魔鬼的胸膛，

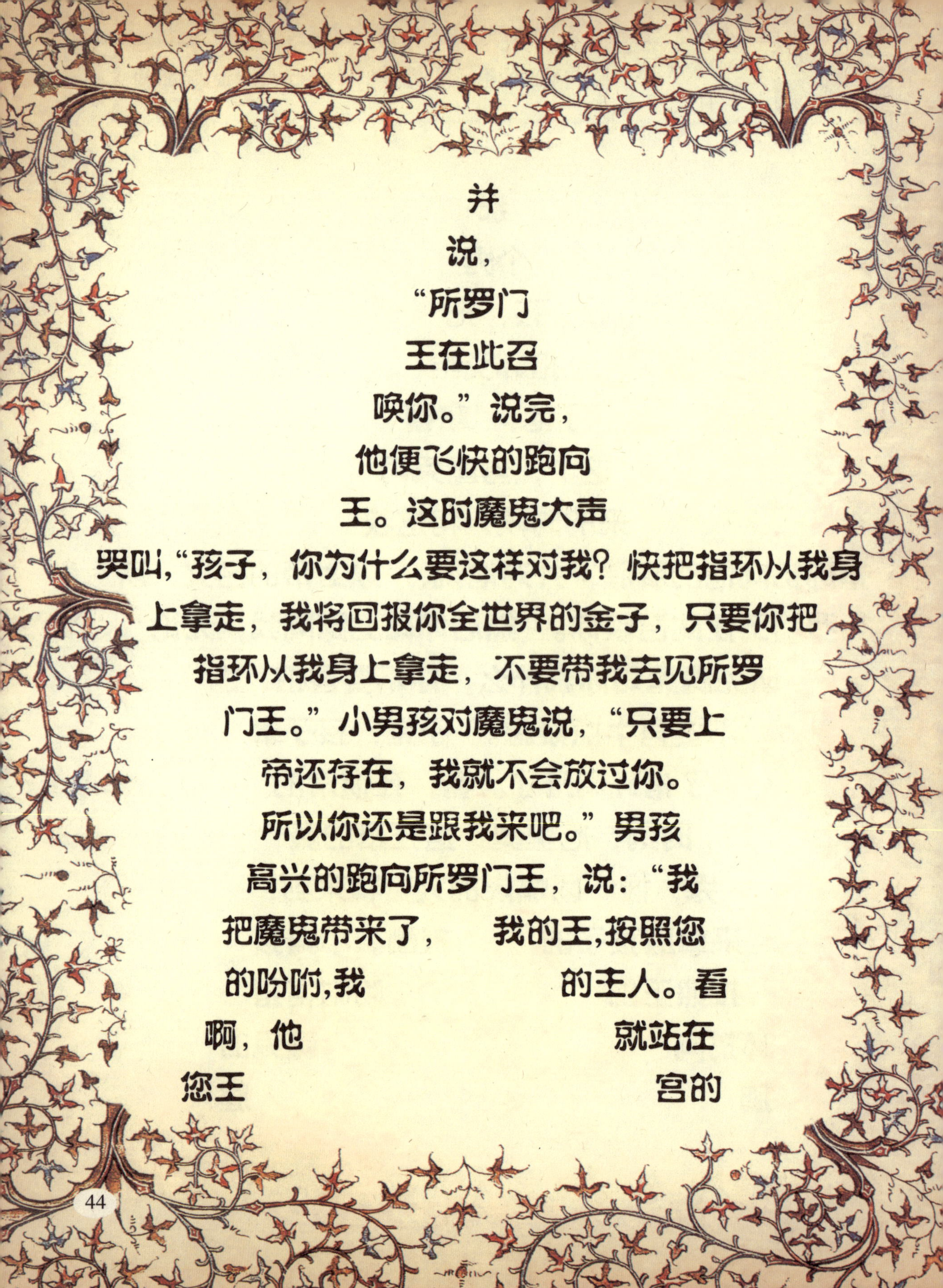

并说，“所罗门王在此召唤你。”说完，他便飞快的跑向王。这时魔鬼大声哭叫，“孩子，你为什么要这样对我？快把指环从我身上拿走，我将回报你全世界的金子，只要你把指环从我身上拿走，不要带我去见所罗门王。”小男孩对魔鬼说，“只要上帝还存在，我就不会放过你。所以你还是跟我来吧。”男孩高兴的跑向所罗门王，说：“我把魔鬼带来了，我的王，按照您的吩咐，我的主人。看啊，他就站在您王宫的

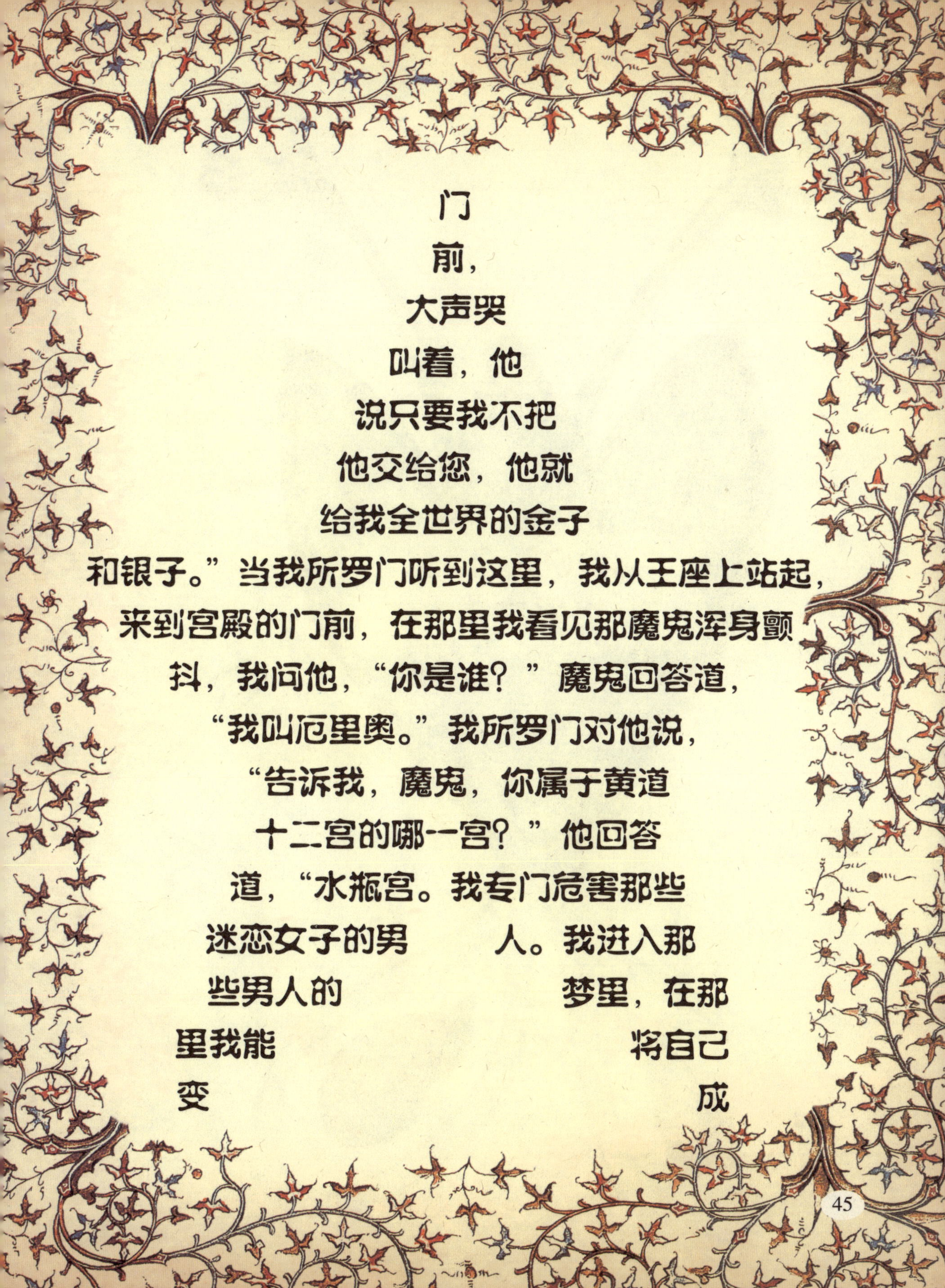

门前，大声哭叫着，他说只要我不把他交给您，他就给我全世界的金子和银子。”当我所罗门听到这里，我从王座上站起，来到宫殿的门前，在那里我看见那魔鬼浑身颤抖，我问他，“你是谁？”魔鬼回答道，“我叫厄里奥。”我所罗门对他说，“告诉我，魔鬼，你属于黄道十二宫的哪一宫？”他回答道，“水瓶宫。我专门危害那些迷恋女子的男人。我进入那些男人的梦里，在那里我能将自己变成

BOOK III
梅罗文卷

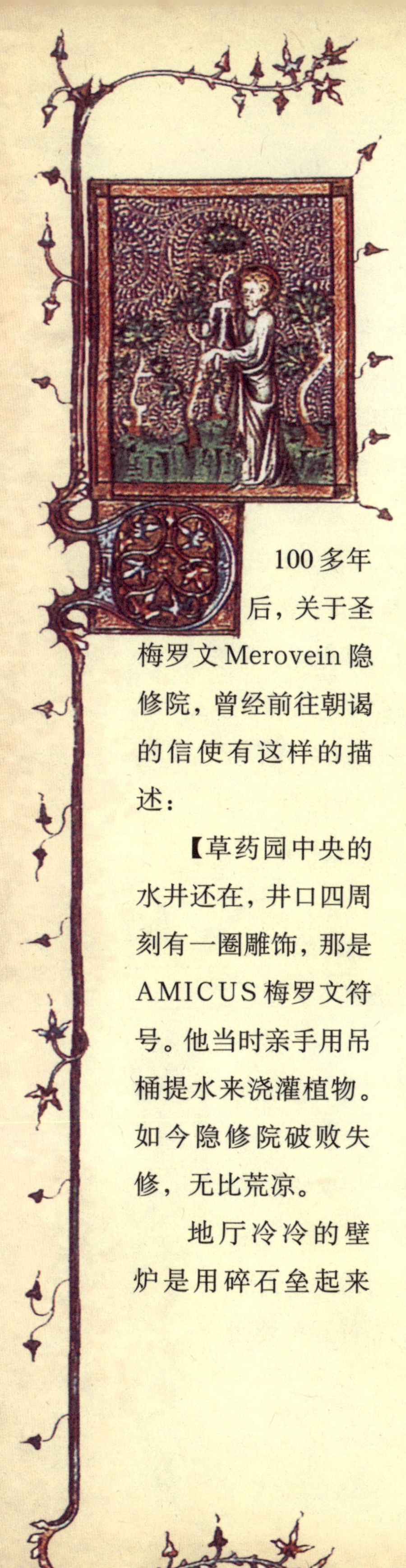

梅罗文的草药炼金术

100多年后，关于圣梅罗文Merovein隐修院，曾经前往朝谒的信使有这样的描述：

【草药园中央的水井还在，井口四周刻有一圈雕饰，那是AMICUS梅罗文符号。他当时亲手用吊桶提水来浇灌植物。如今隐修院破败失修，无比荒凉。

地厅冷冷的壁炉是用碎石垒起来的。在许多年前，那里面曾经跳动着火，他们用松木取暖，松油会被烤得浸出来，滋滋的响。被炉烟熏得发黑的小铜水壶就挂在炉边，梅罗文走过去，为木桌旁远道而来的神秘客人沏上芬芳的艾菊茶。梅罗文一边和他们交谈，一边用铁钵碾碎草药。我眼前是这样的幻景啊。】

这些神秘客人里就有阿格里帕和帕拉萨苏。

正是因为阿格里帕和帕拉萨苏，我们得以推断梅罗文生活的大致年代。

梅罗文总是在他空荡荡的隐修院石头地厅里迎接信使的到来。他早已为来者准备好了食物，两块干硬的白面包，梅式浓汤，一杯红葡萄酒，刚好能在不至于抱怨的情况下填饱肚子。了解梅罗文性情的人明白，这样的食谱已经显示了主人好客的热情。

信使志中记录了梅式浓汤的做法：

把卷心菜、韭葱、洋葱、大蒜和麦片放在肉汤里熬煮，最后加入鸡蛋使汤更浓稠。只有当特别重要的客人来到，它才会出现在梅罗文的餐桌上。通常梅罗文每天只会在傍晚“太阳消失前”（信使志中的用语）用餐一次，大多数时候吃的都是用小麦和黑麦的混合粗面粉做的面包，有时还能从这样的面包里吃出杂草种子。

进入隐修院不是梅罗文自己的意愿，那是父母在他7岁时做出的决定。但是异常艰苦的隐修生活却绝对是他自己的选择。当仅有的几名修士逐个离开，只剩下他一人时，那里成为梅罗文名副其实的个人居所。他将隐修院里所有在他看来无用的奢侈品投入大火烧个精光，按照信使戏谑的说法，“只剩下火炉和石屋”。

隐修院为何会最终成为梅罗文的个人居所，假设他有一个离奇的身世，这一切也就不难理解了。关于这一点，我们以后将要说到。

虽然信使志并没有指出隐修院的具体位置，但却绘制了它的大致形貌。在信使志里，它直接被称为圣梅罗文隐修院。

这所隐修院之所以被特别的加以描述，是因为“它是纯粹信仰的典范”。

世界上大概再也找不到像梅罗文这样厌恶一切物质享乐的人，在他看来，追求生活舒适，那是对人类智慧的嘲讽，是最愚蠢的罪。他选择住在隐修院的地厅而不是通常为修士准备的起居室里，地厅寒冷阴森，那里有旋转的石梯通向地面的备膳室。

在圣梅罗文隐修院，梅罗文几乎一生都过着与世隔绝的生活，除了在某个季节等待信使为他送去草药和消息，以及他嘱托购买的炼金术设备和书籍。他对炼金术的兴趣不会亚于对草药的痴迷。

梅罗文被记录在信使志中不仅仅因为他是“被选中者”（信使志用语，也就是负责保存珍贵的羊皮古书《自然》的人），还因为他将炼金术用于草药研究所取得的不朽成就。在圣梅罗文隐修院里，有两个大熔炉。

梅罗文将炼金术关于物质分离和融合的理论使用到对草药的研究中，创立了特有的草药炼金术语言和符号。他提出每种草药并不只蕴涵单一的成分，而是几种成分的聚合体，植物只是它们栖居的地方。同时，他还按照炼金术传统，结合行星的运行轨迹及月相的变化来研究草药对人体的作用。关于这些知识，在老 Grimm 的书里有更详细的记述。

在他冷清简陋的居所里，梅罗文编成了一部令人惊叹的“自然之友”隐语词典，涉及制药所使用的仪器和实验术语，收录了大约 5000 个词。

为了将“自然之友”的草药研究发展成为一门可靠而系统的学问，梅罗文多年来将自己深埋在学会历代成员关于占卜、精灵传说、炼金术、草药占星术的文献之中。然而这条路他走得很辛苦。

“神话和占卜，这就是我的药剂学的全部！”他抱怨。那是因为他所需要的化学表达式还没有发明出来，他只能使用神秘学中的符号和语言来表示药物的成分与性质。

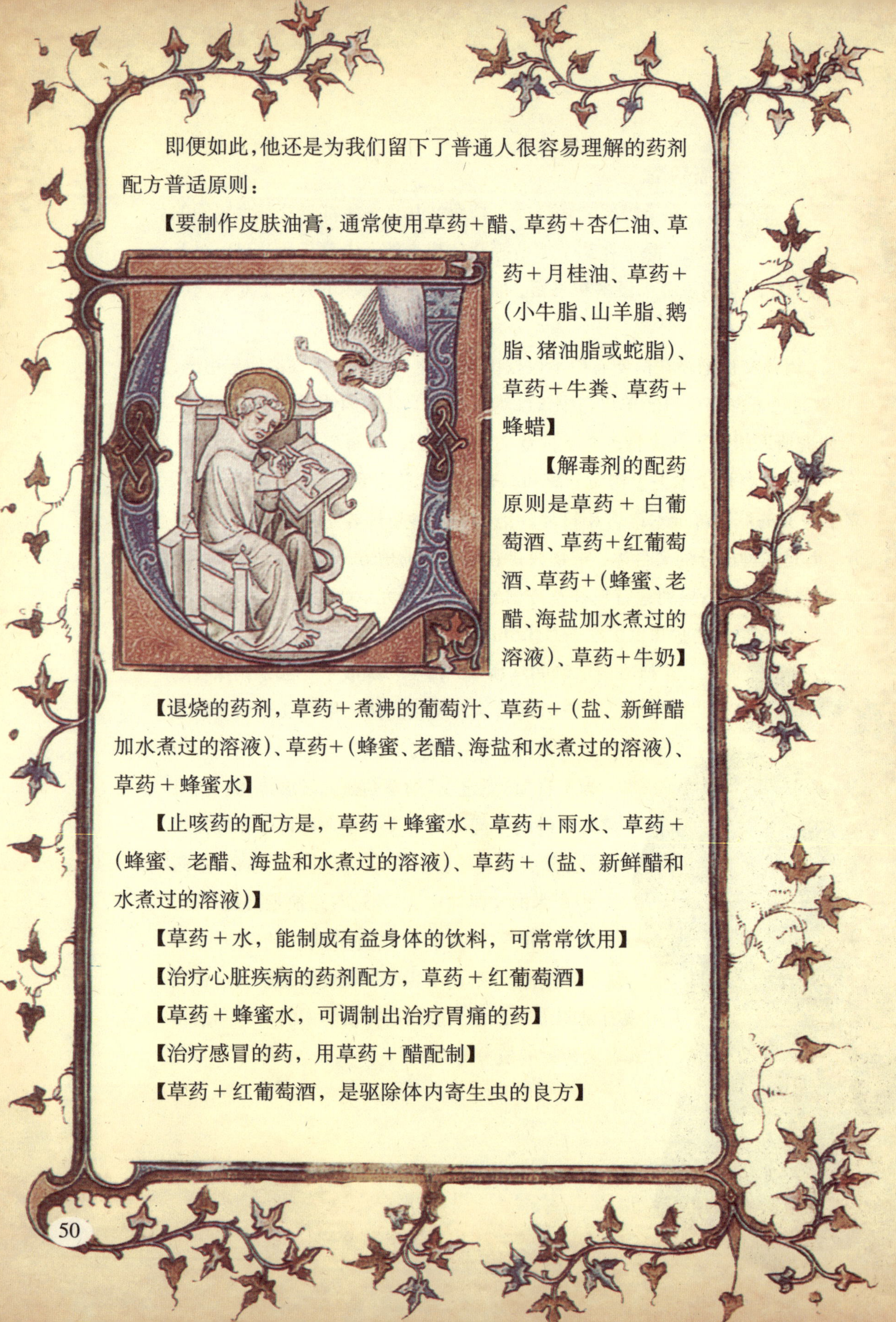

即便如此，他还是为我们留下了普通人很容易理解的药剂配方普适原则：

【要制作皮肤油膏，通常使用草药＋醋、草药＋杏仁油、草药＋月桂油、草药＋（小牛脂、山羊脂、鹅脂、猪油脂或蛇脂）、草药＋牛粪、草药＋蜂蜡】

【解毒剂的配药原则是草药＋白葡萄酒、草药＋红葡萄酒、草药＋（蜂蜜、老醋、海盐加水煮过的溶液）、草药＋牛奶】

【退烧的药剂，草药＋煮沸的葡萄汁、草药＋（盐、新鲜醋加水煮过的溶液）、草药＋（蜂蜜、老醋、海盐和水煮过的溶液）、草药＋蜂蜜水】

【止咳药的配方是，草药＋蜂蜜水、草药＋雨水、草药＋（蜂蜜、老醋、海盐和水煮过的溶液）、草药＋（盐、新鲜醋和水煮过的溶液）】

【草药＋水，能制成有益身体的饮料，可常常饮用】

【治疗心脏疾病的药剂配方，草药＋红葡萄酒】

【草药＋蜂蜜水，可调制出治疗胃痛的药】

【治疗感冒的药，用草药＋醋配制】

【草药＋红葡萄酒，是驱除体内寄生虫的良方】

伟大的巫师阿格里帕

【阿格里帕，完整的名字是Henry Cornelius Agrippa von Nettesheim（1486—1535），一个比利时古老贵族世家的后裔。他是16世纪最有影响力的神秘学实践者，同时精通炼金术和医学。那时候的人们说，“阿格里帕的影子便足以令整个欧洲肃然起敬”。当然也有人认为阿格里帕只是一个庸医，靠用纸牌变魔术维生。

传闻中，他最令人恐惧的能力就是用他的咒语书召唤魔鬼。阿格里帕的身边永远有一只大黑狗紧紧相随，它的颈上带着召魂用的项圈。

要进入西方魔法世界，阿格里帕的三卷本文集《论神秘哲学》*De occulta philosophia*是必读书，那是他在23岁就已完成的作品。此外他还写过一篇关于女性的重要文章《论女性的高贵及其较之男人的优越性》*Declamatio de nobilitate et praecelentia foemini sexus*，以及《论文艺与科学的虚空及不确定性》*De incertitudine et vanitate scientiarum et artium*。

16世纪的欧洲，与《所罗门之书》同时流行的还有另一本黑书，《科内厄·阿格里帕的第四部书》*Le Quatrieme Livre de Cornelius Agrippa*。这部作品在阿格里帕死后30年才出版，虽然他的学生认为这只是一本伪书，但在教授召唤魔鬼的仪式方面，它的确与阿格里帕《论神秘哲学》的第三卷一致。】

隐修的梅罗文和阿格里帕的友谊如何开始，始于何时，在现存的信使志里已找不到线索。或许这将是个永远的谜。

历史上的阿格里帕精力过人，女人和孩子都不可能让他安定下来。他四处展示他的天才，无论体力还是智力，广交朋友和敌人，争议和诋毁也如影随行。

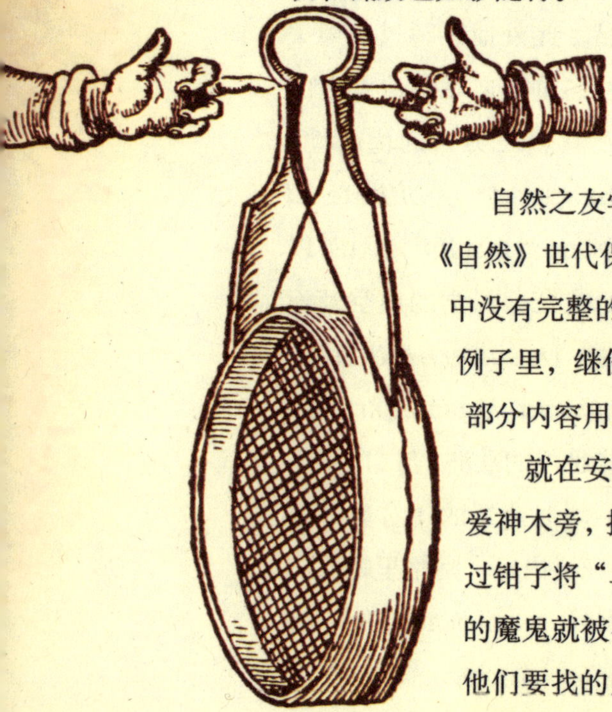

阿格里帕来到以后，他指导梅罗文在月光下进行炼金术实验，梅罗文称那是他一生中的黄金岁月。

自然之友学会通过“被选中者”将他们的圣物羊皮书《自然》世代保存下去。这些人是如何被选中，在信使志中没有完整的记录，也许并没有固定的方式。在梅罗文的例子里，继任者是通过“大天使乌列之轮”产生的。这部分内容用紫稿写成。

就在安静的圣梅罗文隐修院，梅罗文的草药园中，爱神木旁，按照阿格里帕的仪式，两个人用中指指尖通过钳子将“乌列之轮”轻轻固定，一旦咒语念出，特定的魔鬼就被召唤，它将负责从梅罗文念出的名字中选出他们要找的人，每一个梅罗文曾考虑过的人都被列入名单。这件事是在一个有月亮的夜晚进行，信使是惟一的见证者：

“DIES，MIES，JESCHET，BENEDOEFET，DOWIMA，ENITEMAUS

那个名字被念出，天使之轮开始转动。”

和阿格里帕一起，梅罗文让魔鬼决定了下一个保存《自然》的人。

奥尔良公爵

Duc de Orleans

帕拉萨苏12神秘印章

“帕拉萨苏随信使来到圣梅罗文隐修院，为梅罗文带去新的阿拉伯糖浆的制法。”

这应该是梅罗文和帕拉萨苏友谊的开始。

在试图将炼金术的方法用于医药制造上，帕拉萨苏和梅罗文是一致的，他曾感叹“不死鸟从灰烬中重生，这很清楚的说明了生命与火的关系。而中间的联系将是炼金术”。帕拉萨苏曾为梅罗文展示阿拉伯人提炼植物精油的方法，信使特别提到帕拉萨苏偏爱使用野生草药。他还教授梅罗文如何使用蒸馏器炼制万能溶剂，而梅罗文则告诉帕拉萨苏关于罂粟和水银的药用价值。这些在信使志上都有记录。

除了信使以外，梅罗文也通过帕拉萨苏获得关于炼金术的书籍。帕拉萨苏曾经好几次前往布拉格，那是欧洲炼金术士云集的地方。他认识一些炼金术士和书商，这些人可以通过炼金术士的秘密联络网，从欧洲搜购到各种重要的炼金术典籍。

在关于梅罗文的信使志里，曾绘制了12枚神秘的印章。梅罗文认为，根据每个人与生俱来的不同星座属性，可以将黄铜、锡、金、银、铁以及百里香、月见草、亚历山大草三大草药按照不同的比例融合铸造成这12枚印章，它将为佩戴的人带来健康，远离疾病的侵扰。信使志还列出了星

帕拉萨苏Paracelsus（1493—1541），真正的名字是Philippus Aureoleus Theophrastus Bombastus von Hohenheim。英语里的bombast（浮夸之辞）一词就是从他的名字Bombastus演变而来。这位先生的一生如此传奇，即使用一整本书也说不完。流放、历险、与医学权威势力的较量、实验、探索几乎是他生命的全部。欧洲、中亚、俄罗斯、君士坦丁堡甚至中国都是他的足迹曾经到过的地方。他自称是比古罗马医生Celsus更高明的医生，还曾当众在一个铜盆里烧毁盖伦Galen的著作。他认为知识就是体验，一个医生首先应该是一个游历者。被视为权威的大学和古典书籍所教授的知识早已干枯没有生命，从流浪汉、吉普赛人、巫师、老强盗那些被社会放逐的人那里能学到更有用的东西。他遍游欧洲搜寻各种古代的草药秘方。他为自己树敌如此之多，以至于分不清朋友和敌人的差别。

盘与金属混合比例的对照表。

帕拉萨苏也曾经创制过类似的印章，虽然铸造金属的种类和比例有所不同。在老Grimm的书中有二者的详细对比。

虽然阿格里帕和帕拉萨苏是梅罗文的挚友，却并不一定是自然之友的成员。因为在提到他们的时候，信使志都以这样一句话开头：

“寒冷的冬夜，陌生人来到圣梅罗文隐修院。”

按照传统，“陌生人”是信使对非学会成员的称谓。

有意思的是，从梅罗文与阿格里帕和帕拉萨苏的交往来看，自然之友学会虽然隐秘，但在知识探索领域，却抱持着不同寻常的开放态度。

AXXI
SALL
VETAG
seme
IRAMO

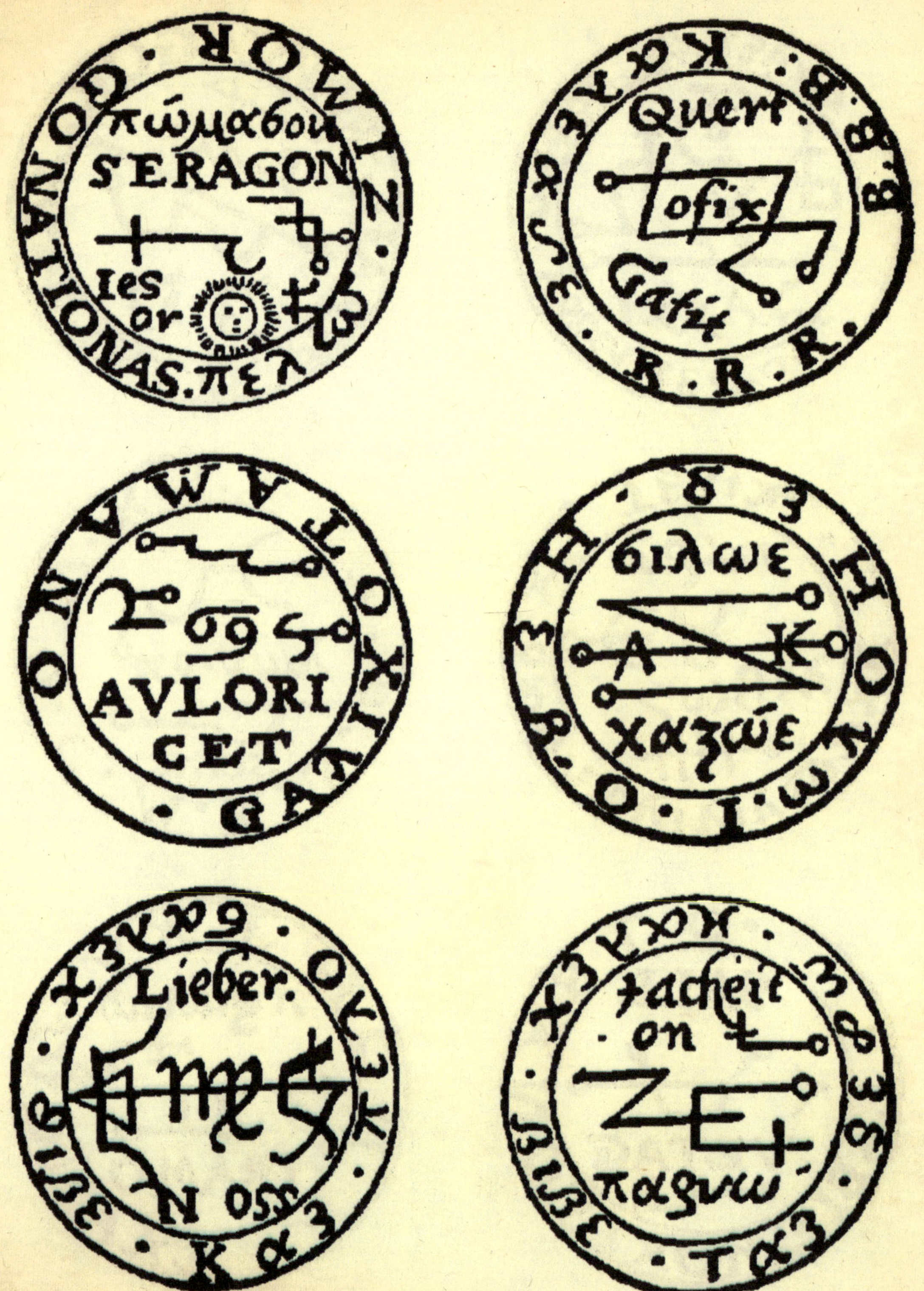
GOMOR
SERAGON
NATIONAS
Quert.
ofix
R.R.R.
AVLORI
CET
Lieber.
tacheit
on

埋葬在草药园中

【《自然》*Naturae*总共绘制了1534幅药用植物图。

1534种植物没有标名，它们被分散绘制在59个魔鬼和59位天使的名下，每个名下包括9到17种植物不等。

通过对1534种药用植物这种奇特的分类，5位AMICUS记录了他们对“安静赐福者”的全部发现。】

除了茱丽安娜抄本中的383种植物，我们还可以透过自然之友信使志中提及的植物来获得关于《自然》中1534种匿名植物的线索。而“被选中者”所重视的植物，无疑更有可能具有特殊的意义。

在关于梅罗文的信使志里，共提及植物327种。它们都是由梅罗文亲手种植在他的草药园中。

梅罗文草药园虽然并不是自然之友历史上7大草药园之一，但却因为梅罗文死后被埋葬其中而被赋予了传奇色彩。

信使记录了梅罗文草药园中种植的大多数植物，由于他们所使用的名称同今天已有很大差异，这使得整理工作变得十分困难。以下是老Grimm从中辨识出的109种植物，中文译名仅作参考。

Alexanders 亚历山大草
Angelica 天使草
Anise 茴芹
Arnica 山金车
Basil 罗勒
Barley 大麦
Blue Iris 蓝色鸢尾
Buckbean 睡菜
Burnet Saxifrage 虎耳草
Butterbur 款冬
Cabbage 卷心菜
Cannabis 大麻
Caraway 葛缕子
Catnip 猫薄荷
Centaury 翼枝美苦草
Chamomile 甘菊
Cherry 樱桃
Chervil 欧洲没药
Chickweed 繁缕
Chicory 菊苣
Chive 细香葱
Clove 丁香
Common Comfrey 聚合草
Common Rue 芸香
Coriander 芫荽
Cowbane 毒芹
Cowslip 药用樱草
Cress 独行菜
Cucumber 黄瓜
Daffodil 水仙
Daisy 雏菊
Deadly Nightshade 致命颠茄
Dill 莳萝
Elecampane 土木香
vening Primrose 月见草
Fennel 茴香
Fig 无花果
Garlic 大蒜
Gentian 龙胆
Gillyflower 康乃馨
Ginger 姜
Grapes 葡萄
Great Mullein 大毛蕊花
Greater Plantain 大车前
Greek Myrtle 希腊爱神木
Hemlock 芹叶钩吻
Henbane 天仙子
Herb Robert 拉伯草
Herb Paris 帕里斯草
Horehound 欧夏至草
Horseradish 辣根
Houseleek 长生草
Hyssop 海索草
Ivy 常春藤
John’s Wort 约翰草

Knotgrass 两耳草
Lady' s Bedstraw 女士蓬子草
Lady' s Mantle 女士披风
Leek 韭葱
Lily 百合
Liquorice 甘草
Lovage 拉维纪草
Lungwort 疗肺草
Male Fern 绵马
Mallow 锦葵
Marigold 金盏花
Mimosa 金合欢
Mint 薄荷
Moly 黄花茖葱
Monkshood 乌头
Mugwort 艾蒿
Mustard 芥菜
Nettle 荨麻
Onion 洋葱
Oregano 牛至
Oxeye 牛眼菊
Parsley 荷兰芹
Pasque Flower 欧白头翁花
Poppy 罂粟
Primrose 欧洲樱草
Quickgrass 急草
Quince 榅桲

Radish 野生萝卜
Rocket 紫花南芥
Rose 玫瑰
Rosemary 迷迭香
Sage 鼠尾草
Self-Heal 夏枯草
Sesame 芝麻
Soapwort 肥皂草
Solomon' s Seal 黄精
Sorrel 酢浆草
Spinach 菠菜
Squill 绵枣儿
Summer Savory夏香薄荷
Sweet Cicely 香根芹
Sweet Marjoram 墨角兰
Sweet Woodruff甜车叶草
Tansy 艾菊
Thyme 百里香
Tormentil 直立委陵菜
Turnip 芜菁
Valerian 缬草
Vervain 马鞭草
Violet 紫罗兰
Wild Beet 野生甜菜
Wild Lettuce 野生莴苣
Wormwood 苦艾
Yarrow 欧蓍草

《写给小孩子和傻瓜的梅罗文故事书》

梅罗文在圣梅罗文隐修院里生活了大概61年。死的时候，没有人在他的身边，他倒在地厅的地上。连同他冰凉的身体被一起发现的还有满地散乱的手稿。人们搞不明白这些手稿的含义，里面写了一些故事，还有一些奇怪的符号，可是这些故事和符号看起来却没有什么道理。

一个附近的小孩子好奇的把它们捡起来，就坐在那里读得入了迷。从此，这些手稿就被人称为《写给小孩子和傻瓜的梅罗文故事书》。

这里抄录其中的一个故事→

人们按照梅罗文的遗嘱，将他安葬在草药园中。

1和2是，
2和3是，
1和3不是；
3和4是，
4和5是，
3和5不是；
5和6是，
6和7是，
5和7不是；
7和8是，
8和9是，
7和9不是；
2和4不是，4和6不是，
6和8不是；
1和4不是，3和6不是，5和8不是。
只要有数字，
就会有朋友。

一个美丽的女人，与他们嬉戏。然后在不知不觉中扼死他们。我臣服于大天使乌列。”我所罗门，听到大天使的名字，立刻赞美上帝，天和地的主人。我将魔鬼烙上封印，命令他到海岸边切割那些修建神殿所需要的巨石。但他惧怕铁器，他哀求我，“我乞求你，所罗门王，让我自由吧，我会把所有的魔鬼带到你身边。”之后他跳入海里。他如此不愿听从我的命令，于是我祈祷大天使乌列来帮助我。

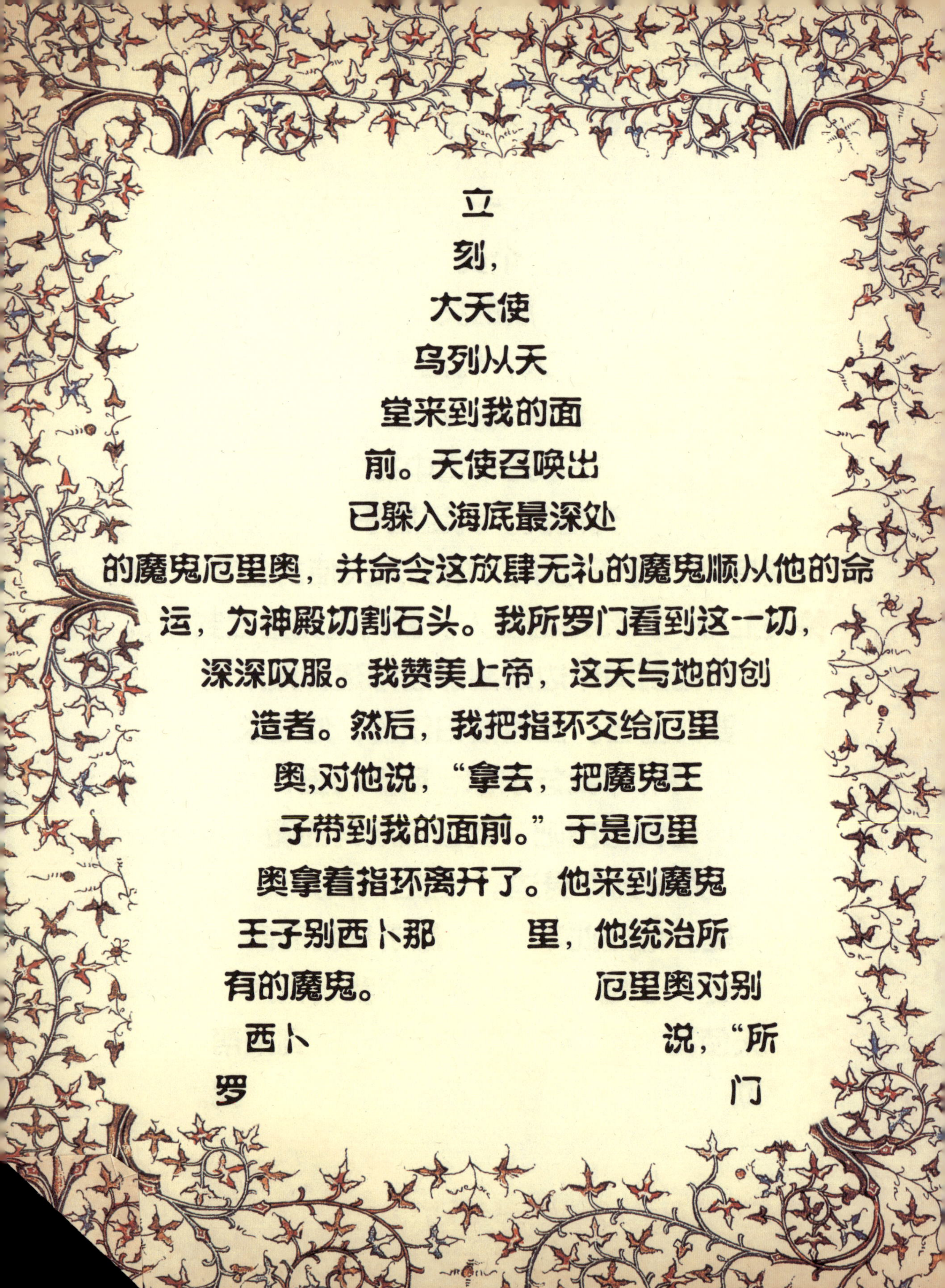

立刻，大天使乌列从天堂来到我的面前。天使召唤出已躲入海底最深处的魔鬼厄里奥，并命令这放肆无礼的魔鬼顺从他的命运，为神殿切割石头。我所罗门看到这一切，深深叹服。我赞美上帝，这天与地的创造者。然后，我把指环交给厄里奥,对他说，"拿去，把魔鬼王子带到我的面前。"于是厄里奥拿着指环离开了。他来到魔鬼王子别西卜那里，他统治所有的魔鬼。厄里奥对别西卜说，"所罗门

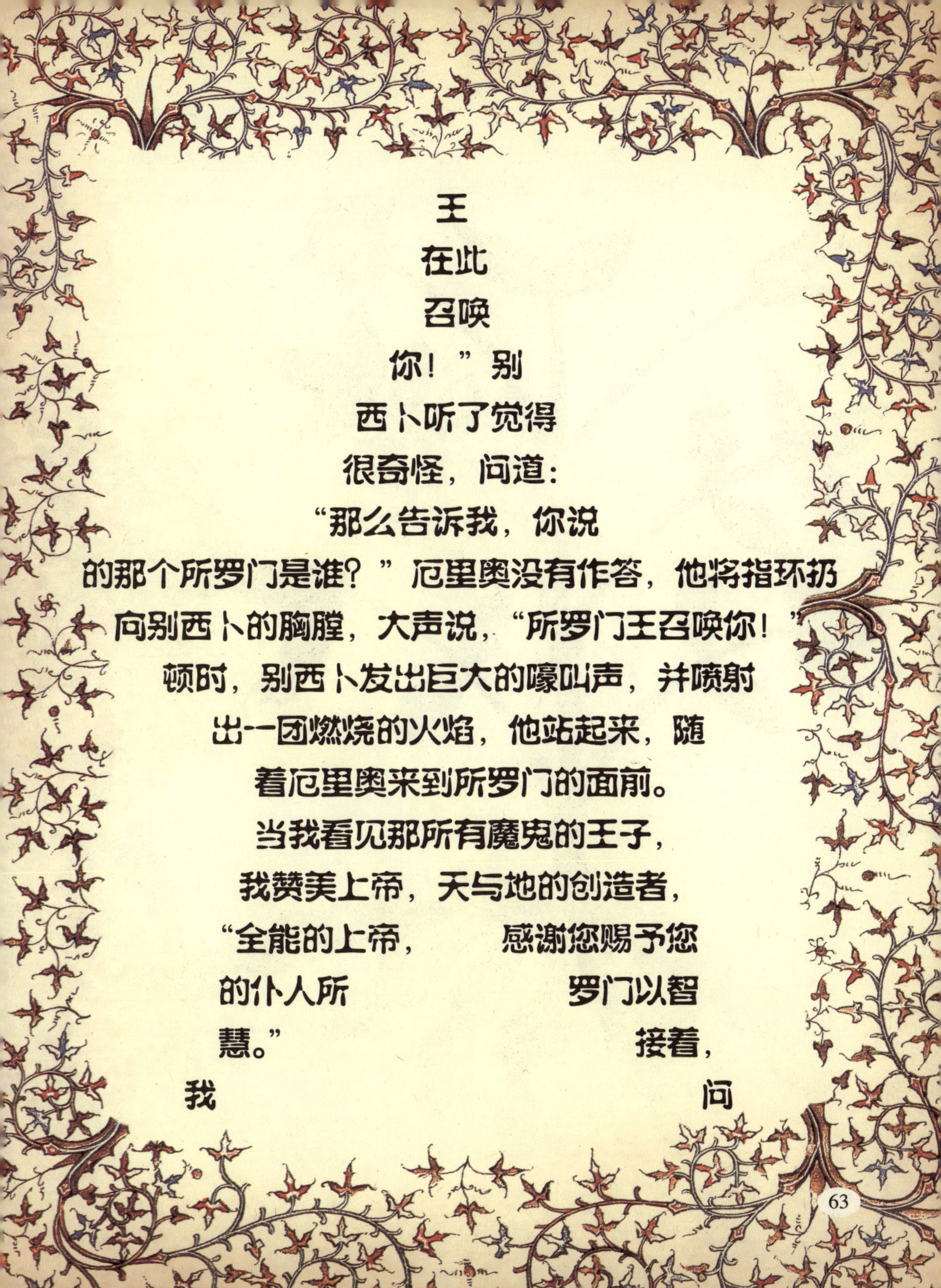

王
在此
召唤
你！”别
西卜听了觉得
很奇怪，问道：
“那么告诉我，你说
的那个所罗门是谁？”厄里奥没有作答，他将指环扔
向别西卜的胸膛，大声说，“所罗门王召唤你！”
顿时，别西卜发出巨大的嚎叫声，并喷射
出一团燃烧的火焰，他站起来，随
着厄里奥来到所罗门的面前。
当我看见那所有魔鬼的王子，
我赞美上帝，天与地的创造者，
“全能的上帝， 感谢您赐予您
的仆人所 罗门以智
慧。” 接着，
我 问

BOOK IV
奥尔良公爵卷

双生诅咒：放浪公爵

DIES，MIES，JESCHET，
BENEDOEFET，DOWIMA，ENITEMAUS
那个名字被念出，天使之轮开始转动。
Duc de Orleans
奥尔良公爵

按照信使志叙事的传统，这可能并不是实指历史上真正的奥尔良公爵。考虑到世袭的奥尔良公爵头衔与法兰西皇位的亲密联系，信使志使用这个名字必定是为了显示此人的显赫地位，及暗示他同法国王室非比寻常的关系。

关于奥尔良公爵，信使志里有相当篇幅的记录，甚至还有公爵城堡的食品采购清单。

公爵住在城堡里。这座城堡有一个名字，云堡。据说云堡气势恢弘，全部用白石建成，远远望去，就像天上的云彩。

公爵也是在云堡里出生的，他母亲像其他女人一样，坐着生出了他。他一生下来，就被施行了洗礼。他很弱小，人们以为他要死了。慌乱中，神父念错了洗礼祷文的顺序，将“以圣父、圣子、圣灵之名”，念成了“以圣子、圣父、圣灵之名”。在他之后“煮好一锅奶的时间”，他的兄弟也来到了这个世界。他留了下来，成为继承人，而他的兄弟则被悄悄的送走，7年之后，这个小兄弟将被送往一所隐修院，从此在贵族世界中消失不见。“在某个神秘的命令下”，他将在那里度过61年的时间，直到死亡。这个孪生小兄弟就是后来的梅罗文。奥尔良公爵称之为“我的影子”。关于他和梅罗文之间的离奇故事，老Grimm在“双生的诅咒”一节中有叙述。

世界上没有人会比梅罗文更厌恶舒适的生活，世界上也没有人会像奥尔良公爵如此热爱美食和纵情享乐。“占有”是他惟一的信仰。在他的领地里，人们称他为“又白又香的公爵”。他曾经很骄傲的说，“在我一生的任何时候，我都不需要倾听者。我活得自在。”

他的每一天通常都是从牙齿开始的，早起后先用绿色的榛子枝擦牙，然后再用羊毛布擦亮每颗牙齿。

接着就开始长时间的享受洗澡的乐趣，和当时的大多数人不同，公爵喜欢洗澡，尤其喜欢全身浸泡在盛满热水的大木盆中，里面撒满了玫瑰叶。由于他精力旺盛，脸色总是过于红润，所以有时候他也洗

“仙客来澡”，因为仙客来的根可以使皮肤变白。天气暖和的时候，他喜欢在花园中洗浴，冬天则在卧室温暖的炉火前慢慢的洗。

公爵的卧室里有一张可拆卸的大木床，床的四周挂着亚麻织成的帘子。他爱这床，如果他要外出游历，他也会命令仆人们带上它。他那些华丽的衣服、珠宝、昂贵的香料和金银餐具都放在他卧室的小前厅里。卧室还有一个很大的露台，平时他就在那里俯瞰他的王国。

云堡里的每一个房间都有自己鲜明的特色，“绝对找不到布置近似的两间房”。云堡内部还有错综复杂的通道，在这些“即使年老的仆人也可能迷路”的通道里，公爵、他的玩伴还有各式各样的女人疯狂的玩“追赶和隐藏”的游戏，乐此不疲。

某些夜里，这些人会驾着马车到林子里寻找刺激，密林掩盖着黑夜里的淫乱。公爵和他的同伴们又被称为“黑眼”，由于不加节制的

放纵，黑眼圈几乎成为他们的标志。

对于公爵而言，那片树林不过是云堡的延伸，他称之为“天空”。

“天空”与其说是树林，其实指的是树林中央的一大片空地。这不是普通的空地，而是一个古老的墓地。天气好的夜晚可以从那里看见漫天星斗。墓地里埋葬着什么样的人，我们不得而知。我们只知道，“那里是古代异教徒在尘世最后的居所”。

在公爵看来，睡觉永远是一件需要学习的事情。他身边有趣的事情实在太多，狂欢、游历、女人、美食，以至于公爵常常忘记睡眠。

无论何时，奥尔良公爵都在体验感官的强烈刺激，即使在梦里也一样。很自然的，他已经很难分清梦境和现实的区别。

在他成为自然之友成员之前，草药对他的意义仅仅在于：用苏打、羊脂、木灰混合各种芳香的草药，亲手制作香肥皂；或根据医生的建议，用草药来去除他那些女伴脸上的暗纹、色斑、偶尔出现的口臭和体臭。这些都是无所节制的饮食必然的副产品。

面对公爵那诱人的宴席，谁还可能节制呢？

骇人的欢宴

在公爵的领地上，有这样的说法，几乎成为习语，“天使吹响末日审判的号角，公爵的盛宴还在继续。”

公爵宴会的奢侈几乎不会逊色于皇室。

在庆祝公爵生日的一次宴会上，曾经用去60头牛，无

数的公猪头、鹿肉、孔雀、天鹅、乳猪、鹤和云雀，还出现了鲟鱼、鲸鱼和海豚这些珍贵少见的海鲜，这很不寻常，要知道，这些都是通常只有国王和王后才可以享用的“皇家鱼”。

宴会一般在云堡大厅举行。

在信使志里，描绘了云堡大厅的样子。建在云堡主楼二层的大厅由12根巨大的石柱支撑。大厅地面撒满了芳香草药和灯芯草。每天至少清扫更换一次。所有的桌子都铺有宽大洁净的白色桌布。宴会在傍晚开始，室内用无数蜡烛照明，入席者的华服和闪亮的缀饰被烛光映照，灿烂无比。

餐前，仆人会先摆好餐凳，铺好桌布，放上餐刀和银匙以及宝石镶边的银酒杯。每个座位的面前放着一个“大餐盘”，那其实是一块隔夜的硬面包，用作吃烤肉的盘子。饭前会吹起号角，仆人们带着敞口水壶、面盆和毛巾侍候公爵和他的客人洗手。除此之外，在大厅入口处的墙上还有嵌入式的石凹盆，盛满了水，那里也可以洗手。

餐前祷告后，仆人开始上餐。先是面包和黄油，接着是葡萄酒和啤酒。酒里加入了香料和糖。面包使用经过两到三次精筛后最上等的小麦粉制成。

放纵不等于粗鲁，在公爵的餐桌上，有一些礼仪是需要遵守的。汤和炖菜中的东西应该用汤匙吃。喝汤时要小口啜饮。肉先用刀切成几块，然后用手拿着吃。汤匙不应该放在盘子里。手肘不能搁在餐桌上，就餐时打嗝是难以被原谅的行为，甚至比放屁还要糟糕。

公爵的宴会与众不同的地方还在于，他认为每次欢宴都应该有一个庆祝的理由。油酥面点和糖块会被雕刻成与这个理由相关的东西。有时候是一头痛苦挣扎的野猪，代表着庆祝狩猎的成功。有时候是一个坐着的女性小雕像，那一定是公爵的某个情人。还有的时候会是决斗骑士。在最平淡无可庆祝的日子，也会有雕成太阳形状的糖块，至少感谢上帝让太阳照常升起。

公爵宴席上的菜肴不仅美味，而且种类新奇，令人眼花缭乱。

宴会上的大菜有三四道，包括家禽、鱼类和肉类。每道大菜附有一碟配菜。一般的烤肉会用金叶包裹，烤乳猪口含浸过酒的棉花，点燃后会喷火，引来众人尖叫。

“凯旋的鸡”一上桌，就会引起一阵笑声，那道滑稽的菜是用一只鸡和一头猪共同烤制而成，烤熟的鸡骑在同样烤熟的猪身上。

最受欢迎的菜是天鹅和孔雀，烹制前，它们的肚子被剖开，填入气味浓烈的香料，然后缝上，烤熟后把它们先前拔下来的羽毛做为装饰重新插回去，最后为它们戴上金冠或花环端上桌。

接着由“唱歌的鸡”为欢宴助兴，现在看起来，这是一道非常危险的菜。它的做法是，先把等待烹制的鸡的脖子紧紧捆扎，然后往鸡口中缓缓倒入水银和硫磺粉，半满的时候再把鸡的喉部扎紧，但不会太紧。当鸡被烤熟以后，混合物产生的气体会从鸡的口中冒出来，气流经过鸡扎紧的喉部会发出声音，听上去就像它在唱歌一样。这就是所谓的“让烤熟的鸡唱歌”。

当会唱歌的鸡使人们的欢乐情绪高涨起来的时候，大家都会期待着欢宴传统大菜的出现，这道菜永远不会让人失望。

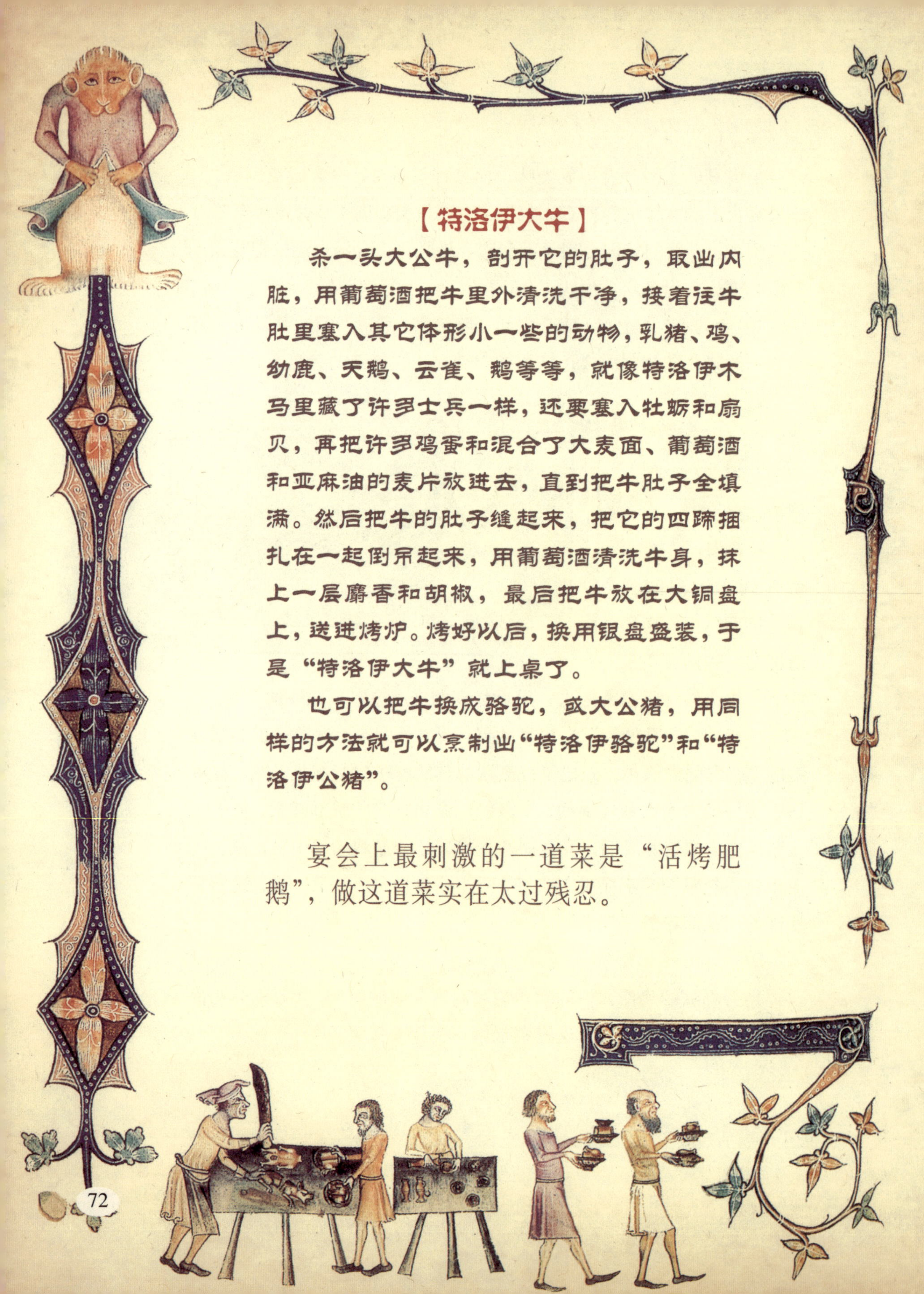

【特洛伊大牛】

杀一头大公牛，剖开它的肚子，取出内脏，用葡萄酒把牛里外清洗干净，接着往牛肚里塞入其它体形小一些的动物，乳猪、鸡、幼鹿、天鹅、云雀、鹅等等，就像特洛伊木马里藏了许多士兵一样，还要塞入牡蛎和扇贝，再把许多鸡蛋和混合了大麦面、葡萄酒和亚麻油的麦片放进去，直到把牛肚子全填满。然后把牛的肚子缝起来，把它的四蹄捆扎在一起倒吊起来，用葡萄酒清洗牛身，抹上一层麝香和胡椒，最后把牛放在大铜盘上，送进烤炉。烤好以后，换用银盘盛装，于是“特洛伊大牛”就上桌了。

也可以把牛换成骆驼，或大公猪，用同样的方法就可以烹制出“特洛伊骆驼”和“特洛伊公猪”。

宴会上最刺激的一道菜是“活烤肥鹅”，做这道菜实在太过残忍。

【活烤肥鹅】

这道菜必须由公爵的主厨亲手做，因为要做好它有相当的难度，普通厨师难以胜任。先选一只肥鹅，拔光它的毛，只留下头部和颈部的毛，全身涂满黄油。然后将它放在空地上，四周围上一圈火盆，火盆圈的直径不能太小也不能太大。太小的话，鹅在被烤熟前就会被浓烟呛死。如果太大，鹅又会很容易的逃脱。

接着主厨在火圈里面放入几罐混合了盐和香料的水。之后慢慢点燃火圈，于是鹅会开始焦躁的在火圈里行走。当火圈内的温度升高，鹅就会开始喝罐中的水。慢慢的，它的皮肤会变热，此时它的内脏也在被炙烤。在这一过程中，主厨会不断用海绵蘸水给鹅的头部和心脏降温。很快，鹅会发疯似的乱跑，当它跌倒在地的时候，主厨就将它端到餐桌上，公爵和他的客人将一起分享它。

被端上餐桌的鹅其实还是活的，当他们撕扯它的肢体时，鹅会大声惨叫。主厨的建议却是应该在它死之前就吃掉它。

潘哥一世：公爵的厨房

公爵的主厨应该为自己感到骄傲，挑剔的公爵惟一未曾挑剔过的就是他的主厨所做的菜。主厨的名字从现存的信使志中无法得知，奇怪的是，我们反而知道他养的猫的名字：

潘哥·斑Pangur Ban

这只猫受到公爵特别的喜爱，他甚至荒唐的赐给它头衔：潘哥一世，并下令说它所有的后代都应该得到保护。在公爵城堡的厨房墙上留有专门供潘哥进出的洞。这只猫以高傲和独立而著称。

作为一个偏好文辞游戏的法国人，公爵从不提“厨房”这种粗俗的字眼，当他不得不说的时候，他会说，“潘哥一世”。这样，“潘哥一世”成为公爵厨房的代名词。

按照信使志的记载，我们几乎能够复原公爵厨房的全貌：

“潘哥一世”中央是一张很大的木桌，用来切菜和调配原料，桌上放有研钵、陶罐和一大叠用来装奶酪和黄油的盘子，研钵用来碾碎香料。木桌一端是3个连着烟囱的大火炉，还有几个边炉。墙上挂满了壶、各式锅子、长柄铁勺和长柄有脚小烧锅，小刀、汤匙和粗麻刷子随手可及。

火炉上方悬梁上垂下一根铁链，尾端有一个大铁钩，锅就吊在上面，这样可以随时调节锅的高低，以便控制火候。铁锅子主要用来炖肉和煮汤，厨师们通常用一只铁钩勺将锅里煮好的肉捞出，而汤则是用一把长柄大汤匙搅动。肉直接串在烤肉叉上放在火上烤。明火烹饪会产生大量的烟，所以我们可以想象，在准备公爵的宴会时，“潘哥一世”里会有多么喧闹和忙碌，气氛一定比火还要热烈。

主厨并不亲手做所有的菜，他有许多助手，菜肴主要通过他指导助手、学徒完成，如果公爵要举行大规模的宴会，主厨还需要从附近村子里雇来临时伙计。

厨房外间有洗涤室，那是清洗餐具的地方。水通过人力抬进厨房。

再外面就是厨房菜园了。

公爵平时吃的蔬菜大多来自这个菜园。

菜园由主厨亲自负责照料，里面至少种有豌豆、胡萝卜、韭葱、洋葱和大蒜，玫瑰、百合、天芥菜、紫罗兰、罂粟、鸢尾花、荷兰芹、鼠尾草、月桂、酢浆草、罗勒、独行菜、莳萝和薄荷，还种有苹果树、梨树、桃树和葡萄。在公爵的树林里还有各种野果子和坚果。旁边有蜂巢，可以为厨房提供蜂蜜。

厨房菜园中有一个鱼池，用来存贮鲑鱼和狗鱼等鱼类。腌鳕鱼和熏鲱鱼是公爵常吃的食物。他出外时会随身带上许多鳕鱼干。新鲜的鳕鱼用姜、胡椒和桂皮调味之后，可以做成美味的鳕鱼馅饼。

公爵餐桌上的腌渍无核小葡萄、无花果、海枣和洋李干是主厨亲手做的。水果馅饼和其它面食美味则由专门的糕点厨师负责。

做甜食和糕点所用的糖不是由厨房自产，而是由当地供货商送来，大多数时候他们送来整块整块的玫瑰糖和紫罗兰糖，用的时候捣成粉末。混合杏仁碾成的糖粉是甜食的重要配料。

和昂贵的糖一起被送来的还有大米、杏仁、无花果、枣和石榴，以及国外产的海索草、肉桂、小豆蔻、丁香、白豆蔻、番红花等等。

公爵饮用的苹果酒、梨子酒、蜂蜜酒和啤酒也由主厨亲自酿造。

信使志上还记载了公爵主厨的烹饪秘诀：

如何用醋腌法保存蔬菜。

如何用烟熏法保存野味和鱼。

如何用盐腌法保存肉、鱼和乳制品。

野味是最上乘的肉。

哪些肉适于用干腌法（将肉埋在盐堆里）保存。

哪些肉适于用咸水腌法（将肉浸泡在浓度很高的盐水中）保存。

如何对付发酸的葡萄酒。

如何去除黄油和肉中过于浓烈的腌料味道。

如何用杏仁而不是牛奶制造出更容易保存的黄油。

如何用杏仁制造杏仁奶。

如何去掉幼鸽的

骨头。（先将一只幼鸽的内脏取出，把它清洗干净，放在醋中浸泡一整夜。然后再清洗，并在它的肚子里塞进香料和草药，烹饪好的鸽子吃起来会一点骨头都没有。）

如何烹饪神奇动物。（取一只阉鸡，用水煮沸，然后从腰部切断；再取一只猪，在水中煮沸后也从腰部切成两半。然后用针线将鸡的前部分和猪的后部分缝在一起，在这个新动物的肚子里塞入香料和豆子，然后放在烤架上烤。烤熟后，给它的表面涂上用蛋黄、荷兰芹、番红花、姜汁调好的汁，就成为一道上等菜肴了。把猪的前部分和鸡的后半部缝起来又将做成另一道菜。可以在它肚子里填入用鸡蛋、羊脂、番红花、盐、姜和面包屑调好的糊。也可以填入松果和糖，烤熟后用金、银箔装饰它。这是在世界任何地方也找不到的神奇动物，它们只会出现在公爵的餐桌上。）

如何熬制杏仁粥。（把鸡肉捣成糊，加入杏仁奶和米饭同煮，再放入蜂蜜，熬至浓稠，最后撒上油煎过的杏仁和茴芹。味道非常好。）

如何做紫罗兰汤丸。（将鱼肉和猪肉捣碎，混合面包屑、紫罗兰香料和鸡蛋，捏成小球投入沸水就可以做成美味的紫罗兰汤丸。）

如何烤小鸟。（用湿黏土把小鸟包起来，埋在最热的柴火堆里就能烤出美味。）

作为对主厨的奖赏，每年圣诞节，他能得到6只鹅和4只母鸡带回家。

天空启示录

公爵的放纵无论如何也算不得过分，因为他在很年轻的时候就已经死了。如果他能活到正常的寿命，人们对他的评价将是另一种样子。因为在他死前不久，奢华放纵的生活已经不再能够吸引他。他的变化不难发现。

变化首先来自公爵的餐桌。

美酒开始发酸，啤酒变得浑浊，里面杂质太多，喝的时候甚至还需要嚼。大厅地板不再每天清扫，积满了面包屑、黄油、不知道哪年吃剩的骨头，还有潘哥和狗的排泄物，公爵视而不见，也不再因此而惩罚任何相关的仆人。

他吩咐主厨用“臭宴”来打发他那些仍旧耽于享乐的玩伴——公爵欢宴席上和他卧室四柱床帐帷里的常客。

“臭宴”上准备的都是一些看起来令人作呕的菜。所有端上桌的肉看起来都是血淋淋的，上面还爬着“蛆虫”。

制作这样的“臭肉”，主厨有独特的方法：晒干野兔血，制成粉末，把这些血粉撒在煮熟的肉上，肉的热气很快就能让血粉熔化，这样肉看起来就是血淋淋的。然后再把竖琴弦切成许多小段，撒在热肉上，它们会变得弯曲，看起来就像有蛆虫在肉上蠕动。

这一招很管用，公爵餐桌上的客人很快就越来越少，最后全都消失不见了。

有趣的是，即使在公爵最荒唐放纵的岁月里，无论他做什么说什么，他都被爱和赞美。然而当他开始远离享乐，实践一种圣徒般的生活时，周围的人们却恐惧了。

公爵开始变得沉思忧郁。有人发现，夜里，公爵常常独自骑马进入树林，然后在“天空”里待上一整晚。后来，他像一只野兽一样住在了树林里，由仆人为他送去牛奶和粗糙的大麦面包，一天一次。这让我们想起了梅罗文在圣梅罗文隐修院里的生活。

然而和梅罗文不同，公爵对舒适生活的意兴阑珊并不因为“它是最愚蠢的罪”，也不是因为他的内心受到纯粹信仰的召唤，更不意味着他将兴趣转向艰苦的隐修生活。他对“乐趣”开始怀有更大的野心。

某一天，当他躺在“天空”里仰望星空的时候，他突然意识到，他所拥有的一切奢华和享乐不过如同一堆稻草。

【凡能被人占有的东西，必有其穷尽。我要的是无穷无尽。

——奥尔良公爵】

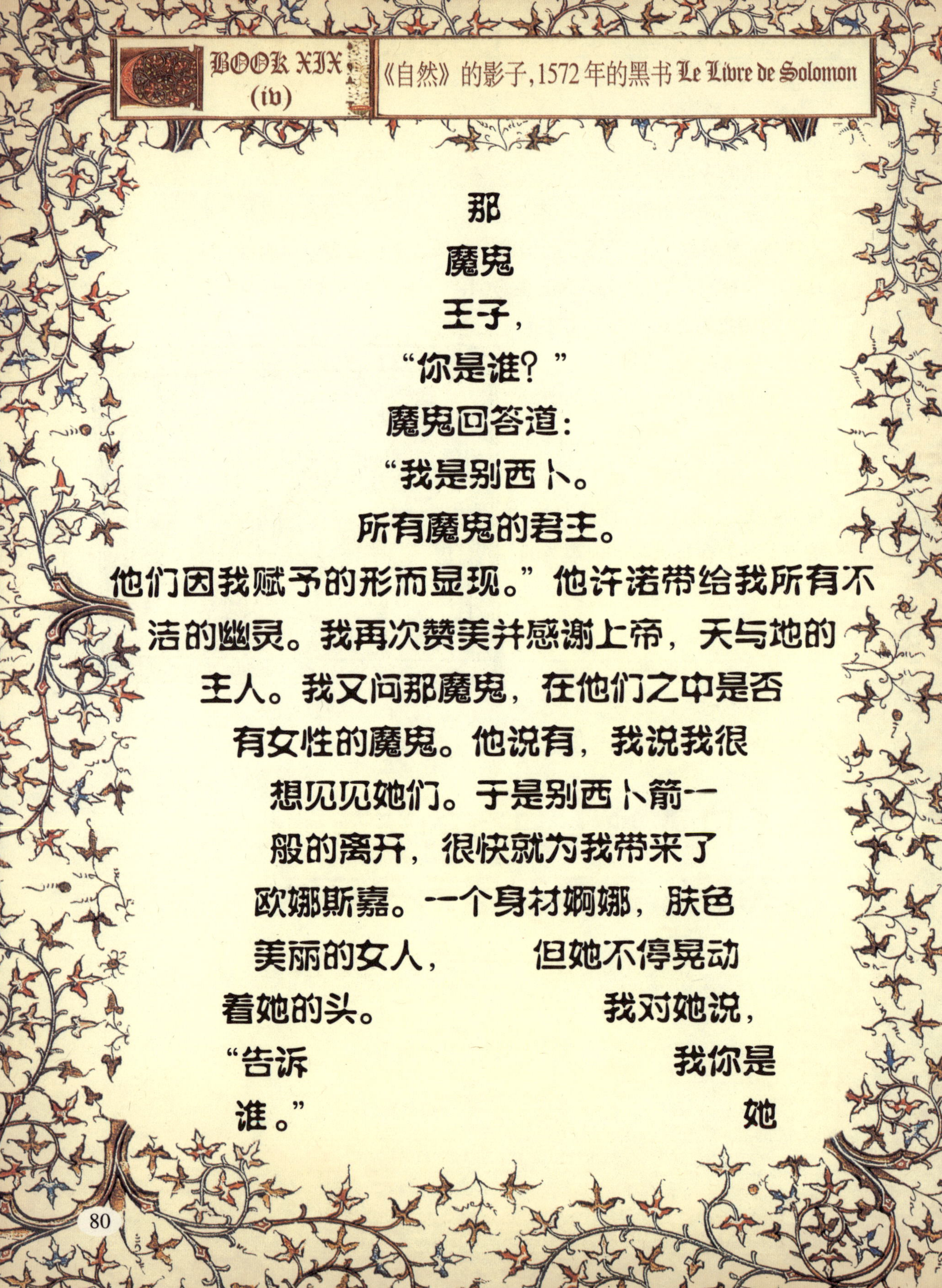

那
魔鬼
王子，
“你是谁？”
魔鬼回答道：
“我是别西卜。
所有魔鬼的君主。
他们因我赋予的形而显现。”他许诺带给我所有不洁的幽灵。我再次赞美并感谢上帝，天与地的主人。我又问那魔鬼，在他们之中是否有女性的魔鬼。他说有，我说我很想见见她们。于是别西卜箭一般的离开，很快就为我带来了欧娜斯嘉。一个身材婀娜，肤色美丽的女人，但她不停晃动着她的头。我对她说，“告诉我你是谁。”她答道："我叫欧娜斯嘉，住在一个金色的洞穴里。但我还有其它永远变幻的居所。悬崖峭壁、洞穴和沟壑是我最常栖息的地方。我能用绞索勒死男人。我常常变成女人与男人相伴，尤其那些深肤色的男人。"我问她是从哪里诞生的，她回答说，"我从一个声音中诞生，那是男人的粪便掉在木酒桶里的声音。"我又问她，"你受哪颗星的支配？"她回答："月亮。"我接着问她，"哪位天使能使你

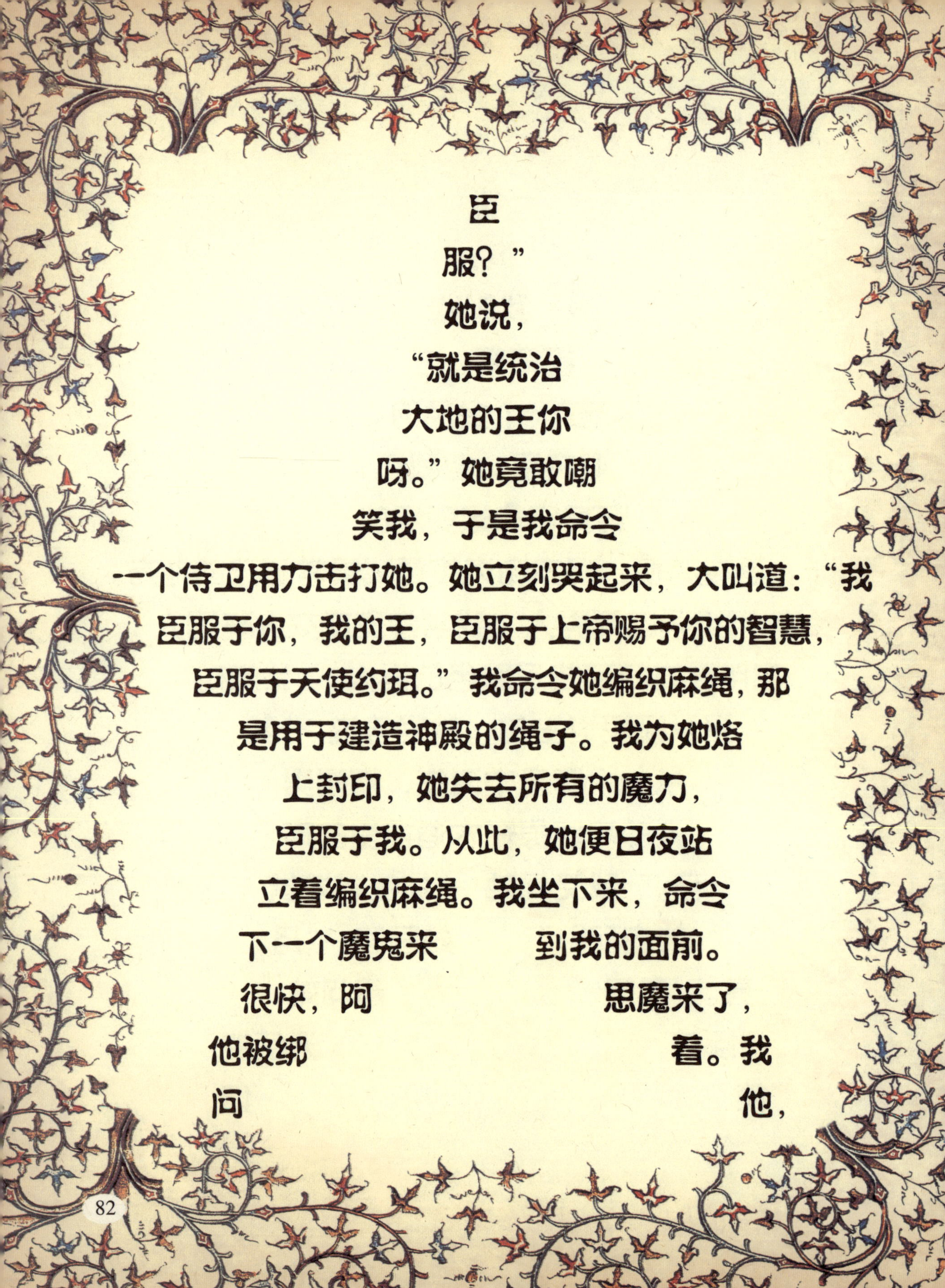

臣服？”她说，“就是统治大地的王你呀。”她竟敢嘲笑我，于是我命令一个侍卫用力击打她。她立刻哭起来，大叫道：“我臣服于你，我的王，臣服于上帝赐予你的智慧，臣服于天使约珥。”我命令她编织麻绳，那是用于建造神殿的绳子。我为她烙上封印，她失去所有的魔力，臣服于我。从此，她便日夜站立着编织麻绳。我坐下来，命令下一个魔鬼来到我的面前。很快，阿思魔来了，他被绑着。我问他，

“你是谁？”他用愤怒仇恨的目光瞪着我，说，“那你又是谁？”我说，“你宁愿受惩罚也不愿回答我吗？”他仍然很愤怒，说，“我为什么要回答你？你不过是凡人的儿子，而我却是天使的后代。我们这些上界的灵不会接受凡人的问话。我的守护星在天空如此明亮，人们叫它北极星，有些人称之为龙之子。所以不要粗鲁的对我提问。你的王国很快就会分崩离析，你的光辉也将黯淡消散。你对我们的统

BOOK V
黑卷

【“现在，死亡更令我着迷。当人世间的乐趣都被体验过以后，我想要更新鲜的感受。一些人就这样到来，他们是如此与众不同，他们心怀另一种哲学和道德。从此我的生命就被照亮，然后被带往一个全然焕新的世界。我关心的是如何抓紧上帝留给我的每一刻时光，完成我应该去完成的事情。”

——奥尔良公爵】

将奥尔良公爵引入“全然焕新世界”的这些人里，有“好人吉伯”Girard le Bon，驼背爱德Edmund Crouchback，奇夫曼Schiffman the Strange，黑夫Heff以及几位无名信使。他们都是自然之友的成员。

药物研究离不开人体实验，在自然之友的历史上，有许多自我牺牲者，信使志上记载着他们的名字，“他们将自己的全部奉献于医学的祭坛”。好人吉伯就是其中之一。

根据信使志的记录，我们得以知道，这位吉伯对草药研究的热情早已使他的常识退化了。他的全部生活准则都是依照如何保持一个良好而敏感的体质以有利于试验药性而确立的。意外总是会发生，幸运的是都会在或长或短的时间中消失，除了那次“星光之灾”。在某次试药之后，发生了很严重的后果，吉伯发现即使在白天也感觉眼前有亮光闪烁，这种情况再也没有改善，一直到他去世为止。这次事件使学会成员认识到应该制定严格的试药法则。

“只有星光，已经很幸运了。”他常常闭上眼睛同人说话。

为公爵主持入会仪式的人就是吉伯，这一定是在“星光之灾”发生以前。

公爵的入会仪式在“天空”举行。大家也许不够谨慎，竟然让外人窥见。

目击者是公爵城堡附近村里的一个铁匠。他对人们诉说了公爵树林里可怕的秘密。

12月最后一天的子夜时分，他路过树林，那时候月亮在夜空中发散着光芒，金黄明亮，让他怕起来，可是谁会害怕月亮呢？这是因为那一天的月亮很不寻常，它四周的光晕看起来像一个巨大的十字架，而月亮正好在那交叉的中央。月亮开始还很明亮，但很快就变得暗淡了，随后刮起了寒冷的风。

这时候，铁匠看见树林深处似乎有烛火照出的亮光，于是他好奇的朝里走去，忘记了这是领主的禁林。

“天空”里正进行着神秘的仪式，一个魔鬼坐在异教徒的墓碑顶上，墓碑像黄金一样耀眼。他就是撒旦，这不难认出，因为他的头上长了一对犄角，还有一张山羊脸，在他的两角之间，点着一只蜡烛，蜡烛照亮了“天空”。

在撒旦的脚下，公爵向他膜拜。除了公爵，在场的还有数十个身穿黑色长袍的人，头上都戴着尖尖的兜帽，看不清他们的脸。

铁匠看见撒旦正在向他们宣道，魔王手中捧着一本很大的黑书。当他念完长长的祷词之后，每个人依次走到他的面前，虔诚的不发出一点声响，他们把手放在黑书上，口中念念有词。

之后，撒旦让他们亲吻他的臀部，并用右手在每个人的眼睛里划出魔鬼印记，又让他们吃下一小片东西，后来人们认为那一定是一片芜菁，魔鬼的圣体。

当这一切完成后，黑衣人围成圆圈站在“天空”里，这时铁匠才看清地上有一个巨大的神秘符号。他们在圆圈中央燃起一堆火，放上一口大锅，当锅里冒出白烟时，他们往里投入蟾蜍、砍去头的老鼠、剥了皮的毒蛇以及各种毒草，之后又放入被绞死者的心脏和其它器官，最后是未经洗礼的婴儿尸体。人们似乎从没质疑，铁匠如何凭借远观就能判定那是毒草和被绞死者的器官以及婴儿未经洗礼，谣言不需要逻辑。

很快，“天空”里便弥漫着令人沉醉的香气，那是从锅里飘出来的。铁匠在昏沉中隐约看见树林上空飞来许多骑着山羊、大黑狗和驴的裸体女人。那些畜牲因为情欲高涨而发出可怕的叫声。女人们很快就围聚在撒旦的身边，此时乐声响起，公爵和那些黑衣人从锅里舀出一种液体斟满酒杯，像喝酒一样狂饮起来。

以后的事情铁匠再也记不得，接下来他发现自己一大清早躺在树林边上，头脑恍恍惚惚。

人们认为这些黑衣人无疑是巫师，铁匠看见的正是他们与撒旦签定魔鬼契约的邪恶仪式。他们认为十字架的月晕是召唤巫师的信号。树林一定被施了咒语，所以声音不会传出“天空”。这样就能合理的解释为什么除了铁匠，竟然没有任何人曾经听到过树林里怪异的声音。

为了避免总是提到撒旦的名字，那毕竟是不祥的，当人们谈论起公爵和他的新朋友们在“天空”里举行的神秘仪式时，他们称之为“黑”。

这个故事被记录在信使志里。

无论铁匠的叙述中加入了多少神智不清的幻觉，又混杂了多少当时的人们出于对撒旦和巫术的恐惧而被激发出的刺激性联想，在这个故事里的确包含了自然之友新成员入会仪式的重要元素，比如由带有AMICUS头衔的成员主持仪式，将举行仪式的地方用自然之星封印，念诵《自然》全文，新入会者的起誓，焚香，以及信使的见证。

治
很短
暂，之
后我们又
将凌驾于人类
之上。他们会像
崇敬上帝一样膜拜
我们。这些凡人将忘记能够降伏我们的天使的名字。”
我所罗门听到这些，立刻让侍卫用牛皮鞭抽
打他，并把他捆绑得更紧，命令他谦卑
的告诉我他的名字和魔力。于是他
对我说，“凡人称我为阿思魔，
我在新婚夫妇之间施行诡计，
使他们不能了解对方的真心，我
用许多磨难将 他们分开。我
能使处女 们的美丽
渐渐枯 萎，并
带 走

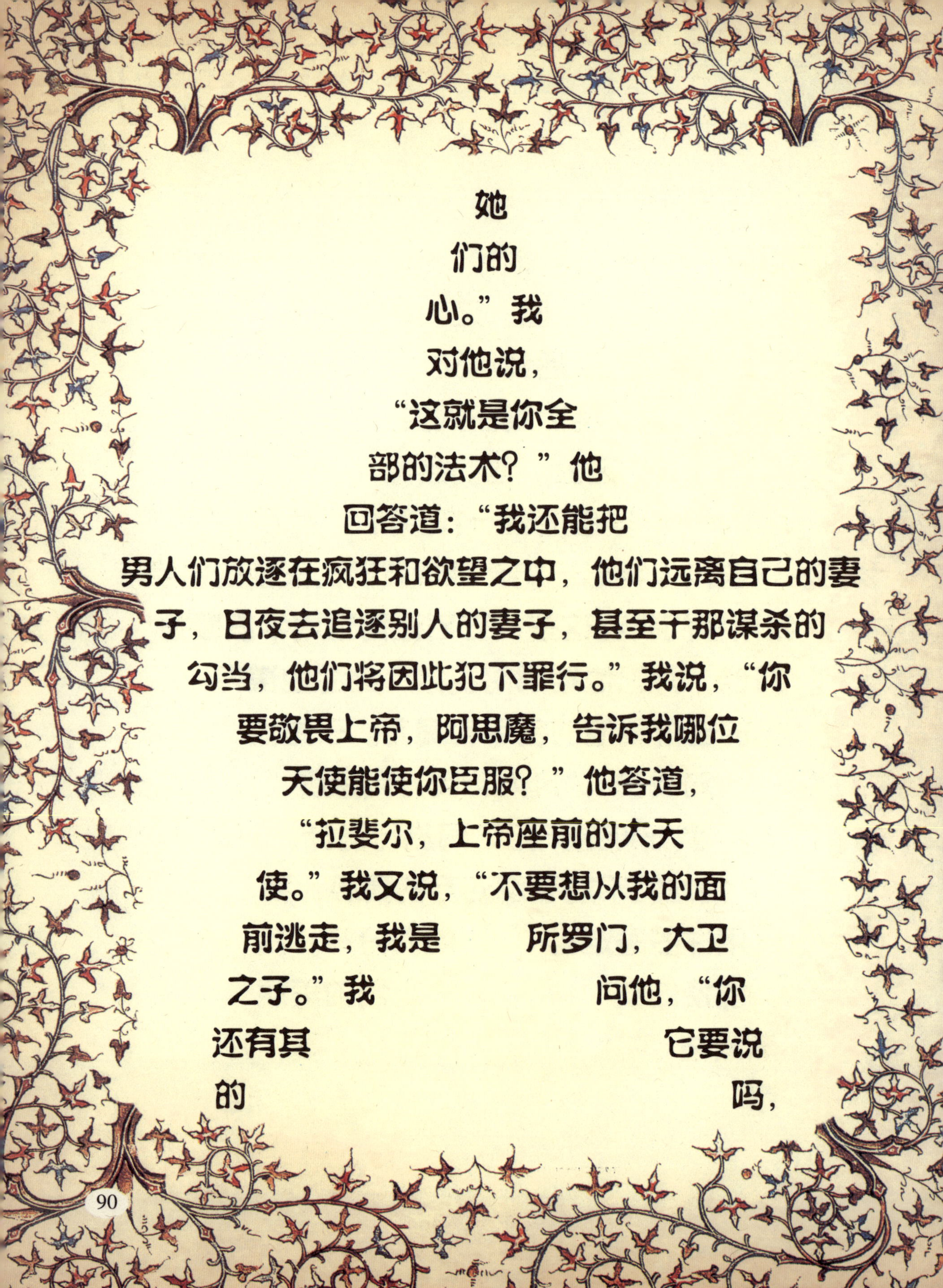

她们的心。”我对他说，“这就是你全部的法术？”他回答道：“我还能把男人们放逐在疯狂和欲望之中，他们远离自己的妻子，日夜去追逐别人的妻子，甚至干那谋杀的勾当，他们将因此犯下罪行。”我说，“你要敬畏上帝，阿思魔，告诉我哪位天使能使你臣服？”他答道，“拉斐尔，上帝座前的大天使。”我又说，“不要想从我的面前逃走，我是所罗门，大卫之子。”我问他，“你还有其它要说的吗，

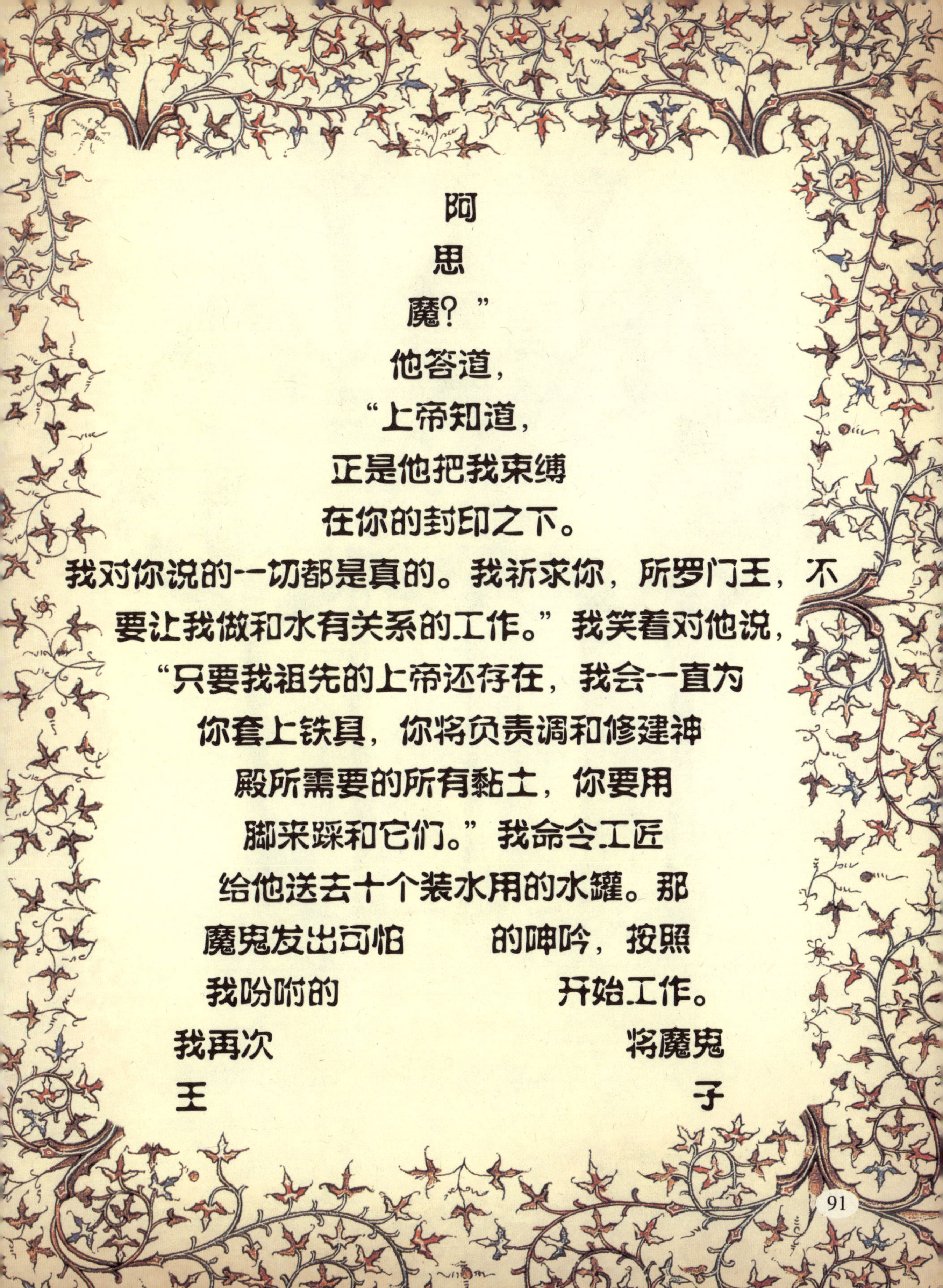

阿

思

魔？”

他答道，

“上帝知道，

正是他把我束缚

在你的封印之下。

我对你说的一切都是真的。我祈求你，所罗门王，不要让我做和水有关系的工作。”我笑着对他说，“只要我祖先的上帝还存在，我会一直为你套上铁具，你将负责调和修建神殿所需要的所有黏土，你要用脚来踩和它们。”我命令工匠给他送去十个装水用的水罐。那魔鬼发出可怕 的呻吟，按照我吩咐的 开始工作。我再次 将魔鬼王 子

BOOK VI
神奇酊剂卷

阿莫多瓦

【古希腊医生并不需要通过书籍来学习区分他们日常所使用的草药的药性。《自然》只是一部纲要性的指南，对于其中118类天使或魔鬼药物的阐释，5位AMICUS的追随者们通过口耳相传的传统而获得。以此种方式，《自然》中的药物知识不仅得以保存，并且在传承的过程中逐渐发展和完善，它们只需要等待天才创新者的出现。】

在自然之友的药物学发现中，有一项重要的成就，那就是“阿莫多瓦”。这种药物得名自它的创造者，一位自然之友成员，西班牙人阿莫多瓦Almordova。这位阿莫多瓦与信使Ollo生活在同一时代，关于他的故事，我们知之甚少。虽然在现存的信使志中，找不到独立成卷的关于阿莫多瓦生平以及如何制备“阿莫多瓦”的信使记录，但从后来邦医生的笔记中，可以确定，这部分记录是曾经存在的。

通过散见于信使志中的零星记录，我们仍然能够得以窥见“阿莫多瓦”的大概。

信使志中，“阿莫多瓦”还有另一个名字，“神奇酊剂”。

“阿莫多瓦”是在一剂相当古老的药方基础上完善而成，这剂古方创制于5位AMICUS时代。

在施行某些外科手术的过程中，5位AMICUS发现，难以忍受的疼痛常常使治疗难以继续下去。一些病患在手术尚未完成以前即已放弃求生的意志，产生抗拒治疗的行为。而在某些病例中，疼痛的折磨甚至已经成为致使患者死亡的原因。5位AMICUS意识到，疼痛成为亟需解决的难题。很快，他们发现，使用某几种草药的混合物能够对抑制疼痛产生很好的效果。然而这种药物在治疗中仅作为辅剂被谨慎的使用，5位AMICUS曾提及过量使用的致命危险。

在一千多年里，5位AMICUS的后继者们将这药方作为常识传承下来。

施用“止痛剂”之后，病患会产生愉快的幻觉，有时还会因此做出荒唐的举动，自5位AMICUS以来，这个“有趣而讨厌”的现象仅仅被视为药效发生的必然症状之一。但在漫长的岁月里，似乎从没有人发现它所蕴藏的另一种价值，它等待着西班牙人阿莫多瓦的出现。

这一长久被人忽视的现象显然令阿莫多瓦深深着迷。他发现，即使在没有身体疼痛发生的情况下，单纯服用“止痛剂”亦能令人产生愉悦的幻觉。阿莫多瓦认为，“止痛剂”可能并没有直接“驱除”躯体的痛感，而只是让身体“遗忘”了疼痛，它作用的地方是“心灵”而不是“身体”。这成为“止痛剂”得以被完善成为“阿莫多瓦”的关键。

阿莫多瓦改变了这种古老止痛剂的配方，加入了新的成分，这种新的止痛剂就是“阿莫多瓦”。比起传统止痛剂，在消除身体疼痛方面，“阿莫多瓦”具有更好的效果，危险性更小。然而，“阿莫多瓦”的神奇远远不止于此。

“神奇酊剂”对人“心灵”的“止痛”效果似乎更佳。信使志中曾描述过“阿莫多瓦”对忧郁者的慰藉。

【令人长久的沉睡，美妙的幻境随之而来，如身在天堂。】

虽然我们无法确知如何制备“阿莫多瓦”，但有一点是可以肯定的，在制剂的过程中需要使用到一种很特别的蒸馏器，这种蒸馏器被称为“阿莫多瓦蒸馏瓶”。出于某种神秘的原因，制造阿莫多瓦还需要用到“纯洁鸽子的血”：取一只白色鸽子的血，原料混合在其中煎煮，经过数次蒸馏之后会得到一种纯白色粉末，将其溶于葡萄酒就能制成最终的神奇酊剂“阿莫多瓦”。

用于制备“阿莫多瓦”的原料中，至少有三种植物：曼陀罗、天仙子和黑嚏根草。这一点记录在关于另一位学会成员玛丽的信使志里。

P 玛丽序曲

【信使志通常用紫色的页面来记录特别重大的事件，在这些页面上，羊皮被染成紫色，文字用金色和银色来书写。老Grimm称之为“紫稿”*the purple script*。】

玛丽，“阿莫多瓦”的精通者，自然之友历史上一位传奇人物，她的故事颇不寻常。玛丽信使志的开篇，是用“紫稿”书写的一部拉丁文文献。按照信使书写的传统，这部文献不仅暗喻了玛丽生活的年代，也预示了她最终的命运。那是教皇英诺森八世Pope Innocent VIII于1484年发布的谕令*Summis desiderantes affectibus*。老Grimm称之为“玛丽序曲”。它同时也是西方世界一段残忍野蛮罪恶历史开始发生的标志。这道教皇谕令揭开了轰轰烈烈的“猎巫运动”的序幕，持续数百年的时间里，欧洲将成为火光熊熊的巫师焚化场。

Innocentius episcopus,seruus seruorum dei, ad perpetuam rei memoriam.Summis desiderantes affectibus,prout pastoralis sollicitudinis cura requirit, ut fides catholica nostris potissime temporibus ubique augeatur et floreat ac omnis haeretica prauitas de finibus fidelium procul pellatur, ea libenter declaramus ac etiam de nouo concedimus, per quae huiusmodi pium desiderium nostrum uotiuum sortiatur effectum, cunctisque propterea per nostrae operationis ministerium, quasi per prouidi operationis sarculum erroribus extirpatis, eiusdem fidei zelus et obseruantia in ipsorum corda fidelium fortius imprimatur.

Sane nuper ad nostrum non sine ingenti molestia peruenit auditum, quod in nonnullis partibus Alemaniae superioris necnon in Maguntinensi, Coloniensi, Treuirensi, Saltzburgensi et Bremensi prouinciis, ciuitatibus, terries, locis et diocesibus quamplures utriusque sexus personae, propriae salutis immemores et a fide catholica deuiantes, cum daemonibus aliisque nefandis superstitiis et sortilegiis, excessibus, criminibus et delictis mulierum partus, animalium foetus, terrae fruges, uinearum uuas et arborum fructus necnon homines, mulieres, iumenta, pecora, pecudes et alia diuersorum generum animalia, uineas quoque, pomeria, prata, pascua,blada, frumeuter et alia terrae legumine perire, suffocari et extingui facere et procurare, ipsosque homines, mulieres, iumenta, pecora, pecudes et animalia diris tam intrinsecis quam extrinsecis doloribus et tormentis afficere et excruciare, ac eosdem homines ne gignere, et mulieres ne concipere, uirosque ne uxoribus, et mulieres ne uiris actus coniugiales reddere ualeant, impedire; fidem praeterea ipsam,quam in sacri susceptione baptismi susceperunt, ore sacrilego abnegare, aliaque quamplurima nefanda excessus et crimina, instigante humani generis inimico, committere et perpetrare non uerentur, in animarum suarum periculum, diuinae maiestatis offensam ac perniciosum exemplum ac scandalum plurimorum. Quodque licet dilecti filii Henricus Institoris, in praedictis partibus Alemaniae superioris, in quibus etiam prouinciae , ciuitates, terrae, Sprenger per certas partes lineae Rheni, ordinis fratrum Praedicatorum et theologiae professores, haereticae prauitatis inquisitores per literas apostolicas deputati fuerint, prout adhue existunt, tamen nonnulli clerici et laici illarum partium, quaerentes plura sapere quam oporteat, pro eo quod in literis deputationis huiusmodi prouinciae, civitates, dioeceses, terrae et alia loca praedicta illarum que personae ac excessus huiusmodi nominatim et specifice expressa non fuerunt, illa sub eisdem partibus minime contineri et propterea praefatis inquisitoribus in prouinciis, ciuitatibus, dioecesibus,terries et locis praedictis huiusmodi inquisitionis officium exequi non licere et ad personarum earundem super excessibus et criminibus antedictis punitionem, incarcerationem et correctionem admitti non debere, pertinaciter asseuere non erubescunt. Propter quod in prouinciis, ciuitatibus, dioecesibus, terris et locis praedictis excessus et crimina huiusmodi non sine animarum earundem euidenti iactura et aeternae salutis dispendio remanent impunita.

Nos igitur impedimenta quaelibet, per quae ipsorum inquisitorum officii executio quomodo libet retardari posset, de medio submouere, et ne labes laereticae prauitatis aliorumque excessuum huiusmodi in perniciem aliorum innocentium sua uenena diffundat, opportunis remediis, prout nostro incumbit officio, providere uolentes, fidei zelo ad hoc maxime nos impellente, ne propterea continget prouincias, ciuitates, dioeceses, terras et loca praedicta sub eisdem partibus Alemaniae superioris debito inquisitionis officio carere, eisdem inquisitoribus in illis officium inquisitionis huiusmodi exequi licere et ad personarum earundem super excessibus et criminibus praedictis correctionem, incarcerationem et punitionem admitti debere, perinde in omnibus et per omnia acsi in literis predictis prouinciae, ciuitates, dioeceses, terrae et loca ac personae et excessus huiusmodi nominatim et specifice expressa forent, auctoritate apostolica tenore praesentium statuimus. Proque potiori cautela literas et deputationem praedictas ad prouincias, ciuitates, dioeceses, terras et loca necnon personas et crimina huiusmodi extendentes, praefatis inquisitoribus, quod ipsi et alter eorum, accersito secum dilecto fitio Ioanne Cremper, clerico Constantiensis dioecesis, magistro in artibus, eorum moderno seu quouis alio notario publico, per ipsos et quemlibet eorum pro tempore deputando in prouinciis, ciuitatibus, dioecesibus terries et locis praedictis contra quascumque personas, cuiuscumque conditionis et praeeminentiae fuerint, huiusmodi inquisitionis officium exequi ipsasque personas, quas in praemissis culpabiles repererint, iuxta eorum demerita corrigere, incarcerare, punier et mulctare, necnon in singulis prouinciarum huiusmodi parochialibus ecclesiis uerbum dei fideli populo quotiens expedierit ac eis uisum fuerit, proponere et praedicare, omniaque alia et singula in praemissis et circa ea necessaria et opportune facere et similiter exequi libere et licite ualeant, plenam ac liberam eadem auctoritate de nouo concedimus facultatem.

Et nihilominus uenerabili fratri nostro episcopo Argentinensi per apostolica scripta mandamus, quatenus ipse per se uel alium seu alios praemissa, ubi, quando et quotiens expedire cognouerit fueritque pro parte inquisitorum huiusmodi seu alterius eorum legitime requisitus, solemniter publicans, non permittat eos per quoscunque super hoc contra praedictarum et praesentium literarum tenorem quauis auctoritate molestari seu alias quomodolibet impediri; molestatores et impedientes et contradictores quoslibet et rebelles, cuiuscumque dignitatis, status, gradus, praeeminentia, nobilitatis et excellentiae aut conditionis fuerint et quocunque exemptionis priuilegio sint muniti, per excommunicationis, suspensionis et interdicti ac alias etiam formidabiliores, de quibus sibi uidebitur, sententias, censuras et poenas, omni appellatione postposita, compescendo, et etiam legitimis super his per eum seruandis processibus, sententias ipsas, quotiens opus fuerit, aggrauare et reaggrauare auctoritate nostra procuret, inuocato ad hoc, si opus fuerit, auxilio brachii saecularis.

Non obstantibus praemissis ac constitutionibus et ordinationibus apostolicis contrariis quibuscunque, etc.

Nulli ergo omnino hominum liceat, etc. Si quis, etc.

Datum Romae apud S. Petrum, anno incarnationis dominicae millesimo quadringentesimo octuagesimo quarto, nonis Decembris, pontificatus nostri anno primo.

Montague Summers 英译本

Desiring with the most heartfelt anxiety, even as Our Apostleship requires, that the Catholic faith should especially in this Our day increase and flourish everywhere, and that all heretical depravity should be driven far from the frontiers and bournes of the Faithful, We very gladly proclaim and even restate those particular means and methods whereby Our pious desire may obtain its wished effect, since when all errors are uprooted by Our diligent avocation as by the hoe of a provident husbandman, a zeal for, and the regular observance of, Our holy Faith will be all the more strongly impressed upon the hearts of the faithful.

It has indeed lately come to Our ears, not without afflicting Us with bitter sorrow, that in some parts of Northern Germany, as well as in the provinces, townships, territories, districts, and dioceses of Mainz, Cologne, Tr é ves, Salzburg, and Bremen, many persons of both sexes, unmindful of their own salvation and straying from the Catholic Faith, have abandoned themselves to devils, incubi and succubi, and by their incantations, spells, conjurations, and other accursed charms and crafts, enormities and horrid offences, have slain infants yet in the mother's womb, as also the offspring of cattle, have blasted the produce of the earth, the grapes of the vine, the fruits of the trees, nay, men and women, beasts of burthen, herd-beasts, as well as animals of other kinds, vineyards, orchards, meadows, pasture-land, corn, wheat, and all other cereals; these wretches furthermore afflict and torment men and women, beasts of burthen, herd-beasts, as well as animals of other kinds, with terrible and piteous pains and sore diseases, both internal and external; they hinder men from performing the sexual act and women from conceiving, whence husbands cannot know their wives nor wives receive their husbands; over and above this, they blasphemously renounce that Faith which is theirs by the Sacrament of Baptism, and at the instigation of the Enemy of Mankind they do not shrink from committing and perpetrating the foulest abominations and filthiest excesses to the deadly peril of their own souls, whereby they outrage the Divine Majesty and are a cause of scandal and danger to very many. And although Our dear sons Henry Kramer and James Sprenger, Professors of Theology, of the Order of Friars Preachers, have been by Letters Apostolic delegated as Inquisitors of these heretical pravities, and still are Inquisitors, the first in the aforesaid parts of Northern Germany, wherein are included those aforesaid townships, districts, dioceses, and other specified localities, and the second in certain territories which lie along the borders of the Rhine, nevertheless not a few clerics and lay folk of those countries, seeking too curiously to know more than concerns them, since in the aforesaid delegatory letters there is no express and specific mention by name of these provinces, townships, dioceses, and districts, and further since the two delegates themselves and the abominations they are to encounter are not designated in detailed and particular fashion, these persons are not ashamed to contend with the most unblushing effrontery that these enormities are not practised in these provinces, and consequently the aforesaid Inquisitors have no legal right to exercise their powers of inquisition in the provinces, townships, dioceses, districts, and territories, which have been rehearsed, and that the Inquisitors may not proceed to punish, imprison, and penalize criminals convicted of the heinous offences and many wickednesses which have been set forth. Accordingly in the aforesaid provinces, townships, dioceses, and districts, the abominations and enormities in question remain unpunished not without open danger to the souls of many and peril of eternal damnation.

Wherefore We, as is Our duty, being wholly desirous of removing all hindrances and

obstacles by which the good work of the Inquisitors may be let and tarded, as also of applying potent remedies to prevent the disease of heresy and other turpitudes diffusing their poison to the destruction of many innocent souls, since Our zeal for the Faith especially incites us, lest that the provinces, townships, dioceses, districts, and territories of Germany, which We had specified, be deprived of the benefits of the Holy Office thereto assigned, by the tenor of these presents in virtue of Our Apostolic authority We decree and enjoin that the aforesaid Inquisitors be empowered to proceed to the just correction, imprisonment, and punishment of any persons, without let or hindrance, in every way as if the provinces, townships, dioceses, districts, territories, yea, even the persons and their crimes in this kind were named and particularly designated in Our letters. Moreover, for greater surety We extend these letters deputing this authority to cover all the aforesaid provinces, townships, dioceses, districts, territories, persons, and crimes newly rehearsed, and We grant permission to the aforesaid Inquisitors, to one separately or to both, as also to Our dear son John Gremper, priest of the diocese of Constance, Master of Arts, their notary, or to any other public notary, who shall be by them, or by one of them, temporarily delegated to those provinces, townships, dioceses, districts, and aforesaid territories, to proceed, according to the regulations of the Inquisition, against any persons of whatsoever rank and high estate, correcting, mulcting, imprisoning, punishing, as their crimes merit, those whom they have found guilty, the penalty being adapted to the offence. Moreover, they shall enjoy a full and perfect faculty of expounding and preaching the word of God to the faithful, so often as opportunity may offer and it may seem good to them, in each and every parish church of the said provinces, and they shall freely and lawfully perform any rites or execute any business which may appear advisable in the aforesaid cases. By Our supreme authority We grant them anew full and complete faculties.

At the same time by Letters Apostolic We require Our venerable Brother, the Bishop of Strasburg, that he himself shall announce, or by some other or others cause to be announced, the burthen if Our Bull, which he shall solemnly publish when and so often as he deems it necessary, or when he shall be requested so to do by the Inquisitors or by one of them. Nor shall he suffer them in disobedience to the tenor of these presents to be molested or hindered by any authority whatsoever, but he shall threaten all who endeavour to hinder or harass the Inquisitors, all who oppose them, all rebels, of whatsoever rank, estate, position, pre-eminence, dignity, or any condition they may be, or whatsoever privilege or exemption they may claim, with excommunication, suspension, interdict, and yet more terrible penalties, censures, and punishment, as may seem good to him, and that without any right of appeal, and if he will he may by Our authority aggravate and renew these penalties as often as he list, calling in, if so please him, the help of the secular arm.

Non obstantibus . Let no man therefore . But if any dare to do so, which God forbid, let him know that upon him will fall the wrath of Almighty God, and of the Blessed Apostles Peter and Paul.

Given at Rome, at S. Peter's, on the 9 December of the Year of the Incarnation of Our Lord one thousand four hundred and eighty-four, in the first year of Our Pontificate.

别
西卜
召唤到
我的面前，
我让他坐在一
个尊贵的座位
上，对他说，“你为
什么显得孤独，魔鬼王子？”他告诉我说：“我孤独
是因为我是惟一的堕落天使。现在我掌管着地
狱所有的魂灵。我也有一个孩子，他在
红海中游荡。每过一段时间他就会
回到我的身边，告诉我他所有
的行为，而我提供他所需的帮
助。”我所罗门问他，“别西卜，
你有什么魔 法？”他回答
我说，“我 能毁灭国
王。我 与暴君
结 盟，

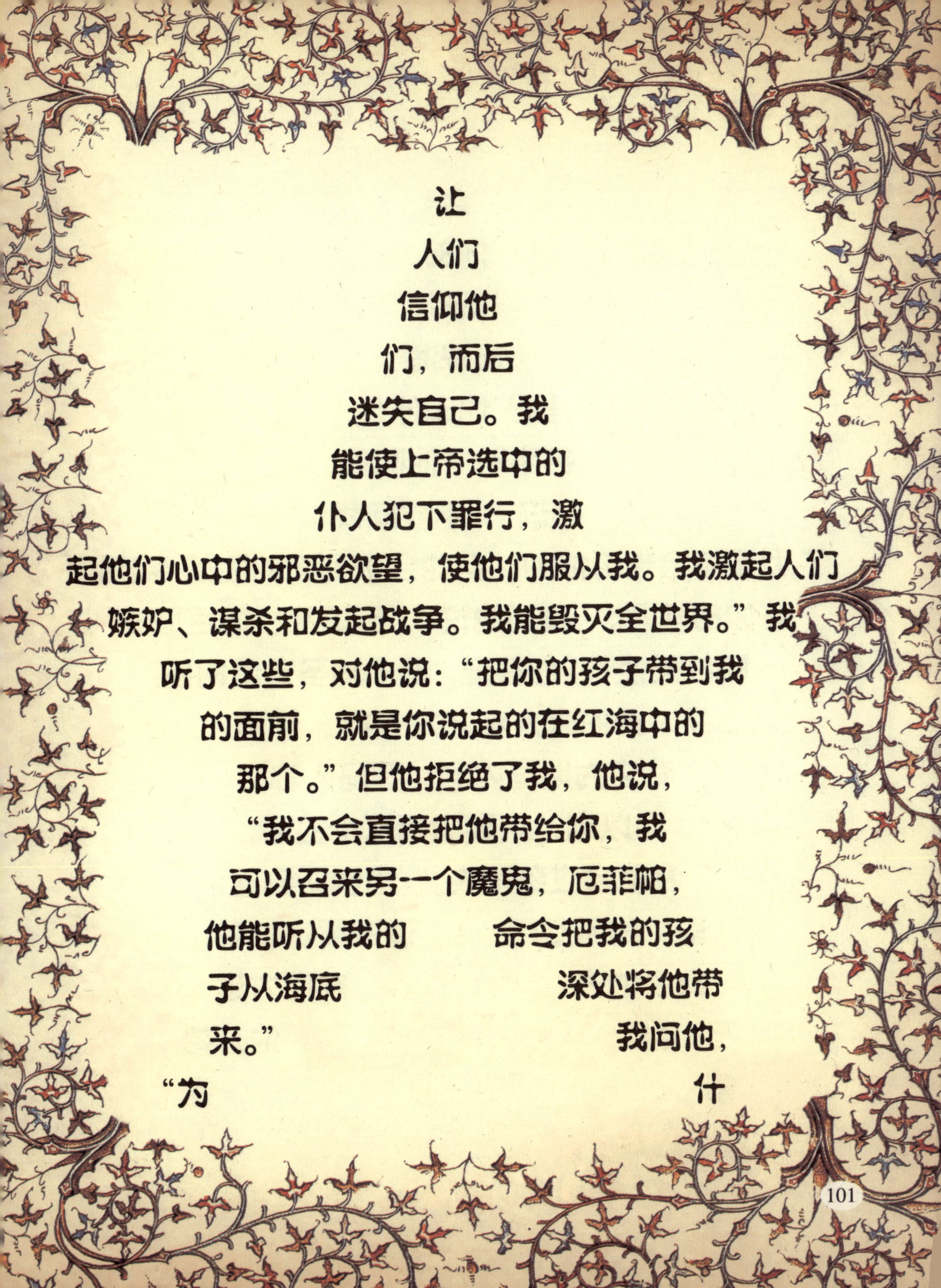

让

人们

信仰他

们，而后

迷失自己。我

能使上帝选中的

仆人犯下罪行，激

起他们心中的邪恶欲望，使他们服从我。我激起人们

嫉妒、谋杀和发起战争。我能毁灭全世界。”我

听了这些，对他说：“把你的孩子带到我

的面前，就是你说起的在红海中的

那个。”但他拒绝了我，他说，

“我不会直接把他带给你，我

可以召来另一个魔鬼，厄菲帕，

他能听从我的　　命令把我的孩

子从海底　　　　深处将他带

来。”　　　　　　我问他，

“为　　　　　　　　　什

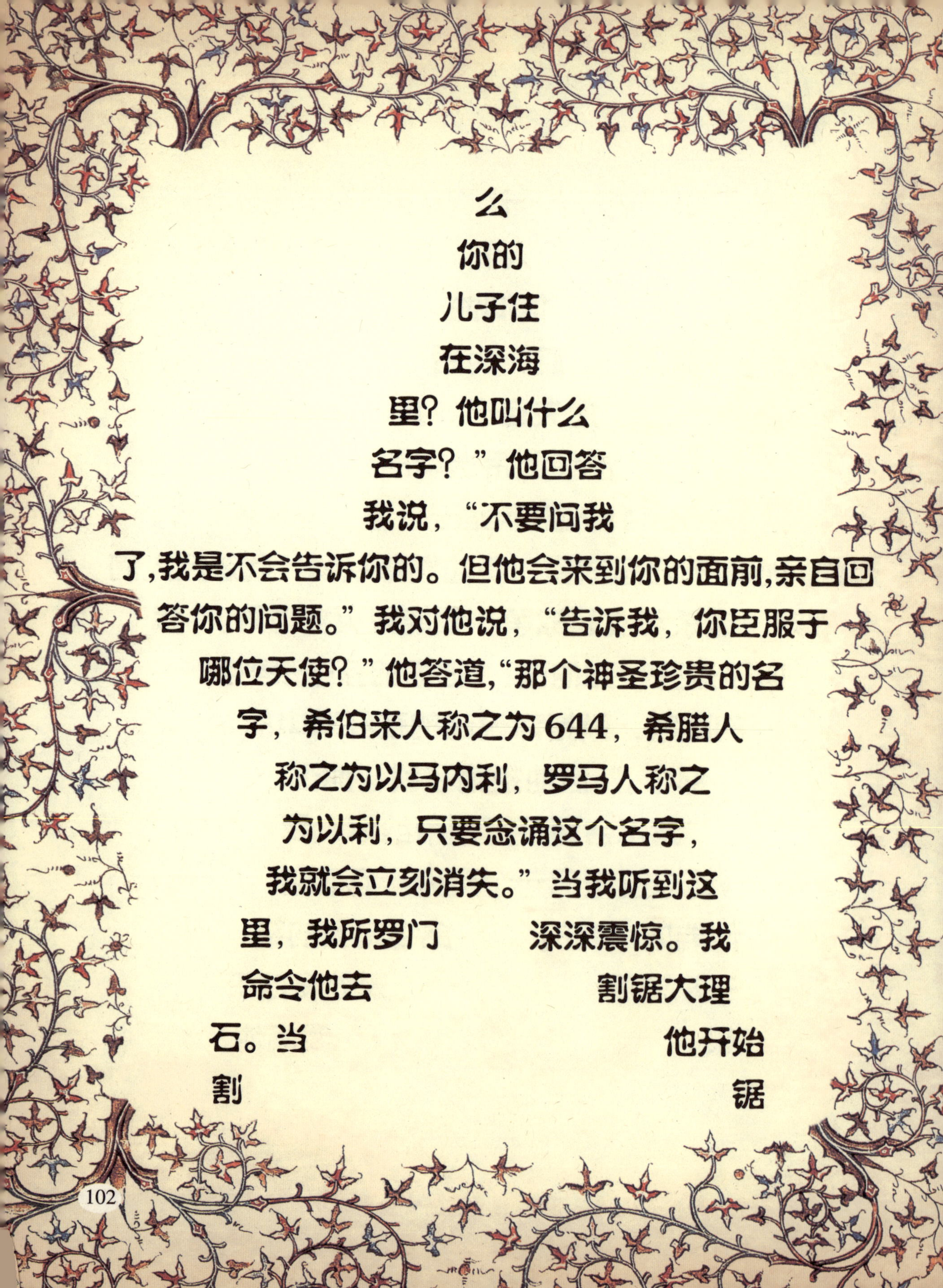

么你的儿子住在深海里？他叫什么名字？”他回答我说，“不要问我了,我是不会告诉你的。但他会来到你的面前,亲自回答你的问题。”我对他说，“告诉我，你臣服于哪位天使？”他答道,“那个神圣珍贵的名字，希伯来人称之为644，希腊人称之为以马内利，罗马人称之为以利，只要念诵这个名字，我就会立刻消失。”当我听到这里，我所罗门深深震惊。我命令他去割锯大理石。当他开始割锯

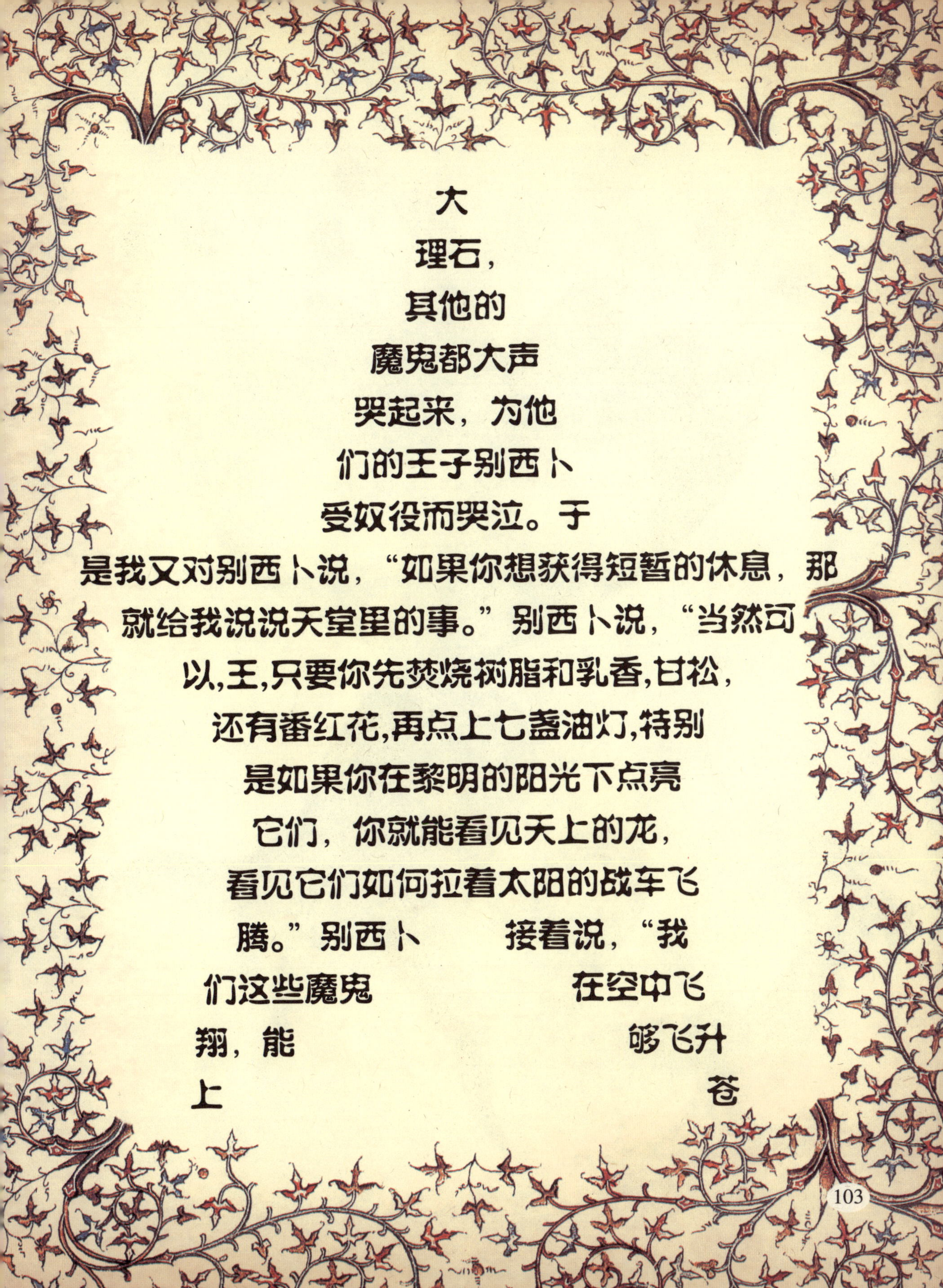

大理石，其他的魔鬼都大声哭起来，为他们的王子别西卜受奴役而哭泣。于是我又对别西卜说，“如果你想获得短暂的休息，那就给我说说天堂里的事。”别西卜说，“当然可以,王,只要你先焚烧树脂和乳香,甘松，还有番红花,再点上七盏油灯,特别是如果你在黎明的阳光下点亮它们，你就能看见天上的龙，看见它们如何拉着太阳的战车飞腾。”别西卜接着说，“我们这些魔鬼在空中飞翔，能够飞升上苍

BOOK VII
玛丽卷

玛丽的地下世界

【巴黎的地下有一处巨大的空洞，那里是远古森林的安息地。树在石壁中沉睡，叶片清晰。
——《信使志》】

这大概是巴黎历史上最神秘的一个洞穴。在信使志里，它有一个美丽的名字，“泉”，虽然没有任何线索说明它与泉水的联系。

无论从何种角度，“泉”远远超出我们对一个洞穴的预期，它更像是一个中世纪贵族的私人宅邸，只不过恰巧被建在地下。

这个地下世界依势而建，石壁和洞穴顶部用栎木加固。众多羊脂蜡烛在精致的雕花银质烛台上熠熠闪光，使得地下世界温暖而明亮。

厚重华丽的羊毛挂毯将高阔纵深的空间分隔出许多独立的房间。在这些全以植物为图案主题的挂毯上，描绘有芳香伊甸园的幻景，维纳斯沉睡在曼陀罗花丛中，弹奏竖琴的天使头戴天仙子花冠，逃避的达芙尼化身月桂树，手握罂粟花的珀尔塞福涅低头沉思，生命之水从她脚下流过……

这个地下世界的中心隐藏在织有百合花的挂毯后面，那是一间抄写室。里面堆满了古旧的羊皮藏书，从 Theophrastus 的 *Historia de Plantis*，Nicander of Colophon 的 *Theriaca*，Crateuas 的 *Rhizotomicon*，Pliny 的 *Naturalis Historia*，Dioscorides 的 *De Materia Medica*……Avicenna 的 *al-Qanun fi'l-Tibb*，Hildegard of

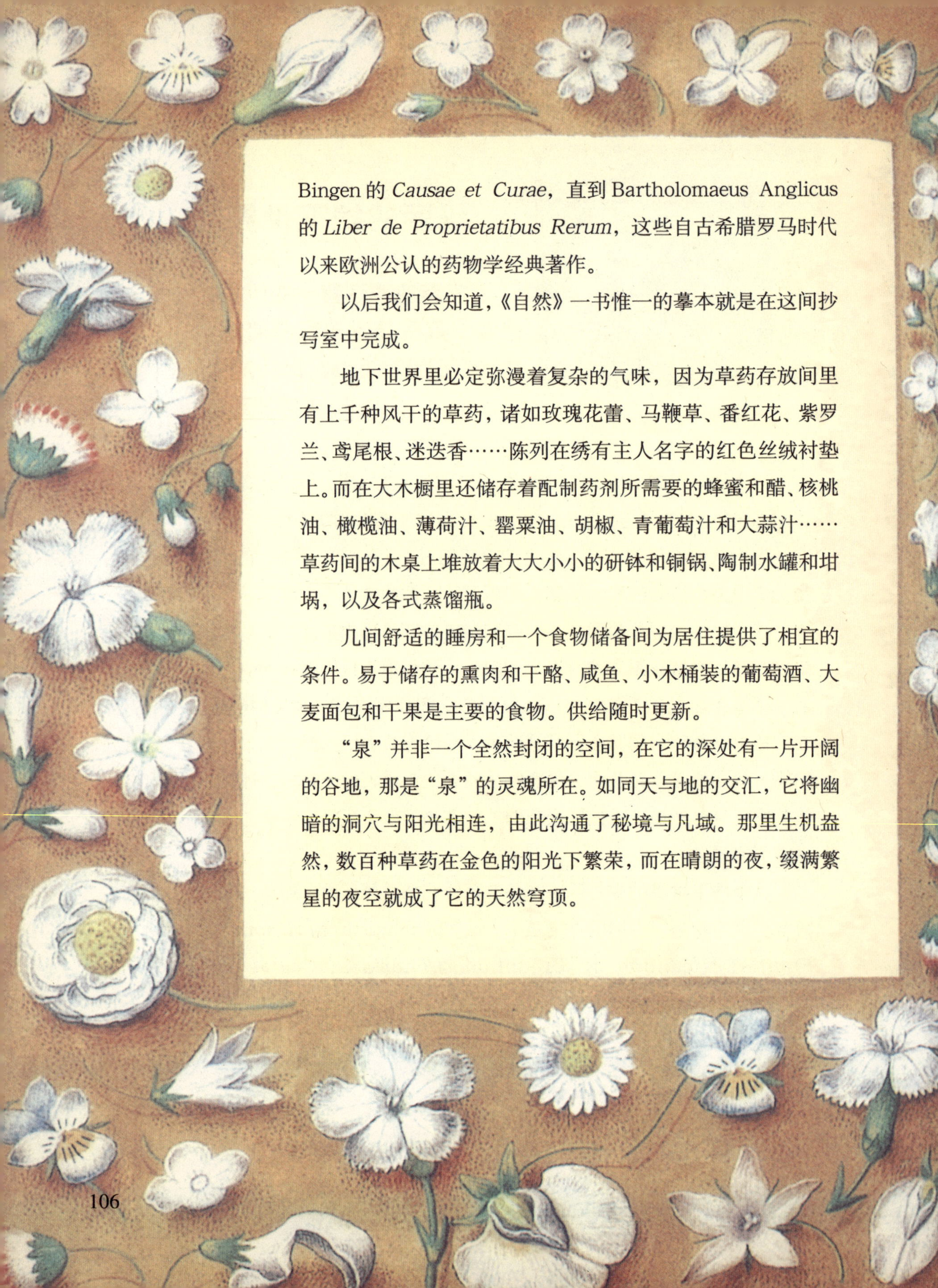

Bingen 的 *Causae et Curae*，直到 Bartholomaeus Anglicus 的 *Liber de Proprietatibus Rerum*，这些自古希腊罗马时代以来欧洲公认的药物学经典著作。

以后我们会知道，《自然》一书惟一的摹本就是在这间抄写室中完成。

地下世界里必定弥漫着复杂的气味，因为草药存放间里有上千种风干的草药，诸如玫瑰花蕾、马鞭草、番红花、紫罗兰、鸢尾根、迷迭香……陈列在绣有主人名字的红色丝绒衬垫上。而在大木橱里还储存着配制药剂所需要的蜂蜜和醋、核桃油、橄榄油、薄荷汁、罂粟油、胡椒、青葡萄汁和大蒜汁……草药间的木桌上堆放着大大小小的研钵和铜锅、陶制水罐和坩埚，以及各式蒸馏瓶。

几间舒适的睡房和一个食物储备间为居住提供了相宜的条件。易于储存的熏肉和干酪、咸鱼、小木桶装的葡萄酒、大麦面包和干果是主要的食物。供给随时更新。

“泉”并非一个全然封闭的空间，在它的深处有一片开阔的谷地，那是“泉”的灵魂所在。如同天与地的交汇，它将幽暗的洞穴与阳光相连，由此沟通了秘境与凡域。那里生机盎然，数百种草药在金色的阳光下繁荣，而在晴朗的夜，缀满繁星的夜空就成了它的天然穹顶。

借助信使的文字，玛丽的世界就这样重现在我们眼前。

关于玛丽Marie的身份推断，她与查理八世Charles VIII的关系(只活到28岁就死掉的年轻国王，1483—1498年在位)，以及这位夫人如何因为与两位朋友，精通占星术和蒸馏技艺的巴黎执业医生——“陌生人”Mae和Colius在解毒剂方面的研究而“陷入百合与三重冕的战争”(信使语)，最终成为龌龊、卑劣的宫廷阴谋的牺牲者，在老Grimm《一千年的真知 · 卷六》“猎巫审判”Inquisition一节里有详细的讲述。

忧郁症

玛丽有着惊人美丽的容颜和悲悯的胸怀，信使的描述富有感情而充满敬仰。

【她来到，她的美照亮黑暗。见者小心避让，以使她免于不洁气息的侵扰。然而她的智慧之眼却看见，肉体终将消散。……她守护着被尘世弃绝的人。无处依归的心灵沐浴在她爱的光里。孤独者和亡者将她颂扬。】

信使在这里用“被尘世弃绝的人”一词确保了宗教学意义上的谨慎。在玛丽时代的宗教法庭审判官面前，他们是一些“着魔者”——或是出于自愿或是胁迫，魔鬼附着在他们的身体里，这是使他们接受其邪恶契约的第一步，之后他们将成为魔鬼的信徒，灵魂归于撒旦。世俗众人对此没有异议，魔鬼附体是对这类人反常状况最合理的解释。

在身体方面，这些人看上去与正常的健康人没有什么差异。然而他们却感到心灵被难以言说的痛苦所纠缠。任自己长久沉浸在没有缘由的绝望之中，对周围的人和事漠不关心，感受力变得非常迟钝。他们常常把自己关在屋子里，不从事任何活动，甚至不望弥撒。即使最亲爱的人也无法唤起他们的热情。黑夜来临时会伤心哭泣，无法安睡，夜夜忍受失眠的折磨。举止间歇性失常，某些时候会因为感到莫名的恐惧而躲在角落，厌恶与人接触。生对于他们已没有丝毫乐趣可言，有的人甚至试图犯下自杀的罪。只有将魔鬼从身体里驱除，才是终止痛苦惟一有效的方法，人们对此笃信不疑。他们因此被送到神父面前接受驱魔。当神父的祈祷和法术皆无济于事，在一个柴堆遍布欧洲等待着用它的烈焰吞噬魔鬼信徒的时代，不难想象这些人命运的危殆。

与同时代的人相比，玛丽表现出超前的理性。她坚信“愉悦的心灵来自健康的肉体”。当人我们感觉痛苦，一定是因为身体出了问题，找出症结是医学的责任。而对于身体生病的人，理应给予治疗而非遗弃和排斥。抱持这样的观点在15世纪的法国需要巨大的勇气，因为异端的罪名近在咫尺。

在她的地下世界里，玛丽至少使67个“着魔者”免于被焚烧的悲惨结局。她记录下他们的症状，不遗漏任何微小的细节，建立起对“忧郁症”的研究。

玛丽从《自然》一书中整理出98种草药，因其对精神和心灵的特殊效用归为一类，名之为“欢乐族”，并详细描述了它们的药效以及禁忌，就此完成《草药》*De Herbarum* 一书，为学会开启了精神刺激类心理药物的研究之门。

在现存的信使志中，我们找到其中13种草药的名字。

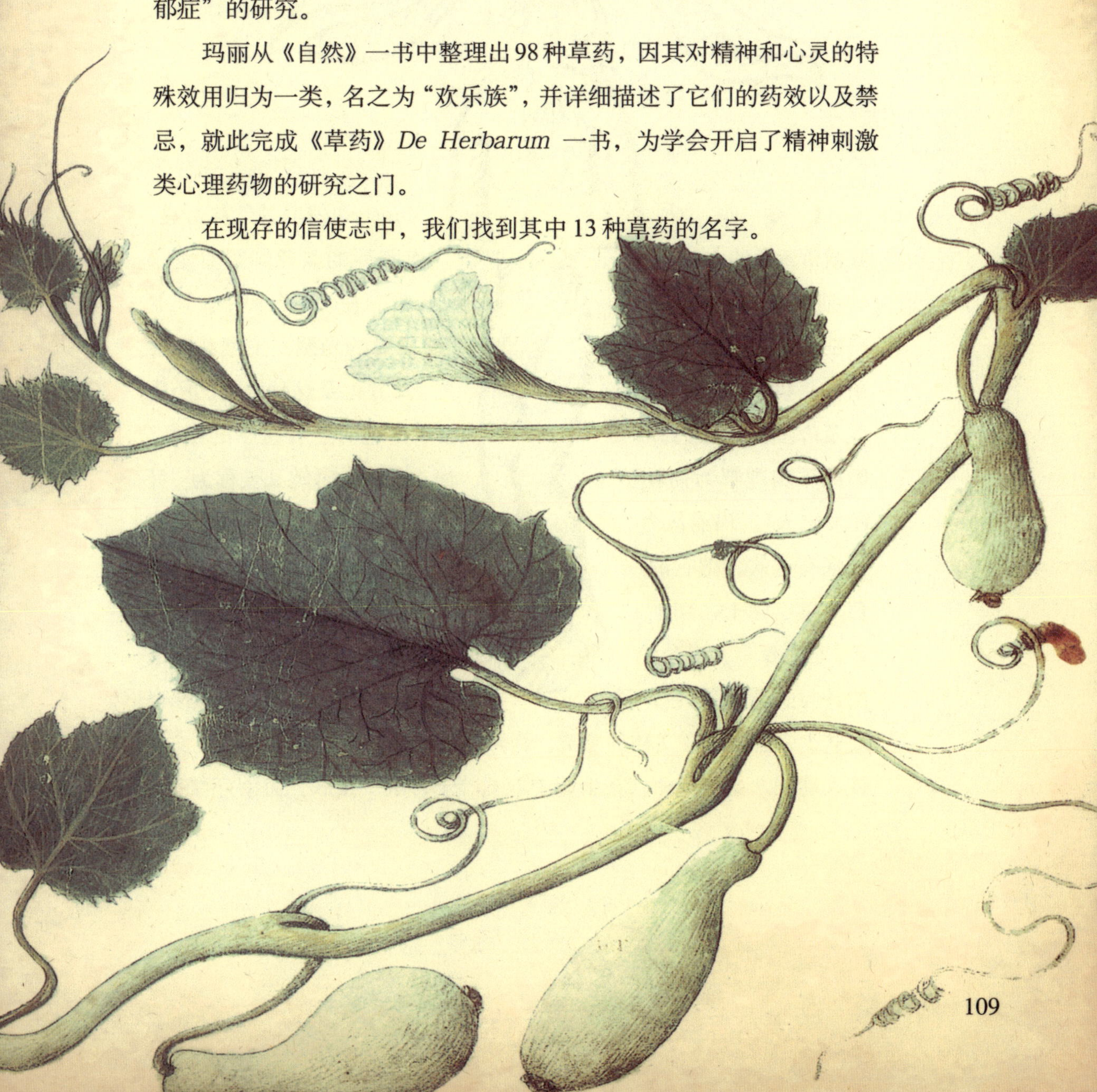

曼陀罗和其它12种魔药

【曼陀罗 Mandrake】叶片气味恶臭，开微带紫色的白花，成熟后的黄色圆果有苹果的香味。根具有诡异的人形。在《草药》中，玛丽特别说明种植这种植物所需要的光照、土壤和湿度条件，以及采摘的最佳时间，并论及这种植物的历史以及许多关于它的神话，显示出她对这种植物的偏爱。因此不难理解为何在信使志里，有时她又被称为“曼陀罗夫人”。玛丽认为这是一种有灵性的生物，对忧郁症有奇效。把它的根浸泡在葡萄酒中，当其变色后拿出晾干，切下一片嚼服，能使伤者忘却痛苦。吃下曼陀罗果会使人沉睡。用曼陀罗根部榨出的汁与醋、罂粟混合，可以调制出一种油膏，涂抹在皮肤上，会让人有飞翔的感觉。新鲜的根还可用作催吐剂，但过食会使人迷狂，甚至送命。在牛奶中煎煮叶子，敷于皮肤，可治疗溃疡。

【在中世纪欧洲，有许多关于曼陀罗的离奇故事。传说这种植物尤其喜欢绞刑架下的泥土，被绞死男人断气时滴落的精液会赋予泥土神力。魔鬼钟爱这种植物，每株曼陀罗的下面都住着一个魔鬼。所以采摘曼陀罗是一件非常危险的事。根据中世纪流行的做法，采摘曼陀罗只能在日落或黎明时进行。曼陀罗根一旦离开泥土就会发出尖叫声，听见这种声音的人将立刻死亡。所以采摘人应该事先用棉花塞住耳朵，并用蜡封上。第一步是弄松所选定曼陀罗植株周围的土，然后用从未沾过血的剑在植株周围画3个圈，这样可以把魔鬼封存在泥土里，以防它们随着曼陀罗根一起被拔出来。之后用一根结实的绳子把曼陀罗与一条饥饿的黑狗拴在一起，采摘人随即站到远处，嘴里含个喇叭。接着向狗抛出一块肉，要抛到狗够不到的地方，当

狗用力扑向肉块的时候，曼陀罗就会被连根拔出。为了将危险减至最小，此时采摘人应该吹响喇叭，这样做可以掩盖曼陀罗的叫声。采摘人必须随时注意风向变化，不能站在下风向位置，因为风会加速传播曼陀罗致命的尖叫声。虽然曼陀罗的叫声对狗不会造成伤害，但事后仍必须用一把利斧把狗杀掉，把它埋在曼陀罗生长的地方，这样才能消除魔鬼的怨恨和诅咒。】

【毒芹 Cowbane】这是一种能致命的剧毒植物。中毒者将出现肌肉痉挛的症状，眼前会产生幻觉，最后因为无法呼吸而死。少量使用能抑制性欲。

【致命颠茄 Deadly Nightshade】这种植物结出漂亮的黑色小圆浆果，闪亮诱人，充盈着墨黑的汁水，味道甘美，但却有毒，食用10粒以上足以致命。因此这种植物又名“魔鬼樱桃”。有传说认为这种植物能化身为诱人的女巫，所以应该避免注视它。如其名，致命颠茄的每个部位都有剧毒，无论是浆果、根或是叶。在葡萄酒里浸泡过的叶片贴在额头上能使人安睡。碾碎后的新鲜叶片有难闻的气味。致命颠茄的根是最毒的，少量食用能使人产生幻觉，神智迷乱。过量食用会全身抽搐，瞳孔放大，皮肤上出现红疹，甚至死亡。

【毛地黄Foxglove】还有两个可怕的别名，“女巫手套”，“死人铃铛”，其毒性不言而喻。这种植物对安抚狂躁的情绪有神奇的作用，但需要小心使用。大量使用会使人脉搏变得十分缓慢不规则，并感觉看眼前所有的东西似乎都变成了蓝色。

【天仙子Henbane】最好在第二年开全花时采摘叶片，放置在强烈的阳光下使其快速干燥，以免药性散失。干燥后的天仙子叶片有苦味，可以治疗失眠，人若食用4片以上的叶子将长眠不醒。在治疗忧郁症方面，天仙子种子的药效远胜于叶子。焚烧天仙子种子产生的烟雾能使人产生幻觉，也可能导致精神错乱。食用山羊奶、蜂蜜水、葡萄酒、芥菜子，或者在葡萄酒中浸泡过的洋葱和大蒜可以解天仙子毒。

【茴香 Fennel】开金黄色的漂亮花朵。因为有很特别的香气，所以常用于烹饪。在面包中加入茴香子，可以帮助消化。把茴香叶和根放入鱼汤或肉汤同炖，食用能使人长寿，力气大增。这种植物能治疗眼疾和胃痛。传说蛇在

蜕皮时会吃这种植物，并在茴香叶上摩擦眼睛，以使自己视力增强。茴香对于治疗神智迷乱有很好的效果。

【黑嚏根草Hellebore】 深冬季节里会开放纯白色的花朵，所以又被称为“圣诞玫瑰”。暗绿叶片闪亮光滑，根上有黑色的须，结出黑色的种子。干燥后的根有一种苦甜辛辣的味道，巫师们相信把这根碾成粉末撒在空中，可以使人隐形。喝下用根煎煮的汁，能净化忧郁者的血液，使他们的心变得愉快。并且对消除烦躁的情绪也有很好的效果。

【罂粟Poppy】 切开罂粟未成熟时的蒴果，会流出一种白色的汁液，干燥后内服能让人沉睡，但过量会使呼吸渐弱，导致死亡。

【芸香Rue】 因为能治疗许多疾病而被视为万能药。这种植物虽然气味难闻，但可以驱除恶魔，使人远离瘟疫。叶子很苦，有辛辣的味道。据说生长在无花果树下的芸香最好，在花开之前摘下其嫩枝，能萃取出黄水晶般的精油。这种精油能平息人的狂躁情绪。把芸香叶加入蜂蜜煮沸，涂抹在被蛇咬伤的皮肤上，可以解毒，当黄鼠狼要与蛇战斗时总是先吃芸香。它能赐予人超常的视力。

【欧芹Parsley】这是魔鬼的植物。这种植物发芽缓慢，因为种子要7次返回地狱去寻求继续生长的许可。如果它没有发芽，那么种植它的人来年就会死亡。欧芹气味强烈，即使大蒜也难以掩盖住它的味道。在啤酒中煎煮根和种子可以制成万能解毒剂。

【鼠尾草Sage】 另一种万能灵药，有强烈的香味，但味道苦涩。有人认为，即使每天只吃粗面包、鼠尾草茶和糖，也能使人身体健康。将种子和醋一起服下可以缓解紧张情绪，消除头痛。

【牛至Oregano】 这种植物有很浓的奇特香味，令人感觉愉悦。用新鲜的牛至叶能蒸馏出精油。用牛至叶泡出的芳香茶可以消除紧张和头痛。随身携带牛至可以避开魔鬼、巫师和有毒动物的侵害。焚烧牛至枝产生的烟能使人远离瘟疫。

【百里香Thyme】对治疗烧伤和咳嗽有很好的效果。吃下这种芳香的植物可以增加勇气。喝下百里香和迷迭香一起煎煮的汁能消除忧郁。

穹，
直到
天堂，
我们在群
星间悠游。我
们听得到天堂里
的声音，也能听到
人类心灵的声音，我们顷刻而至，用火，利剑或其它
方式造成毁灭，我们让城池和原野在火中燃烧。
若不能用这样的方式夺走人的性命，我们
便转换方式，我们伪装自己，让人
们崇拜。”我所罗门听完这些，
赞美了上帝，我又问那魔鬼，
“告诉我，你只是一个魔鬼，你
如何能够飞升 向天堂，在群
星和神圣的 天使间悠
游？” 他回答
道： “天

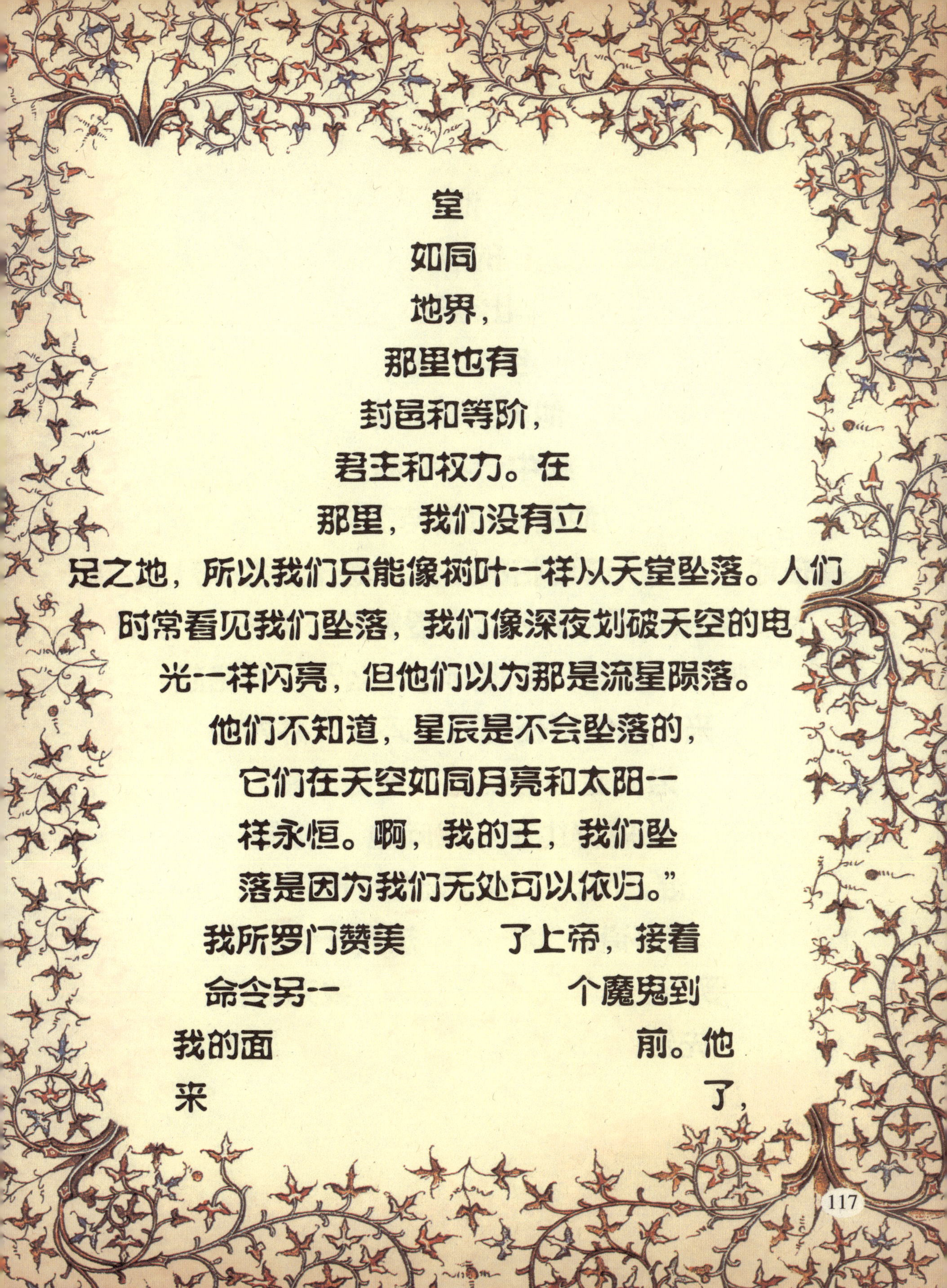

堂
如同
地界，
那里也有
封邑和等阶，
君王和权力。在
那里，我们没有立
足之地，所以我们只能像树叶一样从天堂坠落。人们
时常看见我们坠落，我们像深夜划破天空的电
光一样闪亮，但他们以为那是流星陨落。
他们不知道，星辰是不会坠落的，
它们在天空如同月亮和太阳一
样永恒。啊，我的王，我们坠
落是因为我们无处可以依归。”
我所罗门赞美了上帝，接着
命令另一个魔鬼到
我的面前。他
来了，

他
的脸
出现在
空中，但
他的身体却像
蜗牛一样卷曲。
他将好几名侍卫冲
撞在地，扬起一阵可怕的尘土。他在尘土中升起，然
后又突然向后翻腾使我们受惊吓，他说，“按照
惯例，说吧，你想问我什么？”我站起
来，向他所在的地上啐吐，并为他
烙上上帝的封印。沙尘风暴立
即就停止了。我问他，“你是
谁，风？”他又扬起一阵尘土，
回答道：“你　　想要什么，所
罗门王？”　　我对他说，
“先告　　诉我你
叫　　什

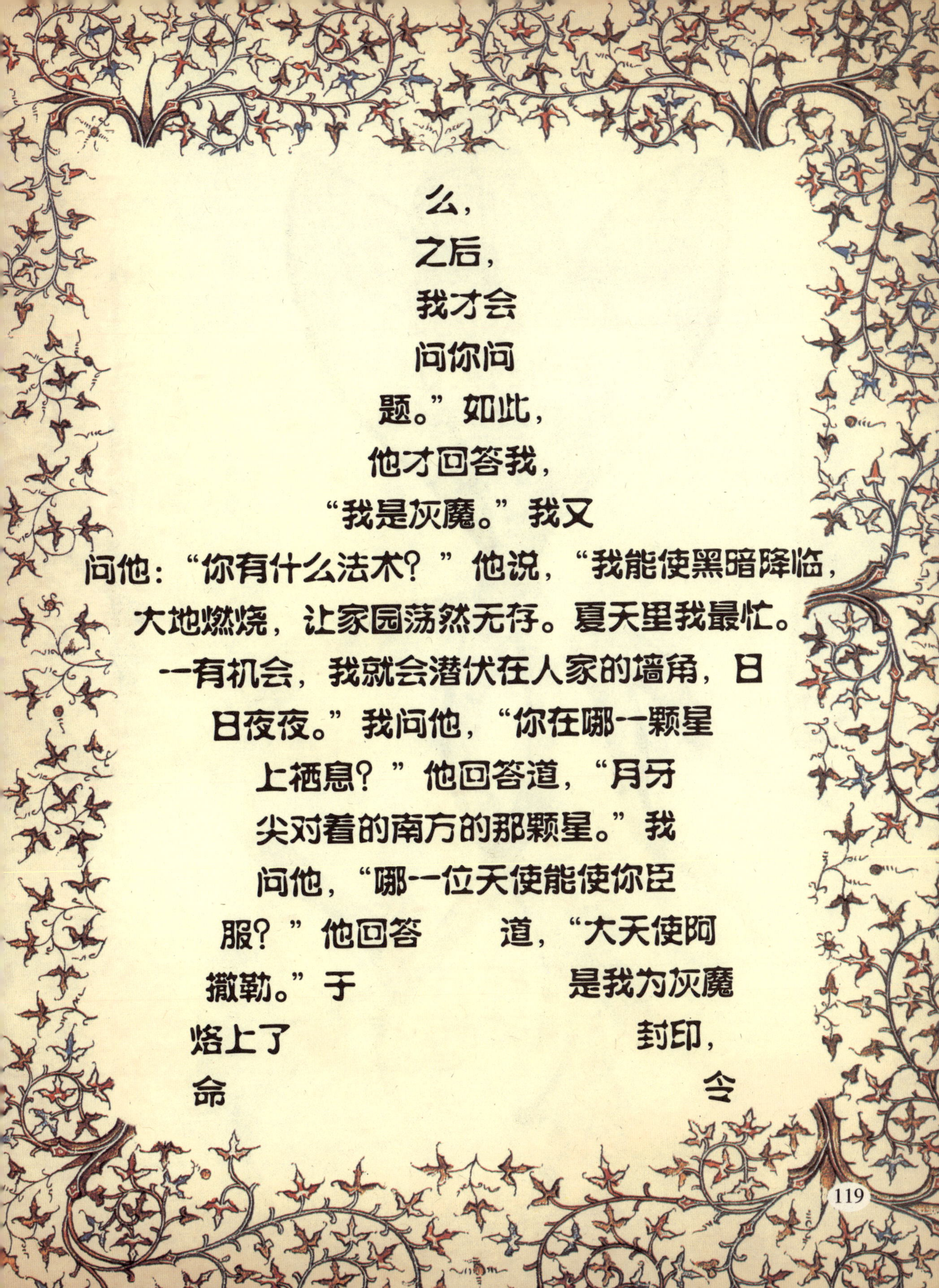

么，
之后，
我才会
问你问
题。”如此，
他才回答我，
“我是灰魔。”我又
问他：“你有什么法术？”他说，“我能使黑暗降临，
大地燃烧，让家园荡然无存。夏天里我最忙。
一有机会，我就会潜伏在人家的墙角，日
日夜夜。”我问他，“你在哪一颗星
上栖息？”他回答道，“月牙
尖对着的南方的那颗星。”我
问他，“哪一位天使能使你臣
服？”他回答道，“大天使阿
撒勒。”于是我为灰魔
烙上了封印，
命令

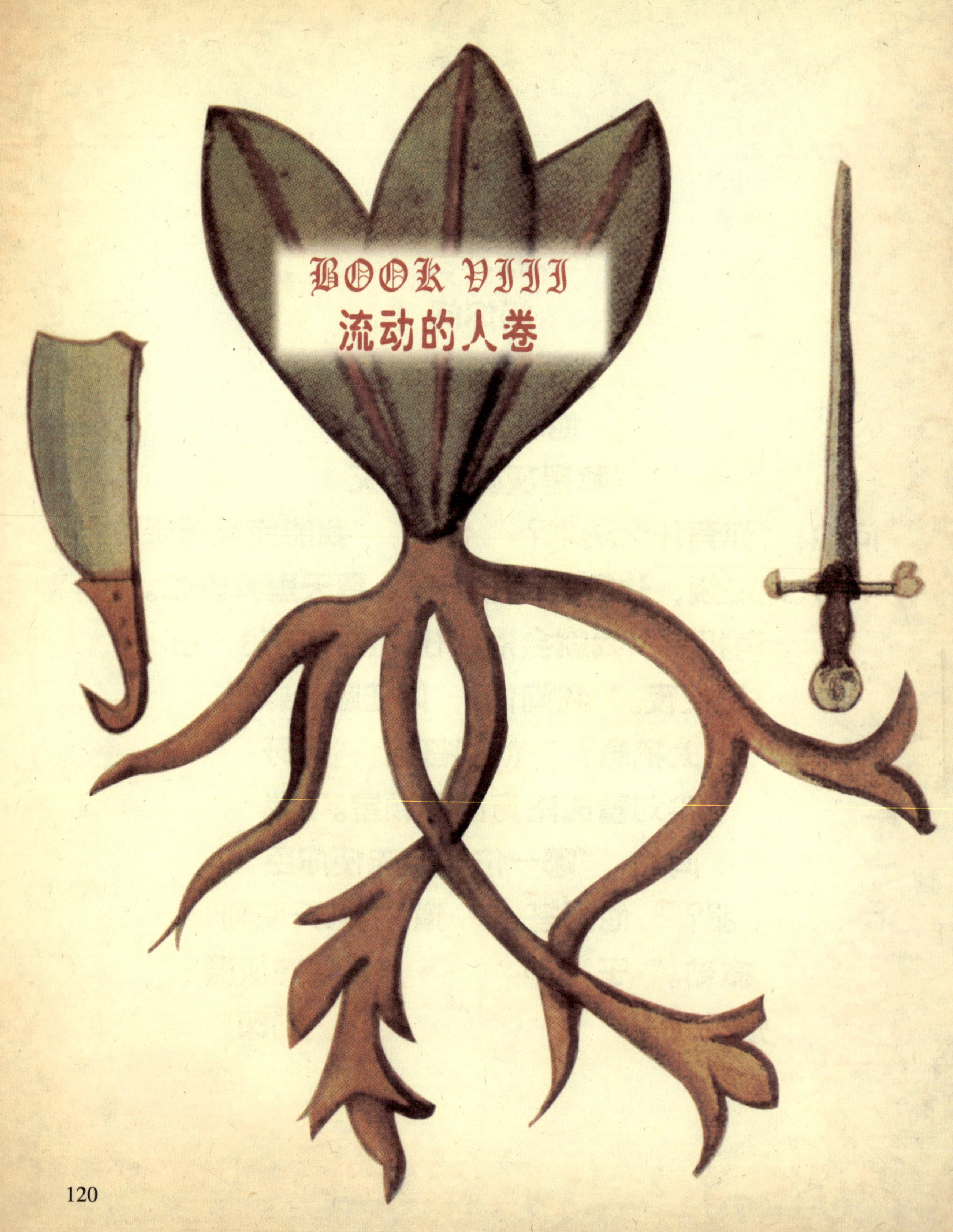

BOOK VIII
流动的人卷

元素和体液

【玛丽时代，在学会的药物学研究中，暗藏了一整套用于解释人体机能和疾病的理论。老Grimm称之为“自然法”The Law of Nature。】

在宇宙创始的最初，太空中充盈着“第一物质”Prima Materia，这种物质极富活力。它依次转化为火、气、水、土(Fire，Air，Water，Earth)四种元素。正因为如此，“火”成为4元素中最具活力的元素，而土则是最懒惰不活跃的元素。

【与4元素相关联的是4类性质：湿、干、冷、热（Moisture，Dryness，Coldness，Warmth）。每种元素分别具有其中的两种性质：

火 Fire ：热 warm，干 dry

气 Air ：热 warm，湿 moist

水 Water ：冷 cold，湿 moist

土 Earth ：冷 cold，干 dry

5位AMICUS将这4类性质作为万物的分类原则。季节、天气、各种食材、肌体各部分、疾病以及植物都具有相应的性质，按照性质的异同就能将各种因素大致归类。由此，4元素也成为4种类别的名称。以季节为例，春天具有热、湿的性质，因此属于“气”这一类别。而夏天热且干，属于“火”。秋天冷、干，属于“土”。冬天则冷、湿，属于“水”。草药亦按此原则分类。】

4种元素的组合构造出了天地万物，物质宇宙由此诞生。万物都包含着能量，非生物性质简单，稠厚不精细。生物则具有更为复杂精妙的能量形式。在

◁拟人化的气元素

人体里，这种复杂表现为体液的代谢。

在人的身体里流动着4种体液 The Four Humors。

血液Sanguis，性质热，湿，属“气”。提供身体所需的运动能量和思维的动力。其贮藏所是血管。

粘液Phlegm，性质冷，湿，属“水”。其作用是排除身体里的毒素。对心脏产生有益的冷却和湿润作用。它能增强情感。其贮藏所是肺。

黄胆汁Choler，性质热，干，属“火”。能增强神经系统的功能，它可以净化其它三种体液，并使身体温暖。它能促进智力，增强勇气。其贮藏所是胆囊。

黑胆汁Melancholar，性质冷，干，属“土”。在能量代谢过程中起着凝结浓缩的作用。黑胆汁粘

拟人化的火元素▷

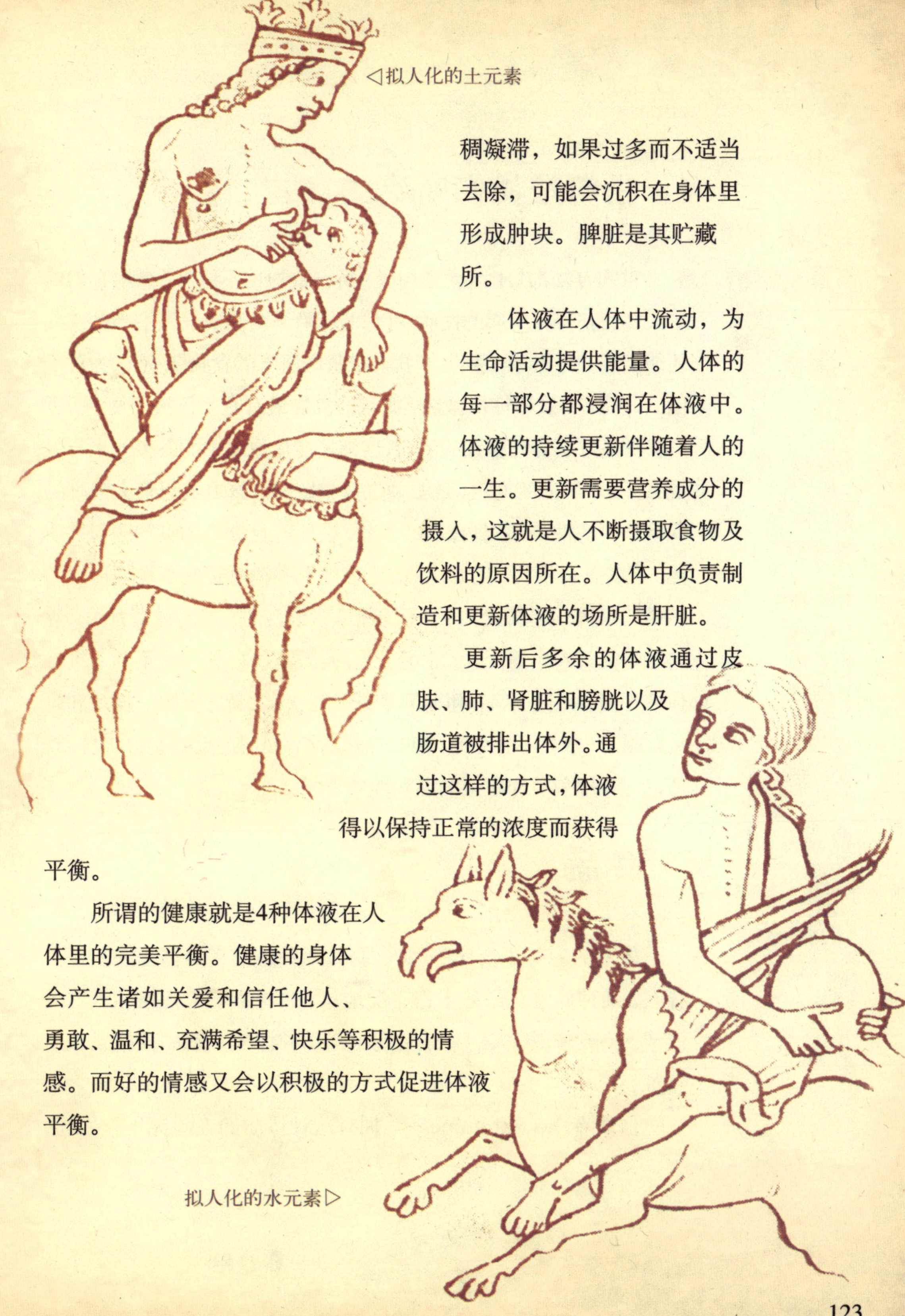
◁拟人化的土元素

稠凝滞，如果过多而不适当去除，可能会沉积在身体里形成肿块。脾脏是其贮藏所。

体液在人体中流动，为生命活动提供能量。人体的每一部分都浸润在体液中。体液的持续更新伴随着人的一生。更新需要营养成分的摄入，这就是人不断摄取食物及饮料的原因所在。人体中负责制造和更新体液的场所是肝脏。

更新后多余的体液通过皮肤、肺、肾脏和膀胱以及肠道被排出体外。通过这样的方式，体液得以保持正常的浓度而获得平衡。

所谓的健康就是4种体液在人体里的完美平衡。健康的身体会产生诸如关爱和信任他人、勇敢、温和、充满希望、快乐等积极的情感。而好的情感又会以积极的方式促进体液平衡。

拟人化的水元素▷

我们是我们所吃的食物

世间万物都是由4元素构成，所以食物也不例外，食用它们以后人体会获得其所属的性质。理想的体液平衡需要通过恰当的饮食才能实现。对此，玛丽说，“我们是我们所吃的食物”。她认为对于健康人而言，食用性质微热、微湿的食物最有宜于体液平衡。所有的食材最好剁碎并精细的混合，这样才能让原料中的各种元素有效混合。对于不同的原料，还必须选择相应的烹饪方法以最大限度的保持原料的性质，达到预期的食效。性质冷且极干的食物应与性质热、湿的食材中和。比如性质干、热的葡萄酒就适宜与性质冷湿的鱼类和家禽一起烹煮。冷、干的醋适合混合热、湿的蜂蜜食用。香料能平衡菜肴中诸元素。水的性质冷、湿，所以饮用水不利于维持体液平衡，相比而言，葡萄酒是更好的饮料。除了葡萄、樱桃和野生浆果外，水果不宜生吃。肉类性热，很容易导致暴躁易怒的体质，所以应该用鱼类和蔬菜的温和性质来调节。

体质

体液的完美平衡比例因人而异。四种体液在身体里并非等量存在。某种体液总是趋于占支配地位。这将影响人性格和气质的形成。一般来说，人们总是呈现出与那种体液一致的性格及气质特征。

血质者the Sanguine——拥有这种体质的人脸庞干净红润，

肌肉发达，血管饱满，脉搏强健有力。他们自信、积极，很少焦虑，喜欢运动，因此也很容易受伤。

粘液质者the Phlegmatic——拥有这种体质的人脸色苍白发亮，肌肉松弛，脉搏柔和宽广。身体缺乏热量，所以他们常常怕冷。对外界感觉冷淡，很难兴奋。与血质者相反，他们不喜欢运动从而容易导致体态臃肿。

黄胆汁质者the Choleric——拥有这种体质的人肤色发黄，体格纤细，情绪紧张，脉搏较快且剧烈。他们充满激情，很容易兴奋或生气，对混乱十分敏感。

黑胆汁质者 the Melancholic——拥有这种体质的人面色暗淡，憔悴消瘦，脉搏微弱。他们容易感到悲观、沮丧，脾气乖僻阴郁。

这只是基本的划分，一个人的体质常常体现为两种或两种以上体质的混合。

失衡

当某种体液失常时，为了将坏的体液抵消出去，身体会产生更多这种体液，此时体液平衡就被打破了。许多因素都可能造成体液失衡，比如反季节的异常气候、饮食不当以及不恰当的生活方式。体液处于失衡状态将导致焦虑、悲伤、嫉妒、恐惧、仇恨、绝望等坏情绪的产生，这些消极的情绪会加剧体液的失衡，为疾病提供发展机会。

过度的活动，愤怒，焦虑，环境过热，食用过于辛辣的食物容易造成热性体液失衡，表现为脸色发红，疲劳，口渴，口中发苦，上腹部疼痛或有灼热感，多汗，喜欢吃凉的东西。

摄入太多湿性食物，太潮湿的环境，缺乏运动，过量饮食容易造成湿性体液失衡，表现为眼睑浮肿，讨厌潮湿天气，嗜睡，消化不良。

食用凉食太多，过于懒怠缺乏运动容易造成冷性体液失衡，表现为脸色苍白，喜欢热食，讨厌冷天。

过度曝露在干燥环境中，食用盐、醋或酒等过于干燥的食物，饮水太少，过度活动，长时间饥饿容易造成干性体液失衡，表现为皮肤粗糙干燥，消瘦，喜欢湿润食物，失眠，讨厌干燥气候。

体液失衡通常与体质虚弱有关，所以应常以食疗和服用滋补药物的方式来纠正。所使用的食物及药物应该具有相反的性质。热性体液失衡可以用冷属性的食物和药物来治疗，而干性体液失衡则使用湿性食物和药物。

当体液失衡时，人体会自动调节体液失衡状况，先是通过发热去除坏的体液，这个过程被称为煎煮。此时身体会排出一些流质，如血液或粘液会从鼻中排出，呕吐或腹泻，尿液变浓，多汗。这意味着坏的体液被排出。

然而反常的体液也可能与其它正常的体液混合，产生无法排出的物质，积存在身体中，此时失衡便发展成为疾病。

“自然法”认为，人体所

* * *
*

有的疾病都源自4体液的失常：

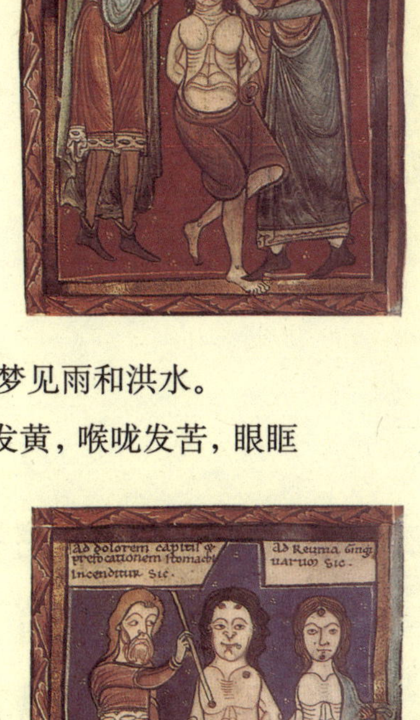

血液性疾病由血液失常所导致，病人的血管会因此变得更粗更饱满，脉搏宏大。皮肤红润，显得肿胀。头痛，呼吸短促，感觉肋间和鬓角四周刺痛，尿液色泽浓稠，常梦见血。

粘液性疾病由粘液失常所导致，病人的特征为多痰、多鼻涕，肤色苍白光滑，摸起来发冷，脉搏缓慢深沉。嗜睡、思维迟钝、动作缓慢、怯懦、健忘，对肉类无食欲，消化不良，尿液浑浊色浅，常梦见雨和洪水。

黄胆汁性疾病由黄胆汁失常所导致，病人肤色发黄，喉咙发苦，眼眶凹陷，头有刺痛感，脉搏快而强，体瘦、便秘、易怒、性格暴躁。尿液色深，稀薄清亮，睡眠不好，常梦见火、闪电、生气和打斗。

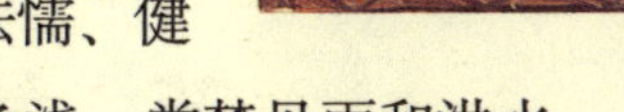

黑胆汁性疾病由黑胆汁失常所导致，病人皮肤粗糙黝黑，喉咙发酸，身体瘦弱，脉搏微弱。常常叹息，并感到莫名的恐惧和孤独，幻想可怕的事情。尿液稀薄清澈。嗜睡，做可怕的梦。

“自然法”将治疗疾病称为“修正体液”，并列出了四条重要的原则：修正体液前应先去除致病原因；若需要去除的是粘滞体液，就应该避免使用干性药物，这些只会使体液变得浓稠而更加难以排出；在病情转急时，尽量避免使用凉性药物，否则可能使体液回流，造成疾病慢性化；如果温和的药物有效，就不要选择药效强烈的药。

他
去搬
运石头，
于是他便
按照命令去
做。我再次赞美
上帝，感谢他赐予
我这力量。我又命令另一个魔鬼来到面前。这次来了
七个魔鬼，她们看起来全都是女人，她们缠绕
在一起，身材婀娜，面容美丽。我所罗
门向她们发问，“你们是谁？”她
们用一个声音回答我，“我们
是无尽黑暗的统治者。”第一
个说，“我叫诡计。”第二个说，
“我是争吵。” 第三个说，“我
叫战争。” 第四个说，
“我叫 猜忌。”
第 五

个说，“我是权力。”第六个说，“我叫谬误。”第七个说，“我是最坏。”她们接着用同一个声音说，“我们的星在天上，七颗星连在一起，星光微弱。我们就像女神。无论去哪里，我们都在一起。有时候我们住在吕底亚，有时住在奥林匹斯，还有些时候住在大山里。”于是，我所罗门用同一个问题向她们单独发问，从第一个一直问到第七个。第一个魔鬼回答道，“我叫诡计，我到处行骗，编织陷阱。我

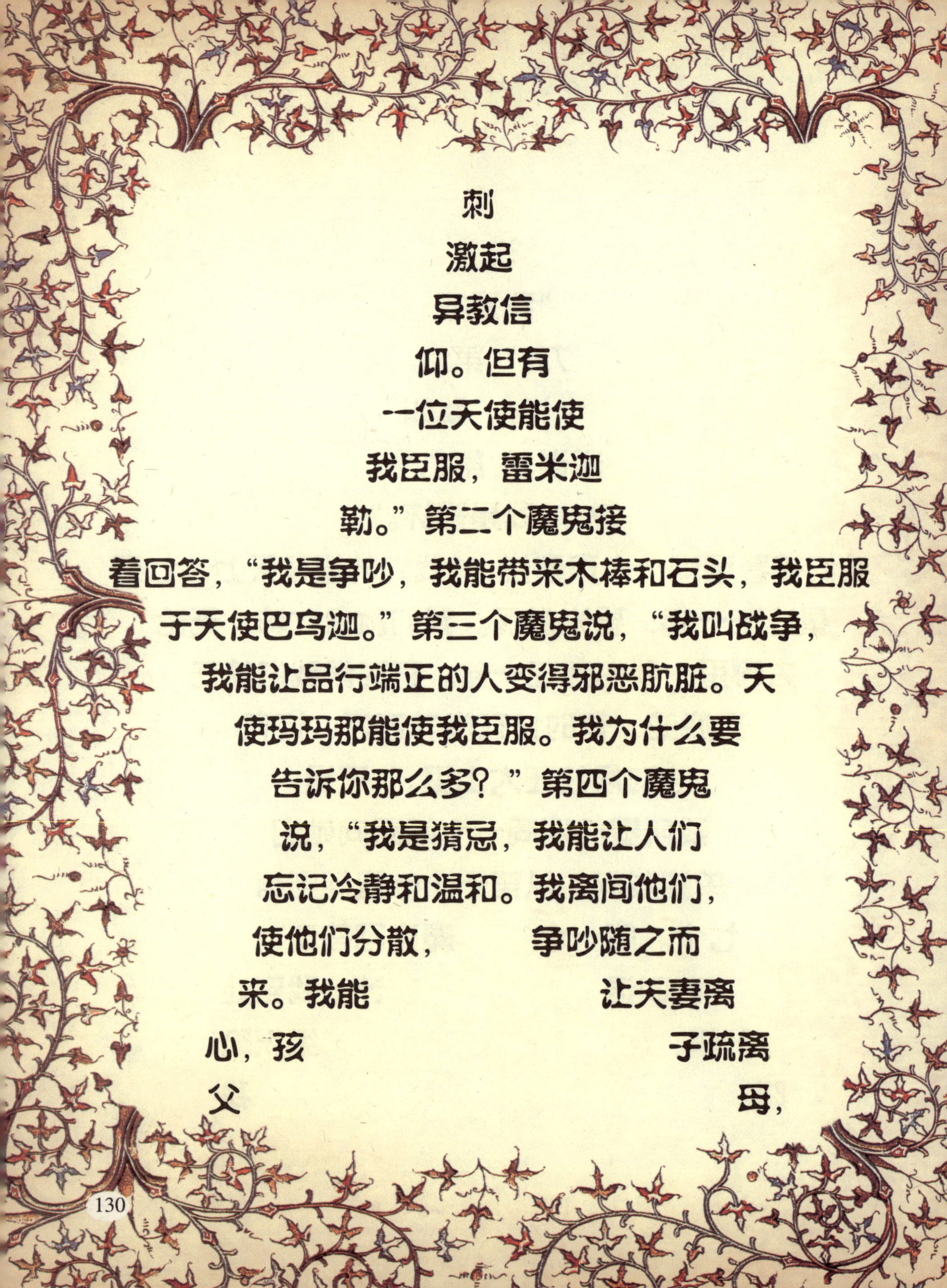

刺激起异教信仰。但有一位天使能使我臣服，雷米迦勒。”第二个魔鬼接着回答，“我是争吵，我能带来木棒和石头，我臣服于天使巴乌迦。”第三个魔鬼说，“我叫战争，我能让品行端正的人变得邪恶肮脏。天使玛玛那能使我臣服。我为什么要告诉你那么多？”第四个魔鬼说，“我是猜忌，我能让人们忘记冷静和温和。我离间他们，使他们分散，争吵随之而来。我能让夫妻离心，孩子疏离父母，

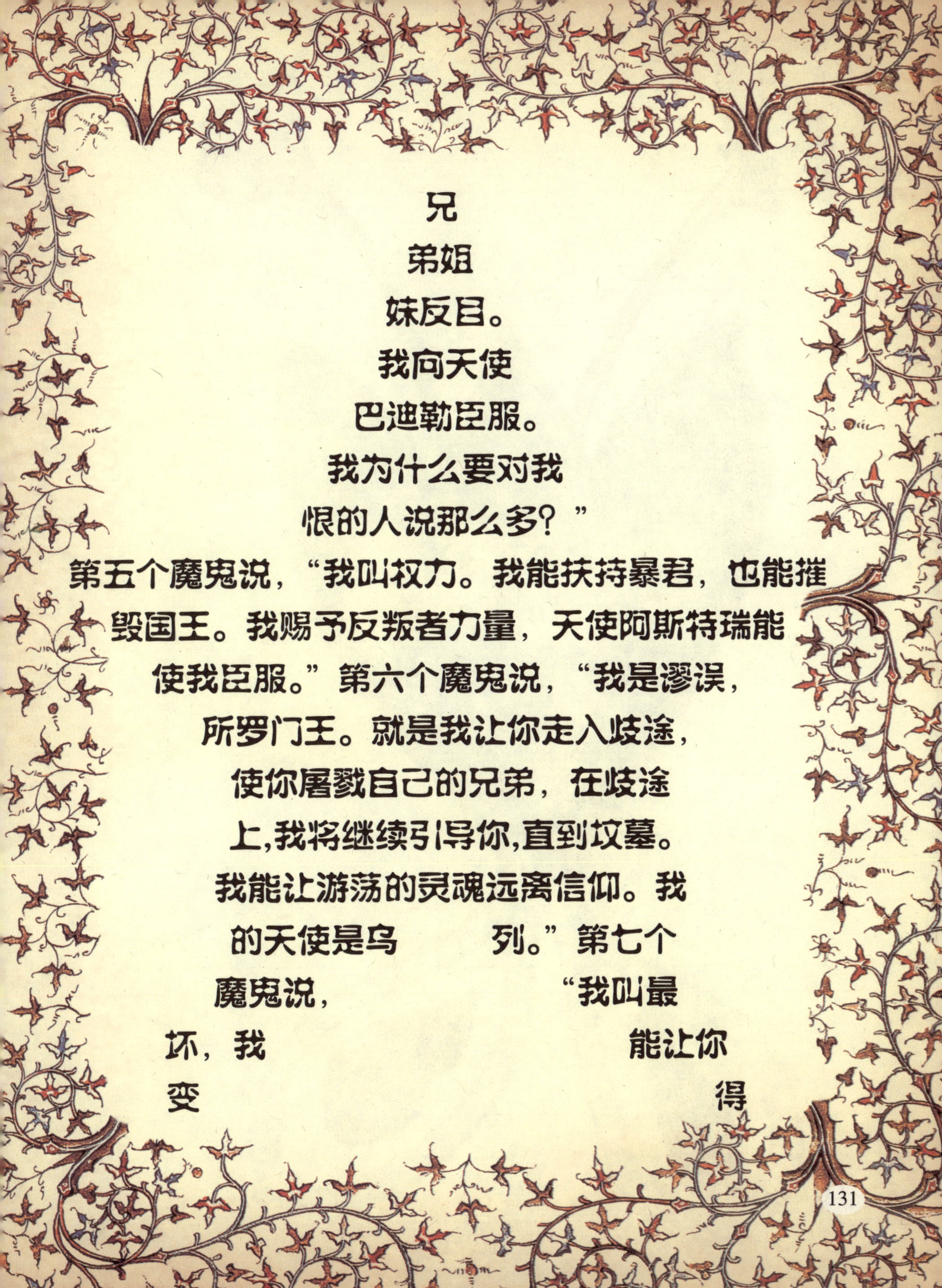

兄弟姐妹反目。我向天使巴迪勒臣服。我为什么要对我恨的人说那么多？”第五个魔鬼说，“我叫权力。我能扶持暴君，也能摧毁国王。我赐予反叛者力量，天使阿斯特瑞能使我臣服。”第六个魔鬼说，“我是谬误，所罗门王。就是我让你走入歧途，使你屠戮自己的兄弟，在歧途上，我将继续引导你，直到坟墓。我能让游荡的灵魂远离信仰。我的天使是乌列。”第七个魔鬼说，“我叫最坏，我能让你变得

BOOK IX
Dom le Fou卷

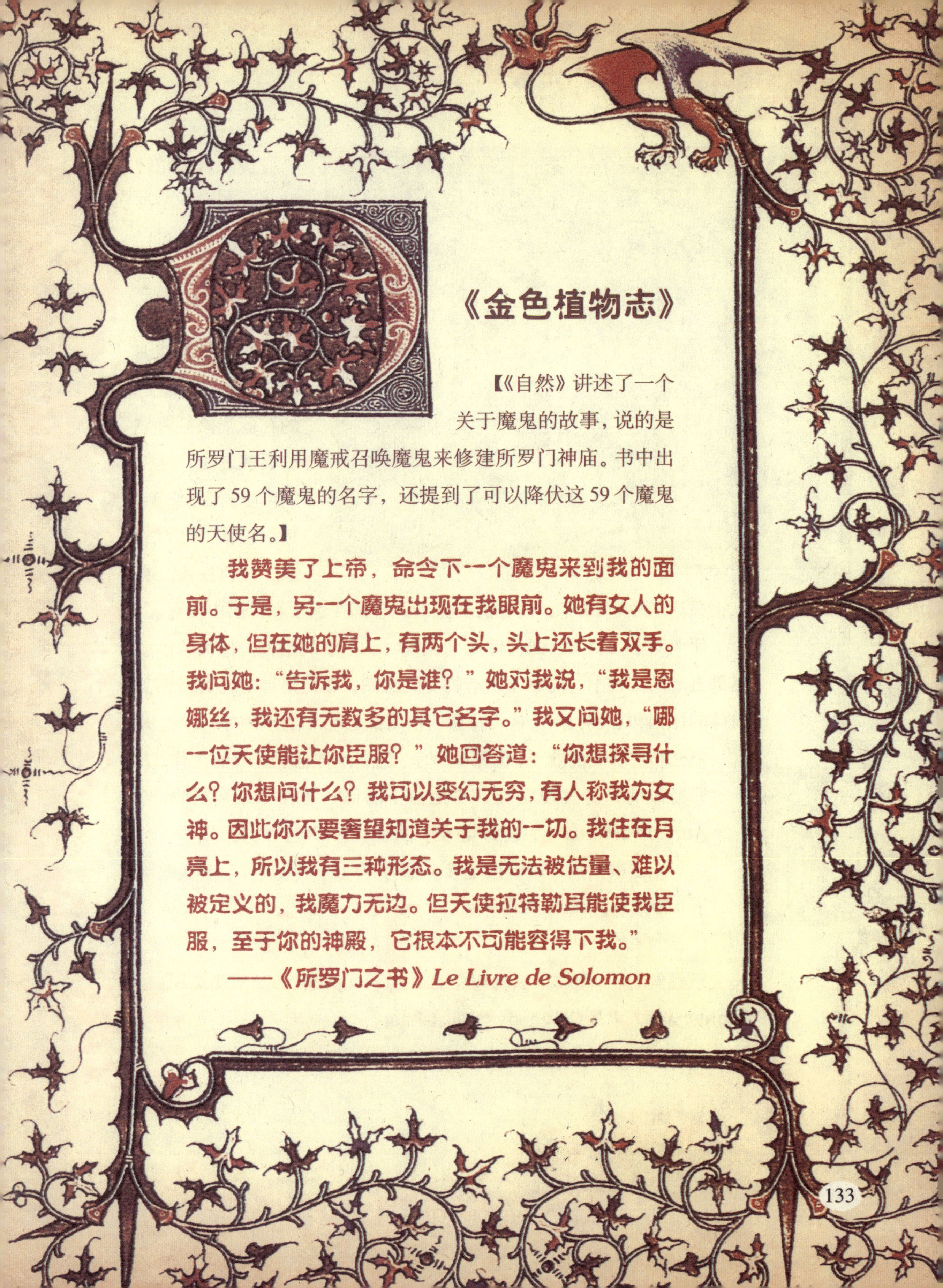

《金色植物志》

【《自然》讲述了一个关于魔鬼的故事，说的是所罗门王利用魔戒召唤魔鬼来修建所罗门神庙。书中出现了59个魔鬼的名字，还提到了可以降伏这59个魔鬼的天使名。】

我赞美了上帝，命令下一个魔鬼来到我的面前。于是，另一个魔鬼出现在我眼前。她有女人的身体，但在她的肩上，有两个头，头上还长着双手。我问她："告诉我，你是谁？"她对我说，"我是恩娜丝，我还有无数多的其它名字。"我又问她，"哪一位天使能让你臣服？"她回答道："你想探寻什么？你想问什么？我可以变幻无穷，有人称我为女神。因此你不要奢望知道关于我的一切。我住在月亮上，所以我有三种形态。我是无法被估量、难以被定义的，我魔力无边。但天使拉特勒耳能使我臣服，至于你的神殿，它根本不可能容得下我。"

——《所罗门之书》*Le Livre de Solomon*

伊莱自称拉特勒耳，却像纳西瑟斯一样醉心于自己的俊美。他把百合花看作自己的标志，白色花瓣如他纯洁的身体，金色的花蕊则象征着他的灵魂之光。这位“年轻的发现者”（信使语）精力旺盛，气质狂躁。在人世只活了短短23年，而他的一生却几乎都在远征和游历中度过。

伊莱对于《自然》的信仰如同人类对于数学的信仰，他相信借助这部古老的药物书，能够领会造物主的意图。草药是神对人类不完美身体的怜悯和恩赐。所有对人有益的植物都已在《自然》中被归纳。其中充满着甘美的赐予，也深藏警示。创造是神已经完成的工作，人们能做的只是发现而已。在他留下的惟一著作《金色植物志》*Aureum Plantis*中，伊莱记录了他对“恩娜丝”的发现。

无法被估量、难以被定义，魔力无边的“恩娜丝”其实暗喻了9种植物。

“我有三种形态”

恩娜丝的三种形态：致命颠茄Deadly Nightshade，黑颠茄Black Nightshade，木颠茄Woody Nightshade。

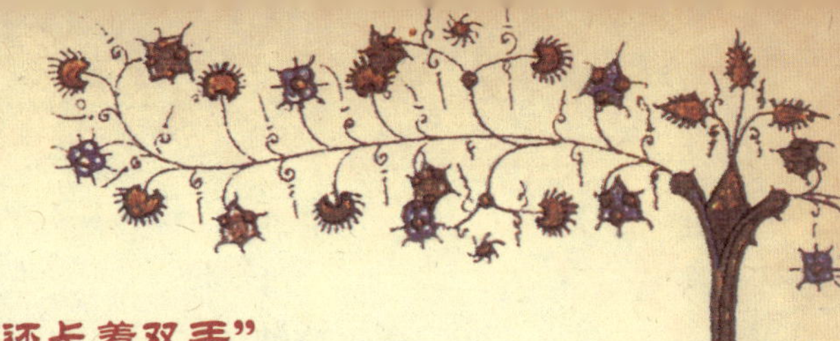

“在她的肩上，有两个头，头上还长着双手”

恩娜丝的两头四手分别暗喻了艾蒿Mugwort，毛蕊花Mullein，紫杉Yew，欧蓍草Yarrow，马鞭草Vervain和猫薄荷catnip这6种植物。

恩娜丝说，“我住在月亮上”

致命颠茄和黑颠茄都有剧毒，应该小心远离。致命颠茄又名魔鬼草，这种植物是魔王撒旦的最爱，他守护着它的生长，一年中只离开一次，那就是他去参加巫魔会的一夜。传说在这一夜，这种植物将化身为美丽绝伦的女巫。木颠茄结有毒的浆果，它的嫩枝可以用来治疗风湿、气喘、咳嗽、皮肤病和黄疸。用木颠茄干种子串起的项链，可以使人免于邪恶的侵害。为失恋而痛苦的人，佩戴这种项链就能驱散对旧爱的记忆。如同它们的名字，这三种“夜影”（茄属植物nightshade的英文字面意为夜影）深受月亮的影响，在月亮活动的特定阶段采摘才会具有魔力。

艾蒿Mugwort：巫师会用它来召唤亡魂。

毛蕊花Mullein：将干燥后的花梗浸入油脂中，就能制成巫魔会上常用的照明灯烛。

紫杉Yew：悲伤和厄运的象征，巫师们在月食之夜将它投入大锅，用来酿酒。

欧蓍草Yarrow：一种有魔力的灌木，借助不同的咒语可以召唤不同的魔鬼并操控他们。

马鞭草Vervain：传说佩戴这种植物能使人免于金属武器的伤害。

猫薄荷catnip：具有催眠药效，并能刺激起强烈的情感。

在拉特勒耳之圈中饮下用这9种植物煎煮的魔剂，就能实践一种古老失传的法术。它几乎与人的存在一样古老。运用这种法术，在拉特勒耳之圈中的人将与灵的世界相沟通。伊莱认为，那是每一个死去的人的灵魂归宿。在这个世界里，所有的灵融合在一起，像金色的光一样流动。后来者将融入。用天使的语言就能在拉特勒耳之圈中将某个特定的灵召唤到现实世界，灵将以生前的形貌显现。

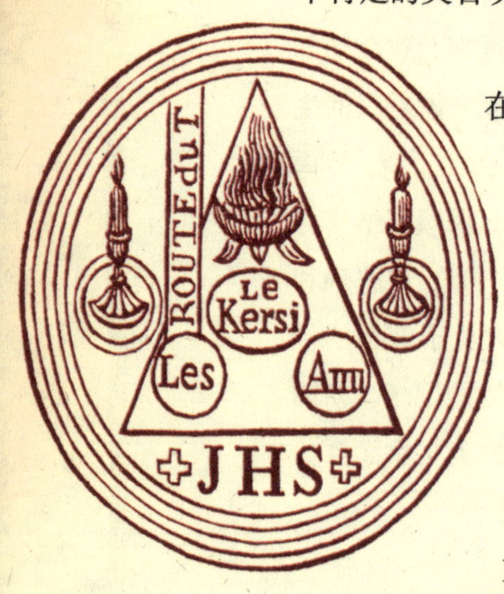

“恩娜丝”的采集有特殊的要求。3种颠茄必须是生长在从未被太阳光照射过的地方。黑颠茄的嫩枝应该采集奇数的枝条，最好是5条。采集的木颠茄浆果也应该是奇数，最好是7颗……这些都记录在《金色植物志》中。

拉特勒耳之圈

伊莱受天使的启迪，创造出这种用于与灵的世界沟通的神秘之圈。他自认为与那个我们看不见的世界如此接近和默契，而其他人却懵懂无所知。

光荣之手

为了防止神圣的法术被外界窥视和干扰，应该用到“光荣之手”。在《金色植物志》中，伊莱对这种古老“隐身器”的制法有详细说明。现在看来，要制造这样的隐身器不仅恐怖，同时也很有些难度。首先要找来在大路旁绞刑架上被绞死的囚犯，砍下其一只手，混合盐、胡椒粉、硝石和马粪，在陶罐中放置14天后取出，再放在用马鞭草燃起的炉子上烤干。用同一个囚犯的脂肪混合芝麻和蜡做成蜡烛，固定在“光荣之手”上，在拉特勒耳之圈中点燃，就能使圈中的人隐形。由于这个原因，伊莱又被称为“不可见的伊莱”Ely de l’Invisible。

伊莱的生命终结在西西里一个小隐修院里。根据信使的记录，他死于一种奇怪的病症，皮肤溃烂，毫无原因的全身流血不止。他写了一首诗，献给早逝的自己。

生命如同草，
在原野中繁华灿烂，
却随风凋零。
你未曾满足渴望，
你已没有希望。
你沉睡在迷梦的年纪，
幻想就不会衰老。
人世急迫残忍，
你已知悉，
天堂的美好，
尘世远不能及。

关于伊莱生活的年代，哥伦布 Christopher Columbus 能够帮助我们。在《金色植物志》里，伊莱曾用嘲讽的口吻提到，这位航海家在加勒比群岛发现了凤梨，很快就有人在欧洲拿着菠萝四处兜售，吹嘘它有催情的作用。

疯修士Dom le Fou

作为一名被选中者，“疯修士”Dom le Fou对酿酒的热情远远胜过药物研究。“喝醉酒的人睡得好，睡得好便不会行罪，不行罪的人上天堂，阿们。”这是他的祈祷词。在信使志里，留下了他对外科医学的评价：“他们（外科医生）是穿着华服的仆人，手里挥舞着剃刀。什么都是切。切。切。”

他既不是黑的（多明我会的黑衣修士），也不是灰的（方济各会的灰衣修士），因为他每天喝很多的酒，他的脸总是葡萄色，所以人们称他为“紫衣修士”。

在疯修士的时代，酒都是用木桶盛装，很不容易存放，通常难以放过一年。喝的时候需要用大壶从木桶里取出。葡萄酒在桶里窖藏几个月，不久就会变酸、浑浊，酒味寡淡还混有树脂味，令人难以下咽。即使在皇家宴席上喝到发酸有霉味的酒也不稀奇。国王的客人有时需要痛苦的闭上眼睛、咬紧牙关慢慢将酒杯中的酒过滤到口中，即使早已厌恶得浑身颤栗。

疯修士想了许多方法来解决这些酿酒的难题。他发现了瓶装酒的方法，用蜂蜡或浸油木塞作瓶塞，就能使酒保存很长时间也不会变质，并且味道甘甜、色泽清澄；他用红葡萄酒和白葡萄酒相勾兑的方法酿造红酒；以及只使用黑葡萄第一次榨出的汁来酿造白葡萄酒……

疯修士对酒如此痴迷和熟悉，他知道何时在酒酿里加入香料和糖使酒更香醇，如何用酒来制作肉类的防腐剂、为伤口消毒、治疗喉咙疼，也知道如何用大麦、小麦和燕麦酿造出最适宜做饮用水的低度啤酒，他还用白葡萄酒混合松脂油、玫瑰水、蜂蜜、橄榄油制造出一种能够有效缓解紧张的镇静药剂。

由于疯修士的酒极美味，因此很受欢迎。然而想要尝到疯修士的酒不是一件容易的事。

诙谐的疯修士的暗语

——我看见一个女人，孤单的蹲在那里。她是谁？（疯修士问）

——母鸡。（能否回答出正确的答案是索酒者能否如愿的关键）

索酒者如此众多，疯修士的耳中很快被“母鸡”充塞，他不胜其烦。于是后来他把暗语修改得稍微复杂有韵律一些。

——在聪明人的市集上，来了一个人。他有1个脖子，1个背，1个肚子，1双手，2个臂膀，2只耳朵1只眼，2只脚和1200个头。他是谁？（疯修士问）

——1个卖大蒜的独眼人。（能否回答出正确的答案是索酒者能否如愿的关键）

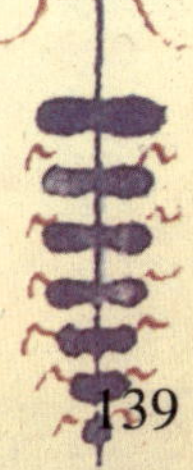

疯修士的恩娜丝

【我所罗门向上帝祈祷，然后我用上帝的封印将那魔鬼制服。我命令侍卫用三重铁链将她紧紧锁牢。那魔鬼对我预言："你的时间不多了，你的王国很快将瓦解，这神殿将崩塌，而耶路撒冷的全部将被波斯、米堤亚和迦勒底人的国王毁灭。这神殿中的圣器，它们由你所造，将被用于膜拜异神。那些封存着我们的罐子，将被人类之手打破。那时，我们将重新获得无穷的魔力，在世间游荡，散布四方。在很长的岁月里，我们将把人类的世界引入歧途。因此，啊，所罗门王，你统治的时代是短暂而不幸的，你的王国将被你的奴仆窃取。"——《所罗门之书》】

恩娜丝用令人恐惧的震撼气势显示了她预言的法力。

用拉特勒耳之圈召唤的灵能够洞悉现实之人无法看见的未来，对此伊莱并不知晓。这是疯修士的发现。

在疯修士获悉的灵的预言中，有两个我们熟悉的名字。

Dr. John Dee

约翰·迪John Dee（1527—1609），英国人。炼金术士，数学家，地理学家。疯修士与他的友谊在布拉格的金街Zlata Ulicka开始。疯修士的恩娜丝预言他将成为英国女王伊丽莎白一世的占星师。

凯瑟琳·美第奇

凯瑟琳·美第奇 Catherine de Medici（1519—1589），出生于意大利最富有的美第奇家族。美第奇家族的历史可追溯到12世纪末，来自非贵族阶层。这个精通商业的家族通过银行业和商业在13世纪获得巨大财力，并通过财富深深影响了佛罗伦萨的政治。凯瑟琳3岁的时候成为孤儿，依照叔父也就是教皇克莱门七世 Pope Clement VII 的命令在女修道院中长大，14岁被嫁给法国国王Francis I的儿子，也就是后来的国王亨利二世Henri II。在法国王室里，这是一位孤独的意大利公主，王室贵族冷漠的忽视她，在他们眼中，她不过是商人的女儿。她从意大利带来了自己的厨师，并将果汁冰水、蛋白杏仁糊甜饼、杏仁蛋糕、酒香蛋黄羹、珍珠鸡等新奇食品带入法国。她喜欢奢华，为法国王室引入了餐桌礼仪和叉子。她甚至改变了法国人用味道强烈的香料干擦肉类的习惯，使他们学会使用精细的调味汁来烹饪肉类。亨利二世死后，凯瑟琳实际统治整个法国。

疯修士的恩娜丝为她预言了一位心爱儿子的死亡：“鲜血淋漓的王座、王衣和鞋被踩在教士的脚下。”晦涩的灵的语言却没有说明是哪一位儿子。

为了避免这种命运，疯修士为她制作了一个护身符。

这个护身符用凯瑟琳的血混合一只被阉割的公山羊血、黄花

茖葱Moly、甘菊Chamomile以及与凯瑟琳诞生星座相关的几种金属铸成。

护身符的一面代表朱庇特的智慧和守护，朱庇特神坐在神座上，脚下是一只神鹰，亡灵之神在他的面前举起一面镜子，其上有4个词汇，Anael，He，Amic和Oxiel。另一面代表凯瑟琳自己，一个赤裸的维纳斯，最顶部是维纳斯的标志，上面写着Naniel，Ebvleb和Asmodei。

这枚护身符能赐予持有者坚强的意志，使其获得统治的力量以及预见的能力，并能安抚人的紧张情绪。凯瑟琳终生佩戴这枚护身符。诡异的是，在她死后，这枚护身符奇怪的裂开，碎成几块。

亨利的半兽人

法兰西王室与巫师的联盟早已是一种传统。有许多传言关于亨利三世和他的母亲凯瑟琳·美第奇，说他们本身就是魔法师。他们都曾经进行过巫术活动。权力为这一切提供了最可靠的荫蔽。

亨利三世Henri III（1551—1589）常在他的樊尚Vincennes城堡里从事巫术，在他死后，有人从那里找到了处理过的小孩人皮，和两个高约4英寸的银质半兽人。每个半兽人的左手握着一根巨大的棍棒，而右手则拿着一个由纯水晶制成的容器，里面盛放着一些用于祭礼的未知药物。半兽人脚下的基座由四只雕刻精细的脚支撑。这两个半兽人被放置在一个金十字架的前面。十字架的中央镶嵌着木头。两个半兽人背对着耶稣的十字架。那些为了维护王室尊严的人辩解说那只是烛台。可是在那两个容器里却并没有任何可以用来固定蜡烛的物件，里面也没有蜡烛的残留物。

根据历史记录，1589年8月2日，亨利三世遇刺身亡，凶手是多明我会修士雅克·克莱门Jacques Clement。

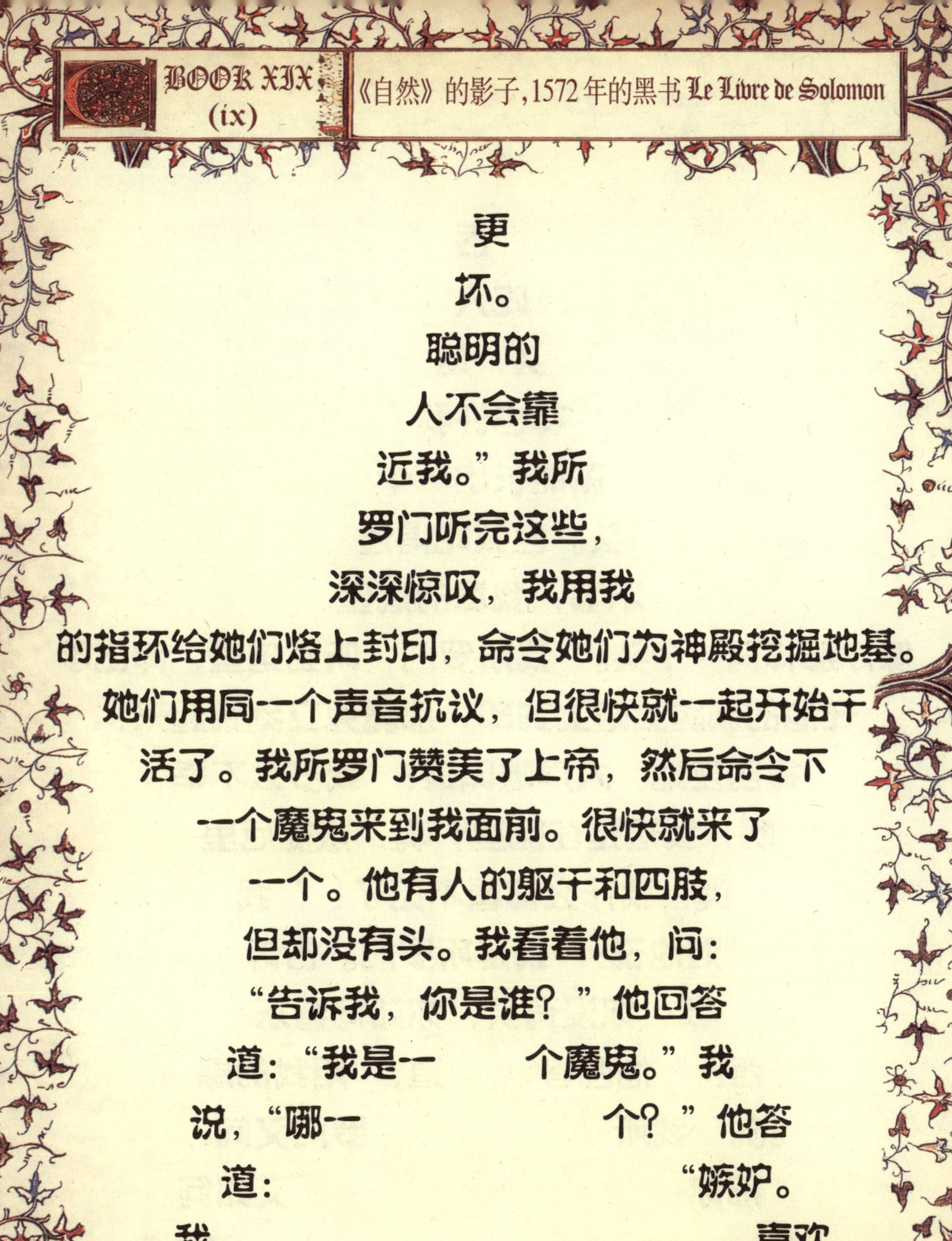

更坏。聪明的人不会靠近我。”我所罗门听完这些，深深惊叹，我用我的指环给她们烙上封印，命令她们为神殿挖掘地基。她们用同一个声音抗议，但很快就一起开始干活了。我所罗门赞美了上帝，然后命令下一个魔鬼来到我面前。很快就来了一个。他有人的躯干和四肢，但却没有头。我看着他，问：“告诉我，你是谁？”他回答道：“我是一个魔鬼。”我说，“哪一个？”他答道：“嫉妒。我喜欢

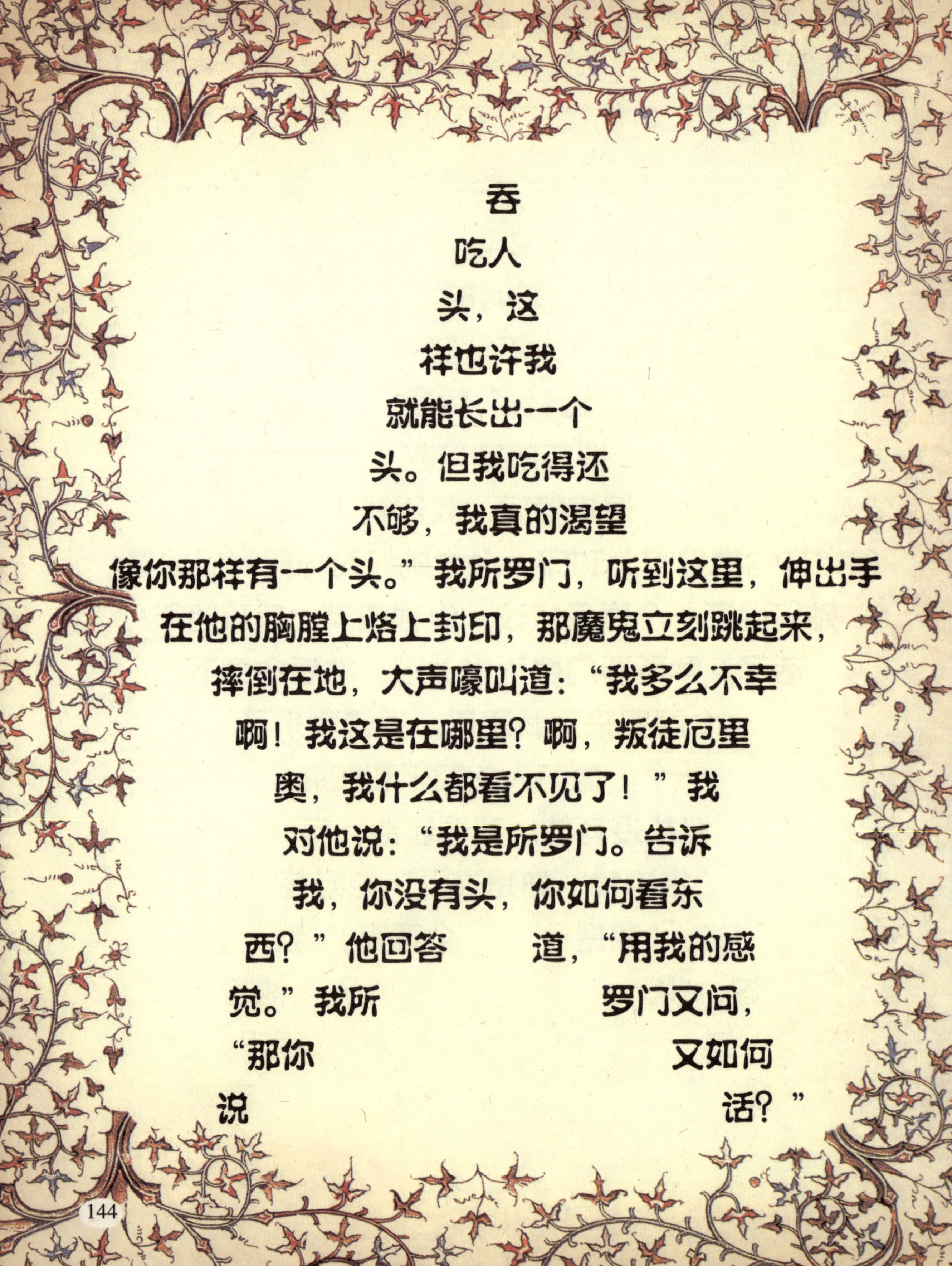

吞
吃人
头，这
样也许我
就能长出一个
头。但我吃得还
不够，我真的渴望
像你那样有一个头。”我所罗门，听到这里，伸出手
在他的胸膛上烙上封印，那魔鬼立刻跳起来，
摔倒在地，大声嚎叫道：“我多么不幸
啊！我这是在哪里？啊，叛徒厄里
奥，我什么都看不见了！”我
对他说：“我是所罗门。告诉
我，你没有头，你如何看东
西？”他回答 道，“用我的感
觉。”我所 罗门又问，
“那你 又如何
说 话？”

他回答道：“所罗门王，我能发声，是因为我获得了许多人的声音。夜里，如果有小孩哭泣，我就会顺着他的声音滑行到他身边。那些被称为哑巴的人，是因为在他们出生的第八天，我击打过他们的头，然后我就获得了他们的声音。在十字路口与我相遇意味着危险，我将用剑砍下那人的头，把它安放在我的颈上，我身体里的火焰会把它吞噬。”我所罗门问他：“告诉我，哪一位天使能使你臣服？”他答

BOOK X
封印地卷

【湖中雾气弥漫，绿影在水里枝蔓。很难从这样错综的湖面上看到通往某处的路。我们划着两头尖尖的小船，在笼罩一切的暮色里缓缓前行。

——《信使志》】

小船将载着信使进入“封印地”LOCUS SIGILLIUM，一个神圣而静谧的所在。那是 AMICUS 们的安息之所。

“封印地”深藏在地下。

秉着蜡烛，走过一条用碎石铺成的小径，上面镌刻着这样一句话：

SIC ITUR AD ASTRA 这就是通往众星的路

“众星之路”的尽头，安放着一块青绿的巨石，石上刻着那至上的信条：OMNIA VINCIT AMOR：MEMENTO MORI 你必将死亡，爱征服一切。环绕着这句话，是以逆时针顺序排列的许多名字。

“封印地”究竟在哪里，除了“自然之友”的成员，是没有人会知道的。惟一可以确定的是，在这个隐秘之穴的地上，是学会在法国最大的草药园。草药园的四围有陈旧的石墙，那墙名为“沉默之墙”。

死亡并非结束，而是另一个新奇旅程的开始。

AMICUS 的封印：自然之星

【我们进入那幽深的暗处，隐隐听到圣歌般的乐声在耳边响起。AMICUS 守护着那神圣之星，每一个看见的人都再也无法言语，惟有凝神惊叹。

——《信使志》】

AMICUS是一个荣耀的称谓。能够得到这种荣耀的人，是自然之友学会中获得非凡成就的成员。在信使志里，名字前面有 AMICUS称谓的人，共有23位，在信使志里被称为“永恒的23友”。最后一位AMICUS是我们熟悉的那位玛丽。

封印地里长眠着21位AMICUS，AMICUS 梅罗文埋葬在他自己的草药园中，而另一位 AMICUS 玛丽有她自己的命运。这 21 位 AMICUS 去世以后，他们的身体用芬芳的草药焚烧，肉体的灰烬被葬在封印地的深处，其上竖立着他们的巨石雕像。21 个石雕群像的中央是一块岩石的平地，在那光洁的岩面上，雕刻着 AMICUS 的封印，自然之星。

这个符号被认为来自于神的启示，由5位AMICUS创造。它是超自然魔力的象征。自然之友们相信，要探索草药和自然的秘密，除了人的智慧以外，还需要一种不可见的伟大力量的协助。因为它的古老和神秘，在学会的历史上，这个符号常被用于各种目的，并被赋予很多含义。

21个石雕像的基座上，刻着AMICUS们的墓志铭。

“黑夜、星空和曼陀罗，是能够治愈悲伤心灵最好的医生。”这是阿莫多瓦的墓志铭。

“我并不想舍弃你们，我最亲爱的朋友们，我只是累了，想要休息。”这是好人吉伯的墓志铭。

……

21个石雕像中，有一尊没有面孔的怪异石像，那属于AMICUS李古奇。学会以这种方式，在铭记其成就的同时，亦彰示了他那令人震惊的邪恶。

道“闪电之神。”我所罗门对上帝的力量深为叹服。然后我命令嫉妒加入别西卜的工作。我又命令下一个魔鬼现身，于是来了一头很大的猎犬，它用巨雷一样的声音对我说话：“好啊，所罗门王！”我所罗门十分震惊，我对它说，“大狗，你是谁？”它回答道：“在你的眼中，我的确看起来是一条大狗，但在从前，我曾经是一个人，我做过许多邪恶的坏事。我钳住疯狂者的喉咙，毁灭他们。”我

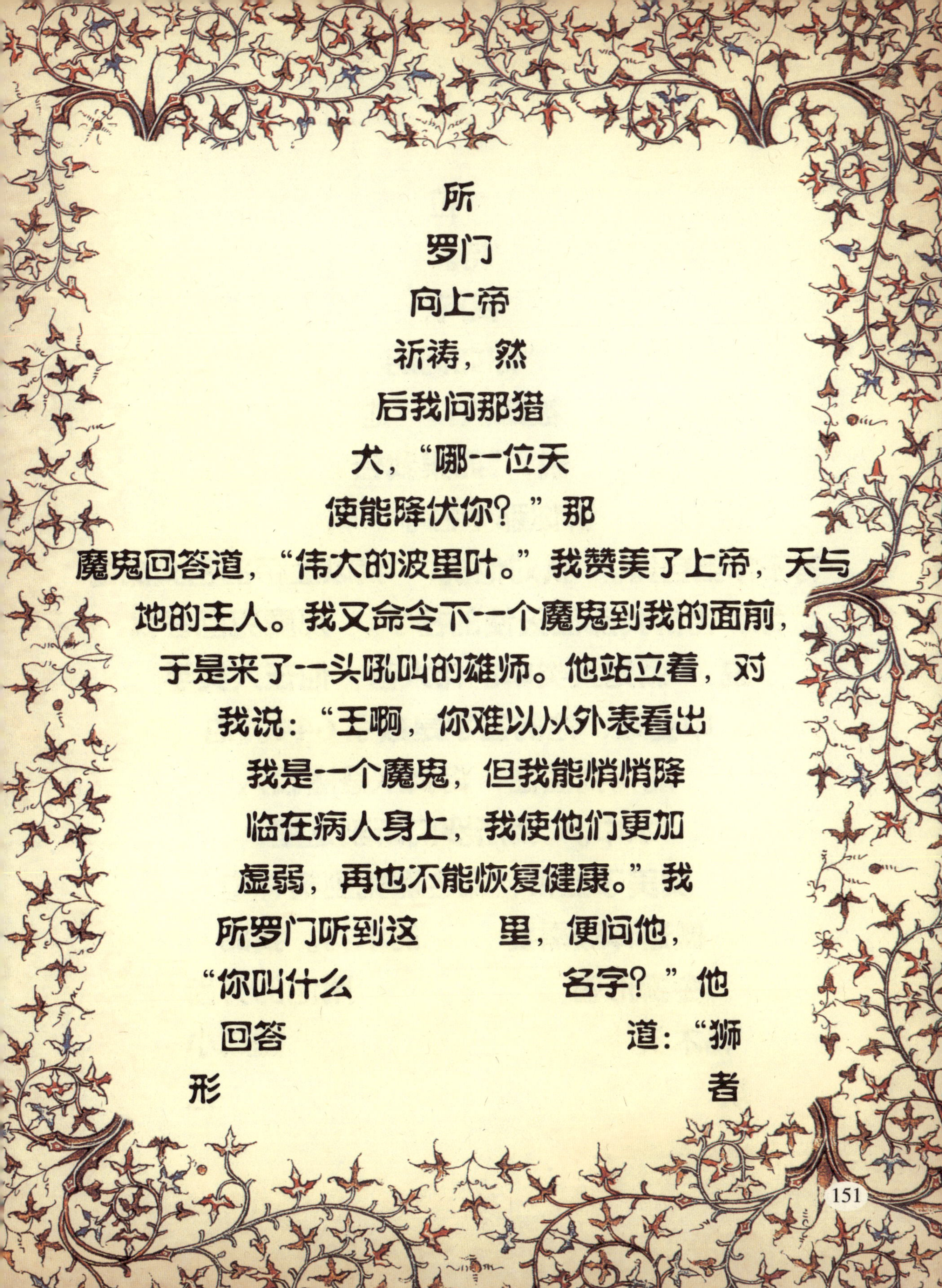

所罗门向上帝祈祷，然后我问那猎犬，“哪一位天使能降伏你？”那魔鬼回答道，“伟大的波里叶。”我赞美了上帝，天与地的主人。我又命令下一个魔鬼到我的面前，于是来了一头吼叫的雄狮。他站立着，对我说：“王啊，你难以从外表看出我是一个魔鬼，但我能悄悄降临在病人身上，我使他们更加虚弱，再也不能恢复健康。”我所罗门听到这里，便问他，“你叫什么名字？”他回答道：“狮形者

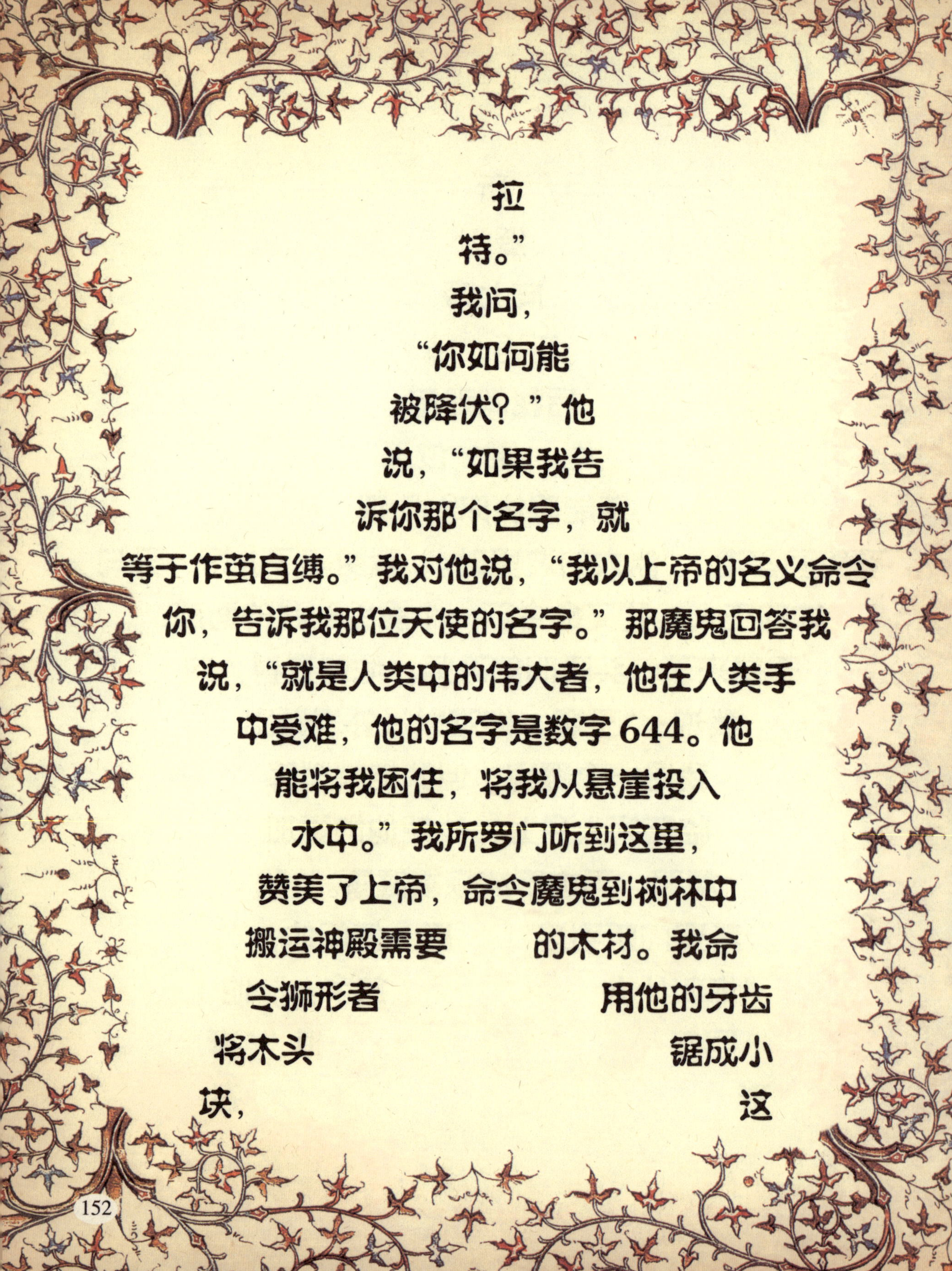

拉特。”我问，“你如何能被降伏？”他说，“如果我告诉你那个名字，就等于作茧自缚。”我对他说，“我以上帝的名义命令你，告诉我那位天使的名字。”那魔鬼回答我说，“就是人类中的伟大者，他在人类手中受难，他的名字是数字644。他能将我困住，将我从悬崖投入水中。”我所罗门听到这里，赞美了上帝，命令魔鬼到树林中搬运神殿需要的木材。我命令狮形者用他的牙齿将木头锯成小块，这些木块将被投入神殿永不熄灭的火炉里。我所罗门赞美了上帝，然后命令下一个魔鬼现身。这次来了一条龙，它有三个头，样子十分恐怖。我问他，“你是谁？”他回答我说，“我是像三角钉一样的魔鬼，我在三条线上行动。我的一个头能让还在母亲子宫里的小孩子变成瞎子，一个头使他变成聋子，而另一个头则能让我顺利溜走。我能击打人体没有骨头的部位，使他们跌倒，牙关紧咬，口吐白沫。但我

BOOK XI
李古奇卷

“以女神黑卡忒之名，这是死亡的舞蹈”

这是《威尼斯的秘密》*Secrets of the States of Venice*的第一句。它是李古奇Exili Leaguch的毒药书，由老Grimm从拉丁文的信使记录里整理并译出。

黑卡忒Hecate，希腊人的冥界、黑夜女神，传说中有毒植物的创造者，她也是李古奇心中惟一的神。

在李古奇的毒药学院里，《威尼斯的秘密》被用作标准的教科书。

这个可怕的学院就在迷人的威尼斯，因此在自然之友的历史上它又被称为“威尼斯学院”。李古奇向他的信徒传授这样一种观点，毒药的使用是一种美妙深奥的艺术，它与谋杀并没有必然的联系。他相信，人类永生的梦想最终可能将依靠毒药来实现。在改变身体性质并使之趋于完美方面，毒药有着常人难以想象的效用。

李古奇对毒药的浪漫认识并不妨碍他的信徒把这种技艺变成金子。信使记录道，威尼斯城中大多数毒药师都出自这个学院。他们用李古奇教授的方法在威尼斯和罗马两地至少毒杀了150人，并因此从委托人那里赚取到高额的“报答”。

在这个学院里，学生们将学会如何把砒霜掺入牛奶杀死苍蝇；如何用白石灰、鸦片和黑嚏根草混合的溶剂粉刷房屋，以使苍蝇远离；如何混合天仙子、雄黄以及蛇头鸢尾来杀死疯犬；如何用动物实验毒药的药性……毫无疑问，对于李古奇的学生来说，以下的技艺更能打动他们好学的心：如何制造不会被察觉的慢性毒药；如何制造多种毒液的混合物及其优于单一毒药的威力；如何制造各种毒酒。酒是毒药的最佳溶剂，不仅可以掩盖毒药的气味和味道，更能加快它对心脏的作用；如何用砒霜液制造出有毒的高脚酒杯；如何在小块食物和甜食中混入毒药；如何使用极浓的香料掩盖食物里毒药的气味；如何制造有机关的毒餐刀。这种餐刀的把手上有一个小小的机关，当使用者用这样的餐刀切割食物时，两个像细针一样的小毒钉会刺入握刀者的手中，毒性会立即发作使人毙命，而死者身体却呈现出死于心脏病突发或中风的假象；如何制造出一面有毒而另一面无毒的餐刀；如何使果园中未采摘的水果变得有毒；如何使花园中未采摘的鲜花变得有毒；如何制造混合精细毒粉的香丸；如何制造可以使死者面容看起来安详娇美的致命敷面香膏；如何制造散发毒烟的毒火炬；把浸过毒液的上等细麻布塞进人的喉咙，会有什么后果；当一个人睡着时，如果用鹅毛管把毒粉吹进他的耳朵里，会有什么后果；如何制造有毒的手套、靴子和衬衫；如何制造毒戒；如何在马鞍上下毒；如何在金币上涂毒药；如何制造出不会让受害者身体产生任何中毒症状的毒药。……《威尼斯的秘密》以李古奇的箴言结束。

【万物都是毒，只要用合适的方法，可以把最平常的东西变成上乘的毒药。】

【即使最柔弱的人也能致对手于死地。所以请保持对弱者的敬畏。】

巢菜、乌头及其它

信使写道，“李古奇的毒药可以杀死任何人。” 李古奇比任何人更了解毒药可以无所不在，难以防备。因此他有一个多疑的性格也就不奇怪了。他从不相信人，他的生活习惯也由此而确立，行踪不定，只喝自己亲手从河中汲取的水，只吃亲手烹制的食物，连带壳的鸡蛋也不例外。在《威尼斯的秘密》里，李古奇详细列出了各种有毒物质：致命颠茄、水银、石膏、铜、铁、铁锈、松萝、胡荽、嚏根草、欧芹、苦西瓜、月桂果、干斑蝥、天仙子、砒霜、乌头、鸦片、猫脑、沼泽青蛙、斑蝥、被大黄蜂蛰死的鸡、朱砂、毒蜘蛛、铜绿、被蝰蛇咬死的鳄鱼、蝾螈、硫磺、死狂犬、樱桃核、罂粟、淹死在盐水中的黑奶牛和薄荷……书中描述了这些毒物的特性及毒效，并附有以版画风格绘制的呈现不同症状的中毒者的尸体形貌，其中甚至还有摇篮中的婴儿。

“狼毒乌头wolfsbane，这是黑卡忒从cerberus的泡沫中创造出来的第一种毒药。中毒的人会觉得胃在灼烧，异常痛苦，喉咙像被扼住般透不过气来，并感觉舌头上像放了一把烧红的烙铁。”“马钱子液，这种白色的液体能使人全身抽搐而死。”“芹叶钩吻Hemlock的新鲜叶片，能引起眩晕，食用过量的叶片使人身体麻木，中毒者将因为心脏和肺部麻痹而死。但它却可以用来治疗马钱子中毒。”【对Hemlock，我们不会陌生。伟大的苏格拉底就是死于这种毒药，柏拉图对他中毒的过程有详细的描述：“他斥责那些恸哭的朋友，然

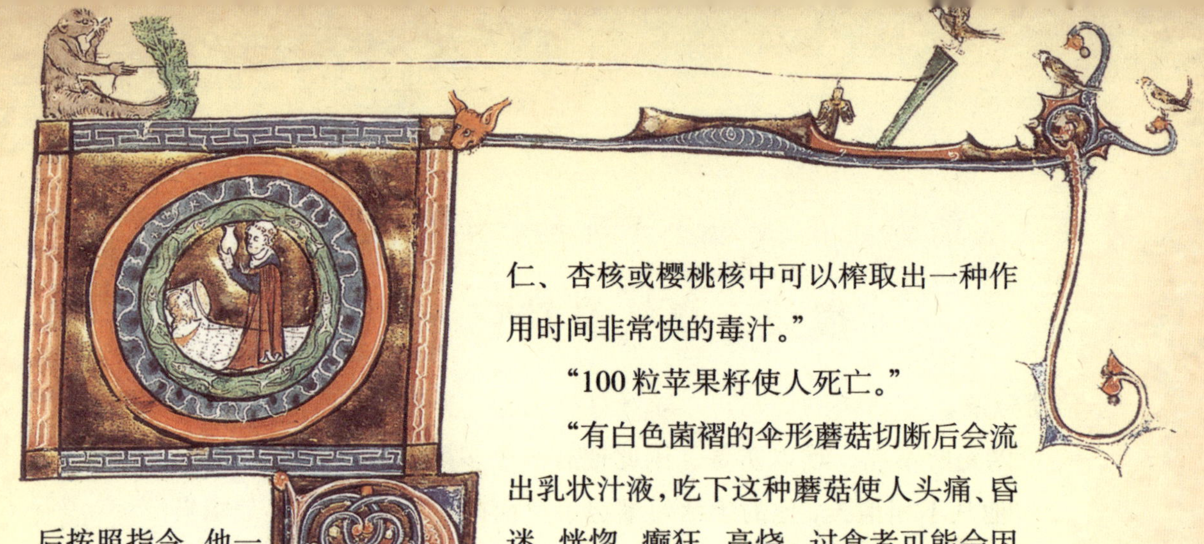

后按照指令，他一直不停的走，直到他感觉双腿疲乏。然后他躺下来，为他施毒的人走向他，用了很短的时间检查他的脚和腿，然后用力捏他的脚，并问他是否感觉到。苏格拉底回答说没有，然后他又用同样的方法捏他的腿，然后逐渐向上，苏格拉底已经冰冷僵硬。然后我们被告之，当毒药的作用到达心脏的时候，他就将死去。现在他的下半身已经冰冷了。苏格拉底这时候说了他最后的话：'Crito，我们欠Asculapius一只鸡，记得还他，千万不要忘了。'"】

"从苦杏仁、李子核、桃仁、杏核或樱桃核中可以榨取出一种作用时间非常快的毒汁。"

"100粒苹果籽使人死亡。"

"有白色菌褶的伞形蘑菇切断后会流出乳状汁液，吃下这种蘑菇使人头痛、昏迷、恍惚、癫狂、高烧，过食者可能会因心脏麻痹而死。食用这些蘑菇能使人看见神的影像。"

"巢菜Tare，这种野菜的有毒种子常常混在谷物中，应该细心分离。"

……

独角兽、祖母绿、蟾蜍石及其它

如何破解各种毒药的毒性，这是李古奇学院教授的重要内容。在《威尼斯的秘密》里，关于解毒药占据了许多篇幅。

"最佳的解毒剂是独角兽的角。用独角兽角制成的器皿能化解所有毒药。人们赞美威尼斯酒杯在识别毒酒方面的功效。比起这种一盛满毒酒就会炸开的酒

杯，独角兽杯更为有用。若误服下毒药，只要立即用这种饮器饮水就可避免毒害。”

“买不起独角兽角的人可以使用宝石来解毒，其中祖母绿是最好的。把上等祖母绿玉石碾成粉末放在酒里可以中和一切毒药。”

“紫水晶也是良好的解毒剂。用整块紫水晶雕出的杯子可以使放入其中的毒药失去毒性。用这种杯子喝酒，可以使人不醉。”

“苹果、无花果树皮燃烧后的灰、卷心菜籽、桑叶都可以解毒。”

“味道不寻常的食物，比如有苦味、辛辣、发酸、发臭或气味难闻的食物中，最容易混入毒药。用过多香料烹饪的菜肴或是用洋葱和大蒜烹制的食物都应该谨慎的食用。”

“若怀疑自己已经吃下有毒的食物，不必惊慌。此时应该喝下掺入橄榄油的莳萝水，可以帮助将胃里的食物吐出。然后再喝许多刚挤出来的新鲜牛奶，反复呕吐几次以后吃下黄油和奶油，然后再吐，如此反复多次，就可以把胃里的毒药排出。”

“对于天仙子毒，可以用在醋中煮过的桑树皮催吐。”

“对于曼陀罗毒，可以用卷心菜和橄榄油混煮的热水催吐，之后服下黄油，以及掺了薄荷和肉桂的葡萄酒，中毒者就不会有生命之虞。”

“毒蘑菇的中毒者，应该喝下大麦和硼砂以及海盐合煮的稀粥，呕吐之后，喝蜂蜜醋和萝卜叶榨的汁，然后再呕吐。之后再喝牛奶，再吐。最后慢慢喝下纯葡萄酒就能解毒。”

“如果不知道服下的毒药为何种类，把羊肚菌和老醋一起喝下是一个较为稳妥的解毒方法。掺了大麻籽的羊奶有同样的功效。”

“随身携带一个右手握着死蛇，左手握着蛇尾的木雕小人像可以使人远离毒药。”

“蟾蜍石是穷人能够负担的万能解毒剂，其效用毫不逊于迷思里得。”

……

【传说蟾蜍石长在蟾蜍的头里。在一块红布上放一只大蟾蜍，蟾蜍就会把它的石头吐在布上。不过，若是遇到一只不友好的蟾蜍，也许等待一整夜也不会有结果。相比而言，另一个方法要保险得多。捣烂一只大蟾蜍，那它放在陶罐里。然后把罐子放入一个蚁丘，用土盖好。蚂蚁会把蟾蜍吃掉，而它的骨头和蟾蜍石却会留在罐子里。】

【迷思里得Mithridatum是一种传说中的万灵解毒剂。得名自它的创造者 Mithridates VI（114—63BC）。这位PONTUS之王一生都生活在害怕被人毒杀的恐惧中，所以他一直试图发明一种万灵解毒药。他在囚犯身上实验各种毒药，再施以另一些毒药，看是否能取得解毒的效果。他每天都服用小剂量的毒药以期获得对毒药的免疫力。最终他的愿望得到实现，他研制出了“迷思里得”。这个配方成为后世药物文献中的“万灵药”。李古奇时代的迷思里得中至少含有蝰蛇毒液、鸦片、新鲜的开花乌头和姜。】

李古奇配方

李古奇是另一位“阿莫多瓦的精通者”。他发现，如果在制备“阿莫多瓦”的原料中加入砒霜，就能够制造出一种剧毒的药物。“阿莫多瓦”改变了砒霜中毒的症状，却似乎加强了它的毒性，比单纯的砒霜更致命。用这种药物杀死一只狗，剖开它的肚子，放置一段时间使狗的尸体腐烂，然后收集流出的尸液，在坩埚中将水分蒸干后能得到毒性更强的白色粉末。阿莫多瓦成为砒霜最完美的外衣。

《威尼斯的秘密》里有对这种毒药中毒症状的记录。中毒者先是剧烈呕吐，当呕吐次数逐渐减少之后，伴随着抽搐和颤抖，皮肤会出现可怕的疹子和难看的结痂，最后中毒者心跳慢慢减弱，直至停止。若在这毒药中加入铜，两者混合的剂量可以决定中毒者的死亡时间。

李古奇为这个超毒配方取名为Veninum Lupinum，而在信使志中，它被称为“阿莫多瓦的悲剧”。李古奇写道，“若将Veninum Lupinum与‘三种女神配方’共同使用，那么即使上帝也无法使中毒者苏醒。”

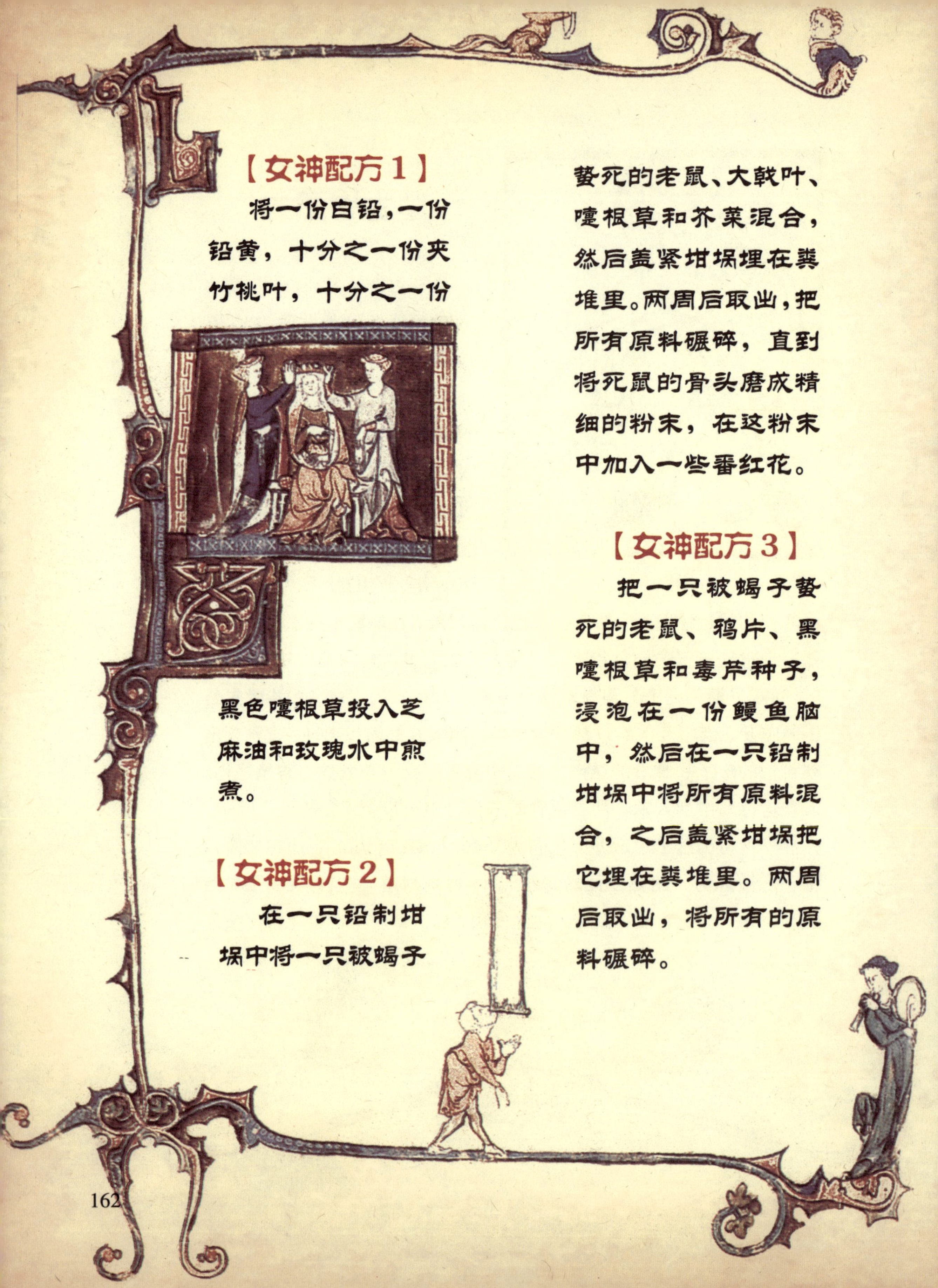

【女神配方1】

将一份白铅，一份铅黄，十分之一份夹竹桃叶，十分之一份黑色嚏根草投入芝麻油和玫瑰水中煎煮。

【女神配方2】

在一只铅制坩埚中将一只被蝎子蜇死的老鼠、大戟叶、嚏根草和芥菜混合，然后盖紧坩埚埋在粪堆里。两周后取出，把所有原料碾碎，直到将死鼠的骨头磨成精细的粉末，在这粉末中加入一些番红花。

【女神配方3】

把一只被蝎子蜇死的老鼠、鸦片、黑嚏根草和毒芹种子，浸泡在一份鳗鱼脑中，然后在一只铅制坩埚中将所有原料混合，之后盖紧坩埚把它埋在粪堆里。两周后取出，将所有的原料碾碎。

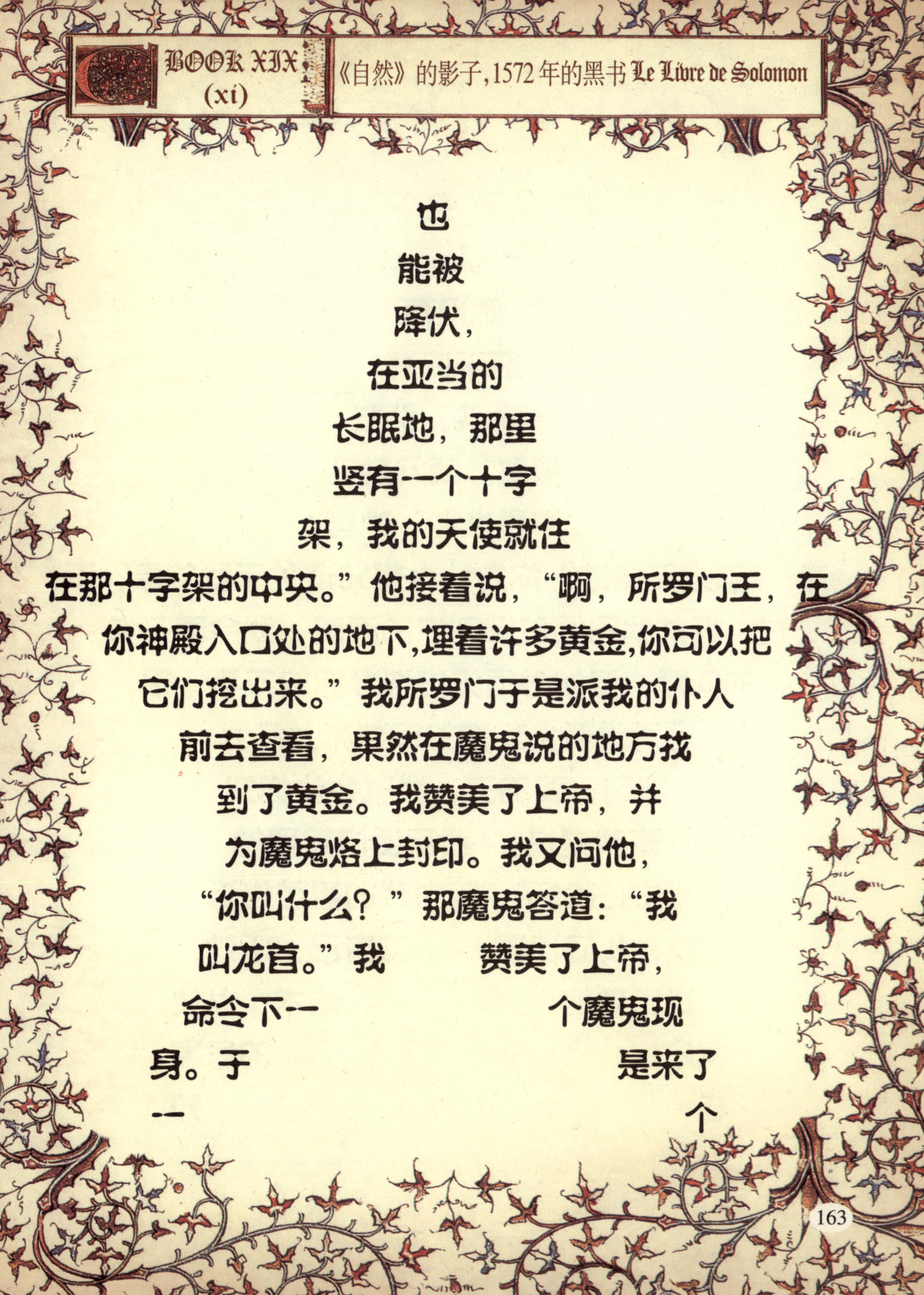

也
能被
降伏，
在亚当的
长眠地，那里
竖有一个十字
架，我的天使就住
在那十字架的中央。”他接着说，“啊，所罗门王，在
你神殿入口处的地下，埋着许多黄金，你可以把
它们挖出来。”我所罗门于是派我的仆人
前去查看，果然在魔鬼说的地方找
到了黄金。我赞美了上帝，并
为魔鬼烙上封印。我又问他，
“你叫什么？”那魔鬼答道：“我
叫龙首。”我赞美了上帝，
命令下一个魔鬼现
身。于是来了
一个

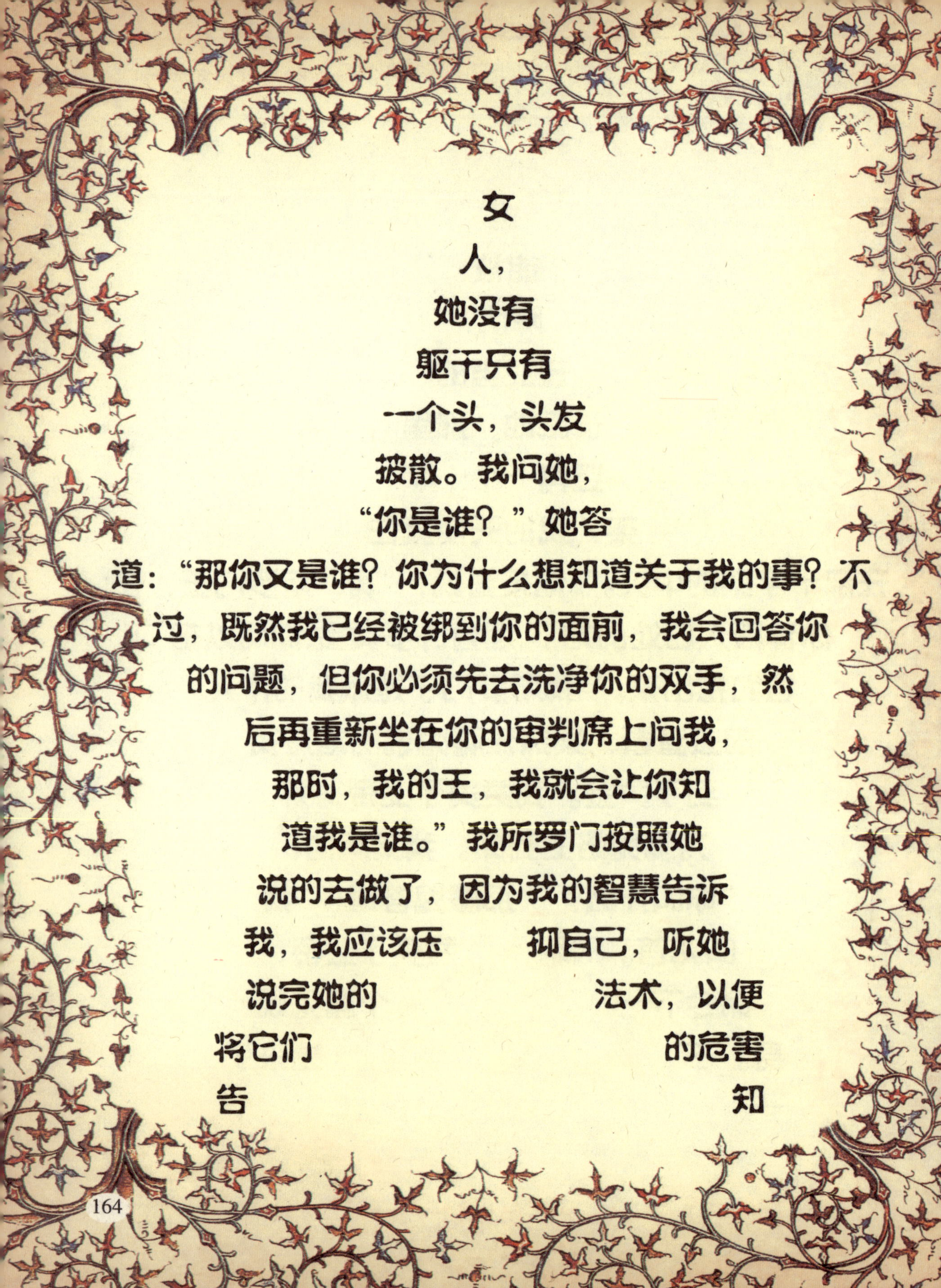

女
人，
她没有
躯干只有
一个头，头发
披散。我问她，
“你是谁？”她答
道：“那你又是谁？你为什么想知道关于我的事？不
过，既然我已经被绑到你的面前，我会回答你
的问题，但你必须先去洗净你的双手，然
后再重新坐在你的审判席上问我，
那时，我的王，我就会让你知
道我是谁。”我所罗门按照她
说的去做了，因为我的智慧告诉
我，我应该压　　抑自己，听她
说完她的　　　　法术，以便
将它们　　　　　　的危害
告　　　　　　　　　知

世
人。
我重新
落座，开
始问那魔鬼：
“你是谁？”她
说：“人类称我为奥
碧诅，夜里我满世界的游荡，从不睡觉，我到处寻找
分娩中的女人。我算好时辰，如果我运气够好
的话，我就能扼死那新生儿。如果失败
了，我就会到别处去碰运气，任何
一夜我都不会空手而归。我是
一个狂暴的魔鬼，我有无数个
名字，无数种形态。我到处游
荡，我总是向西游荡。现在，
虽然你用上帝的指环
封印了我，但
你得

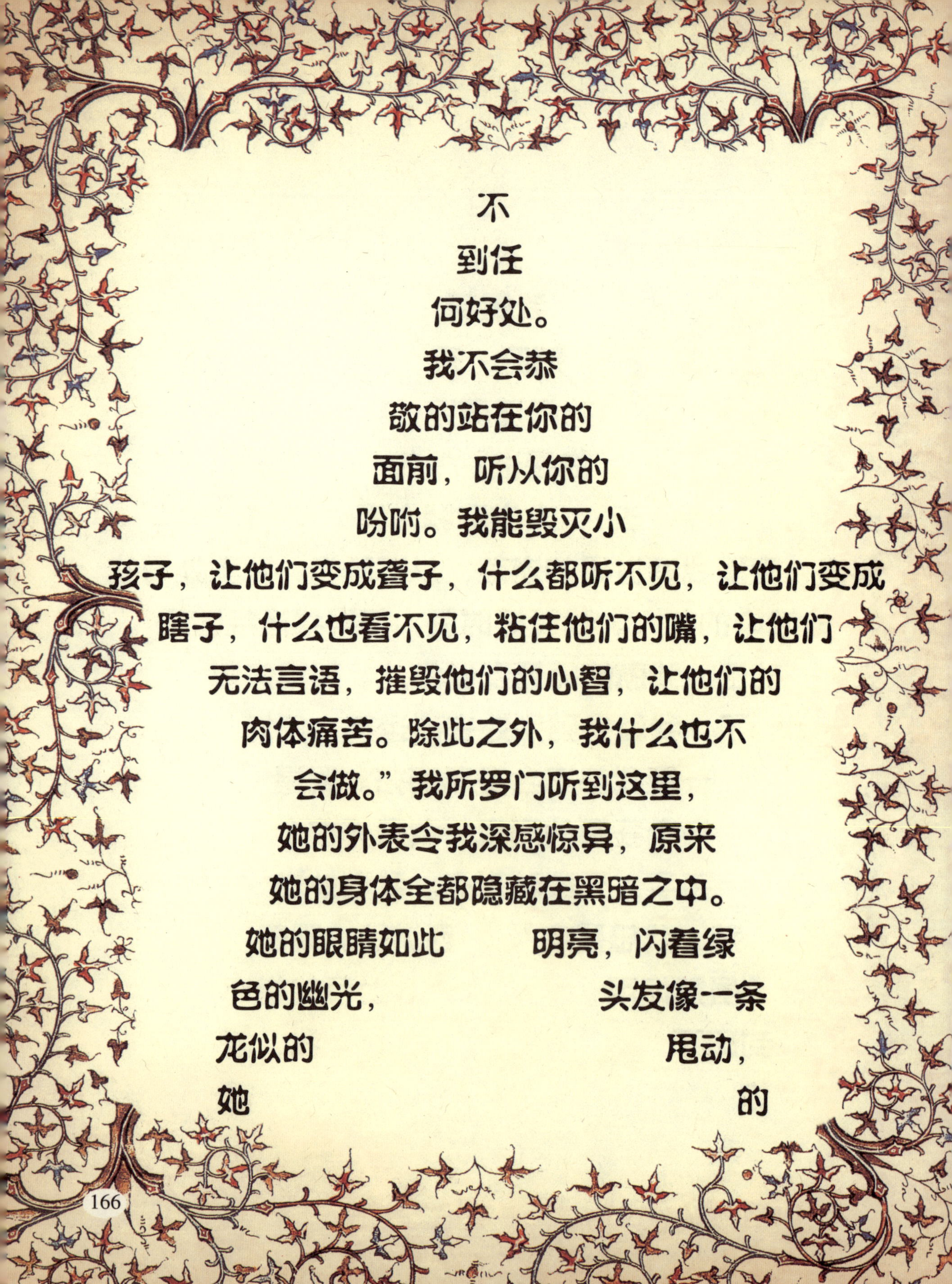
不到任何好处。我不会恭敬的站在你的面前，听从你的吩咐。我能毁灭小孩子，让他们变成聋子，什么都听不见，让他们变成瞎子，什么也看不见，粘住他们的嘴，让他们无法言语，摧毁他们的心智，让他们的肉体痛苦。除此之外，我什么也不会做。”我所罗门听到这里，她的外表令我深感惊异，原来她的身体全都隐藏在黑暗之中。她的眼睛如此明亮，闪着绿色的幽光，头发像一条龙似的甩动，她的

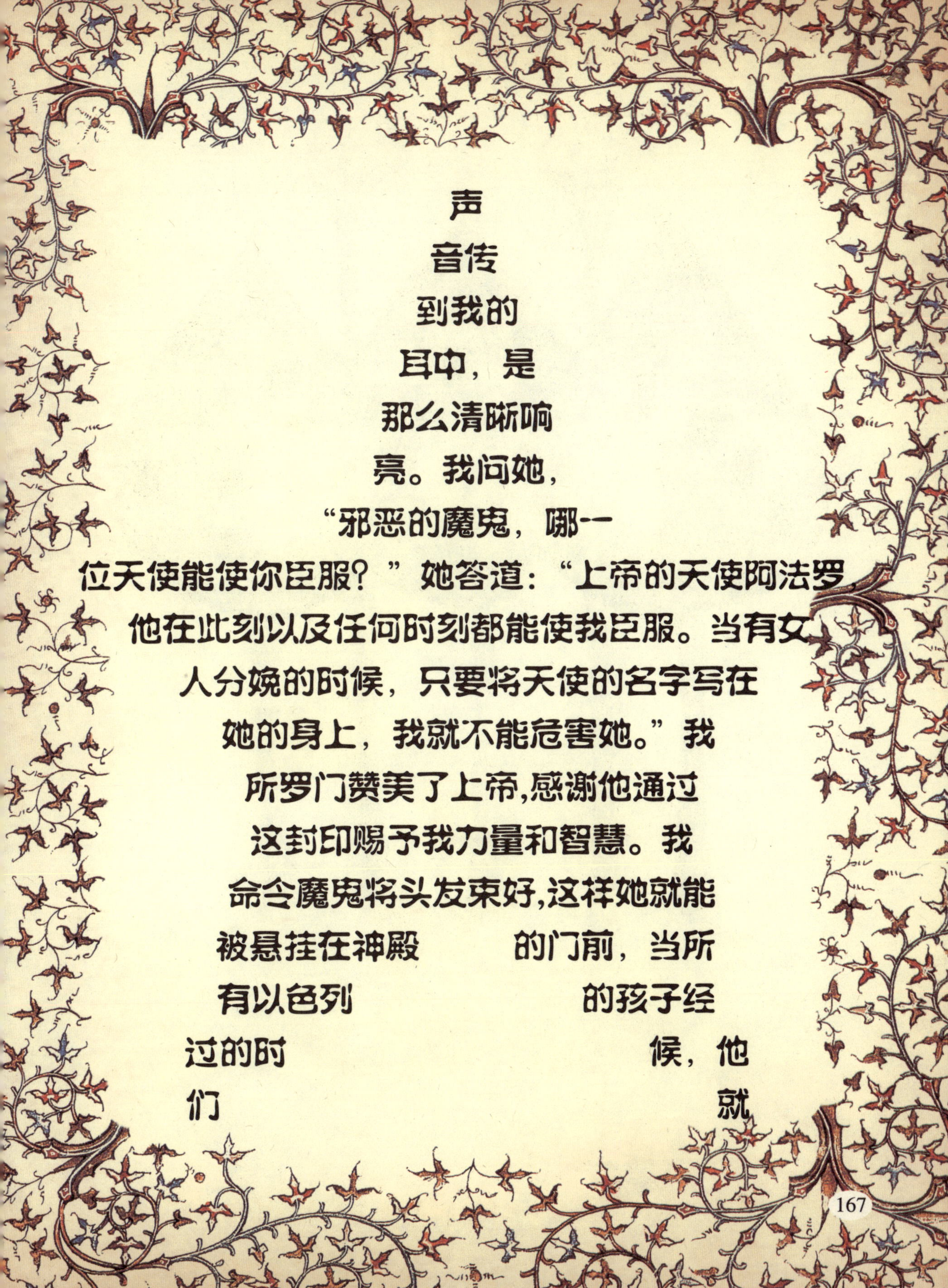

声音传到我的耳中，是那么清晰响亮。我问她，“邪恶的魔鬼，哪一位天使能使你臣服？”她答道：“上帝的天使阿法罗，他在此刻以及任何时刻都能使我臣服。当有女人分娩的时候，只要将天使的名字写在她的身上，我就不能危害她。”我所罗门赞美了上帝,感谢他通过这封印赐予我力量和智慧。我命令魔鬼将头发束好,这样她就能被悬挂在神殿的门前，当所有以色列的孩子经过的时候，他们就

BOOK XII
爱的女巫卷

当威尼斯学院的信徒在罗马城接受罪恶的“订单”，按照他们的信条“旅途越长，目标人物越显赫，施毒者艰辛的劳动就应该得到更高的回报”与委托人讨价还价的时候，“波西米的马克B” Marc B de Boheme却在帮助女人们赢得爱情。

这位与李古奇生活在同一时代的“被选中者”，住在罗马的密林里，沿着幽深的树林小径就能到达。她原有一个女性的名字，安妮Ane。在信使志里，她又被称为“亲爱的女巫”。据信使的记录，马克B有着出奇丑陋的面容和佝偻的身躯，世界上却没有人比她更精通“爱”的艺术。根据信使的描述，我们能够幻想出一位住在林中小屋的孤独老妇人在雾气萦绕的屋子里度过她全部的人生。她终日守着一口煎煮着“爱情药剂”的铜锅。沸腾的锅里是她眼中永恒的真理，“爱情是制造的”。

而实际上，马克B的屋子并不那么清冷，渴望忠贞爱情的罗马贵妇们悄悄来到这里寻求爱的帮助，很快这里就成为她们秘密聚会的中心。在马克B这里，她们相互交流关于“爱”的幸福和伤痛。这些女人怀着不同的心境来到。有人因为得不到心中所爱慕的人而苦恼，有人希望得到一个丈夫，而有的女人则希望厄运降临在丈夫的情人身上。对于前两者，马克B把她的爱药装在雕有圣人像的小瓶中，赠送给她们。而对于后者，马克B帮助她们召唤恶灵进入那可恨情人的子宫，那

样她们将生出畸形的婴儿。

对于所有来寻找爱的人，马克 B 只有一个问题要问：

【问问自己，你爱他的身体，还是他的心？】

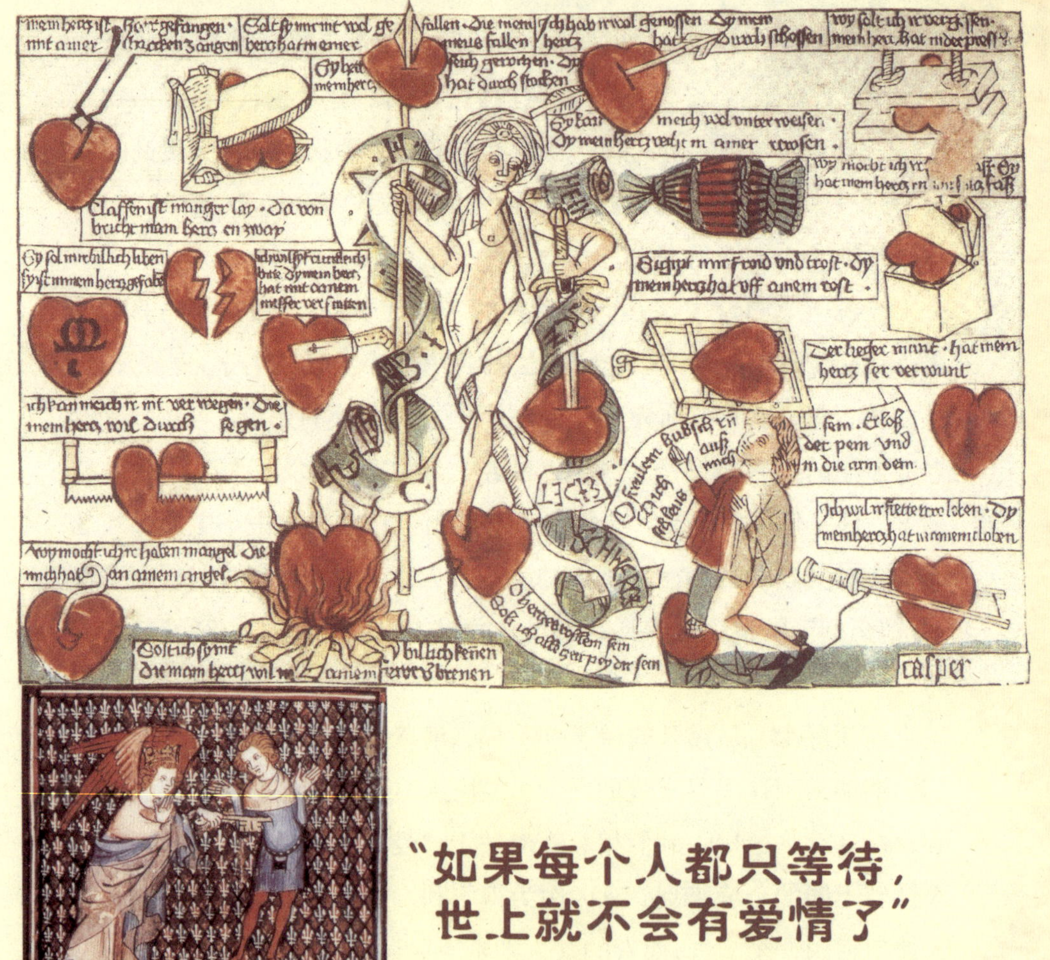

“如果每个人都只等待，
世上就不会有爱情了”

信使志里，记录了马克 B 的许多爱情配方，据说这些配方十分灵验，能燃起人强烈的爱欲。

【将3片罗勒的叶子放在一个陶罐下面，六天之后就会从那里生出小蝎子，晒干这蝎子，碾碎成粉末，悄悄放入心上人的茶里让他喝下，你就能赢得他的爱。】

【找到一个有九粒饱满豌豆的绿色豌豆夹，和金盏花、牛至嫩枝、百里香、苦艾一起在火上烤干，碾成精细的粉末后加入一点处女血和醋，在小火上慢慢煨煮。上床睡觉前将这种药膏涂抹在身上，并三次念诵“上帝，请对我仁慈，让我在梦中见到我的真爱”，未来的爱人将出现在你的梦中。】

【用一只鸽子的心脏、一只麻雀的肝、一只燕子的卵、一只野兔的肾，把它们碾成精细的粉末，加入制造者自己等量的鲜血，干燥后碾成粉，给心中爱慕的人喝下就能深深吸引对方。】

【在圣约翰节前夜采集一棵曼陀罗的根，挤碎一个桔子，在一个小纸片上写“SHEVA”，把这三样东西放入葡萄酒中，给心上人喝下，并在心中默念“来吧，我的爱，不要害怕”，你将得到对方的爱。】

【让你爱的人看着你的眼睛，此时对他说“kafe，kasita non kafela et publia filii omnibus suis”，之后他就会迷上你。】

【用马鞭草摩擦你的双手，然后触摸你爱的人，很快你就能得到他的爱。】

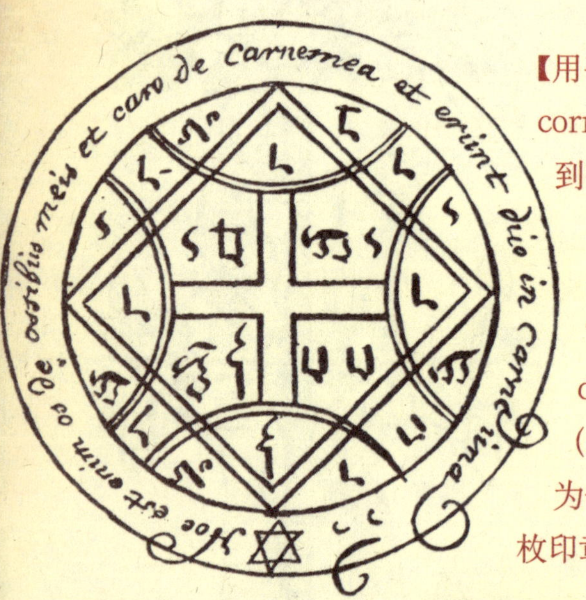

【用手触摸心上人的手，对他说，“Bestarberto corrumpit viscera ejus mulieris”，你就能得到他的爱。】

【制造一枚银质印章，在上面刻下“Hoc est enim os de ossibus meis et caro de carnemea，et erunt duo in carne una（这骨取自我骨，这肉取自我肉，它们将成为一体）”，与你爱的人相见时，只要佩戴这枚印章，就能得到他的爱。这方法十分灵验。】

伊甸，伊甸

这是马克B描绘的伊甸景象：

生命之树长在伊甸园的中心，那是一棵巨大的单干树，它是创始之物。树叶微毒，吃下会让人产生美妙的幻觉。树冠像一个鸟窝，赤裸的男女在里面欢乐的栖息。

环绕生命之树，这永在之地上，处处生长着催人情欲的迷药。

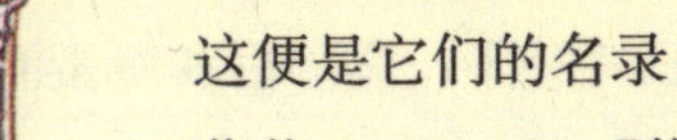

这便是它们的名录：

芫荽 Coriander【能治疗腹绞痛、肌肉麻痹、失眠症和瘟疫，增强记忆力，能抑制男人过度的淫欲。】

帕里斯草 Herb Paris【开白绿色花，有难闻的气味，结紫黑色浆果。叶和浆果都有毒。大剂量食用会导致恶心呕吐和眩晕，使人精神狂乱。它可以增强男人性欲。】

韭葱 leek【除了用作催情药外，还能治疗烧伤和水肿。】

菊苣 chicory【马克B说，在身上涂抹了菊苣油的人，更容易使他人迷恋。】

丁香 clove【可以使人远离瘟疫。】

大蒜 garlic【和芫荽、未兑水的葡萄酒一起服下，可以催发情欲。】

姜 ginger【能使人永不衰老。】

月桂 laurel【能使人免于闪电、魔鬼和瘟疫的侵害。】

拉维纪草 lovage【在门前种植这种草，能够阻止瘟疫和蛇虫的进入。还能够治疗胃痛。】

金盏花 marigold 【能治疗蛇虫的咬伤。】

薄荷 mint 【有解酒的功效，还可以治疗咳嗽和胃痛，使人远离邪恶的力量。】

芥菜 mustard【与薄荷、葡萄酒混合喝下能增强女人情欲。】

肉豆蔻 nutmeg【可以增强男人性力，也是治疗眼疾的良药。】

野生萝卜 radish 【能治疗咳嗽、耳聋和皮肤病，这种植物还能对抗蝎子。马克B说，摩擦过野萝卜种子的手，可以抓住蝎子而不用担心中毒。】

芝麻菜 rocket【用左手采摘三片叶子，捣碎后和蜂蜜酒一起喝下可以催情。】

迷迭香 rosemary【是治疗扭伤、骨折、咳嗽、眩晕、胃痛的良药，把它挂在脖子上就可以远离瘟疫，还能防止仙女偷走婴儿。嗅过迷迭香的人能长久的保持青春。】

番红花 saffron【马克 B 说，它可以对付一切毒。能帮助女人减少分娩的疼痛。还能消除沮丧的情绪。】

鼠尾草 sage 【这是一种万灵药，马克 B 说，只要鼠尾草还长在花园，死神就永远不会敲门。它可以治疗一切疾病。】

南木 southernwood【可以驱逐魔鬼，最强力的解毒剂。对咳嗽有良效。】

缬草 Valerian【这是另一种万灵药，佩戴它的人可以远离不幸。与未兑水的纯葡萄酒一起饮用，可以激起最贞洁女人的情欲。】

女士披风 Ladies Mantle【能使人永葆青春。】

艾菊 Tansy【能够杀灭人肚子里的寄生虫，也能缓解女人的分娩阵痛。】

榅桲 Qince 【果实像苹果又似梨，食之使人振奋，是良好的助消化药。】

葛缕子 Caraway【这种植物能防止恶灵和贼进入家中。也是爱情药剂中非常重要的成分。】

杜松 Juniper 【咀嚼杜松子，和白葡萄酒一起喝下，能够止痛。吸入焚烧杜松的烟可以治疗咳嗽，这烟还能驱逐恶灵，使人远离瘟疫。】

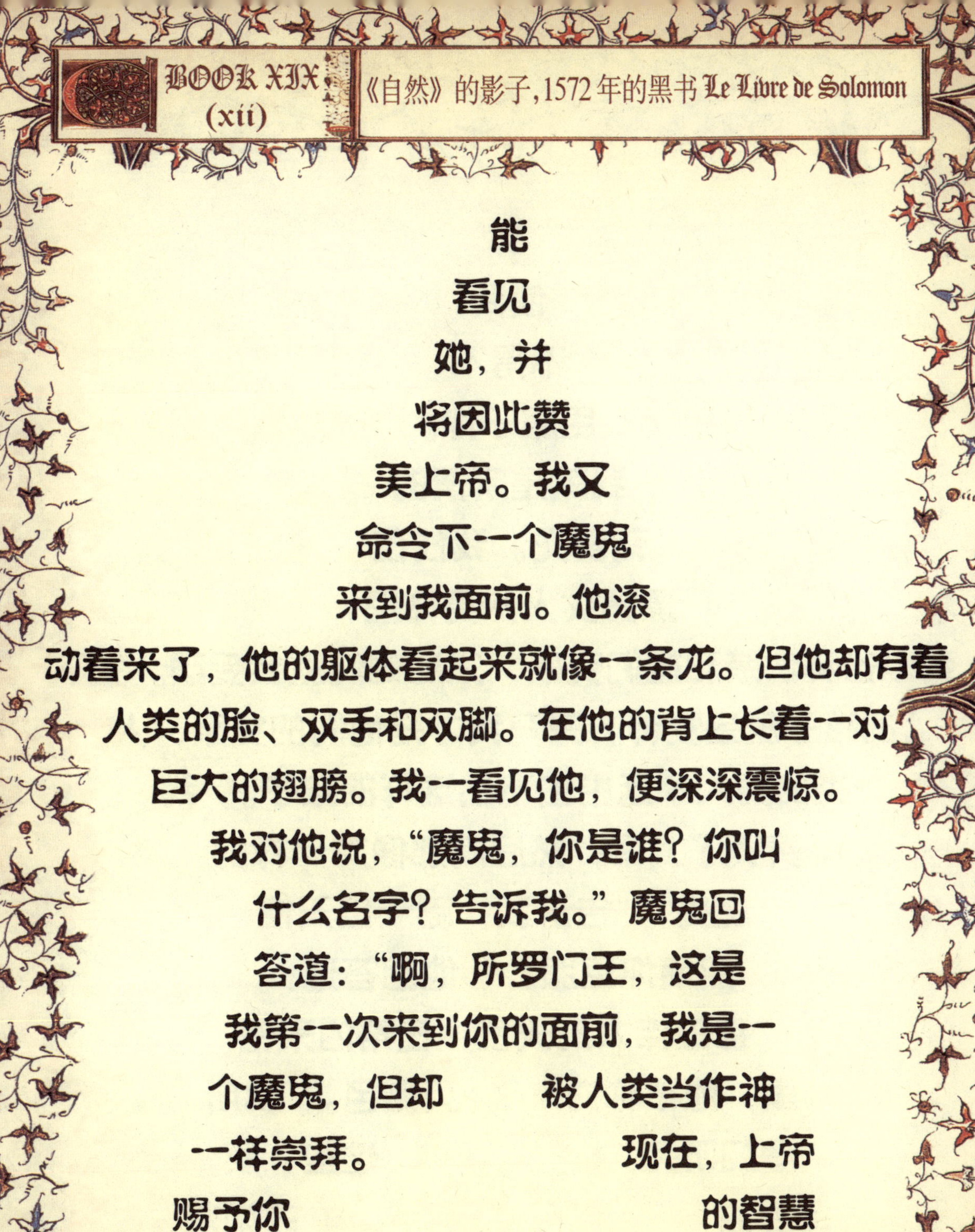

能
看见
她，并
将因此赞
美上帝。我又
命令下一个魔鬼
来到我面前。他滚
动着来了，他的躯体看起来就像一条龙。但他却有着
人类的脸、双手和双脚。在他的背上长着一对
巨大的翅膀。我一看见他，便深深震惊。
我对他说，“魔鬼，你是谁？你叫
什么名字？告诉我。”魔鬼回
答道：“啊，所罗门王，这是
我第一次来到你的面前，我是一
个魔鬼，但却 被人类当作神
一样崇拜。 现在，上帝
赐予你 的智慧
和 指

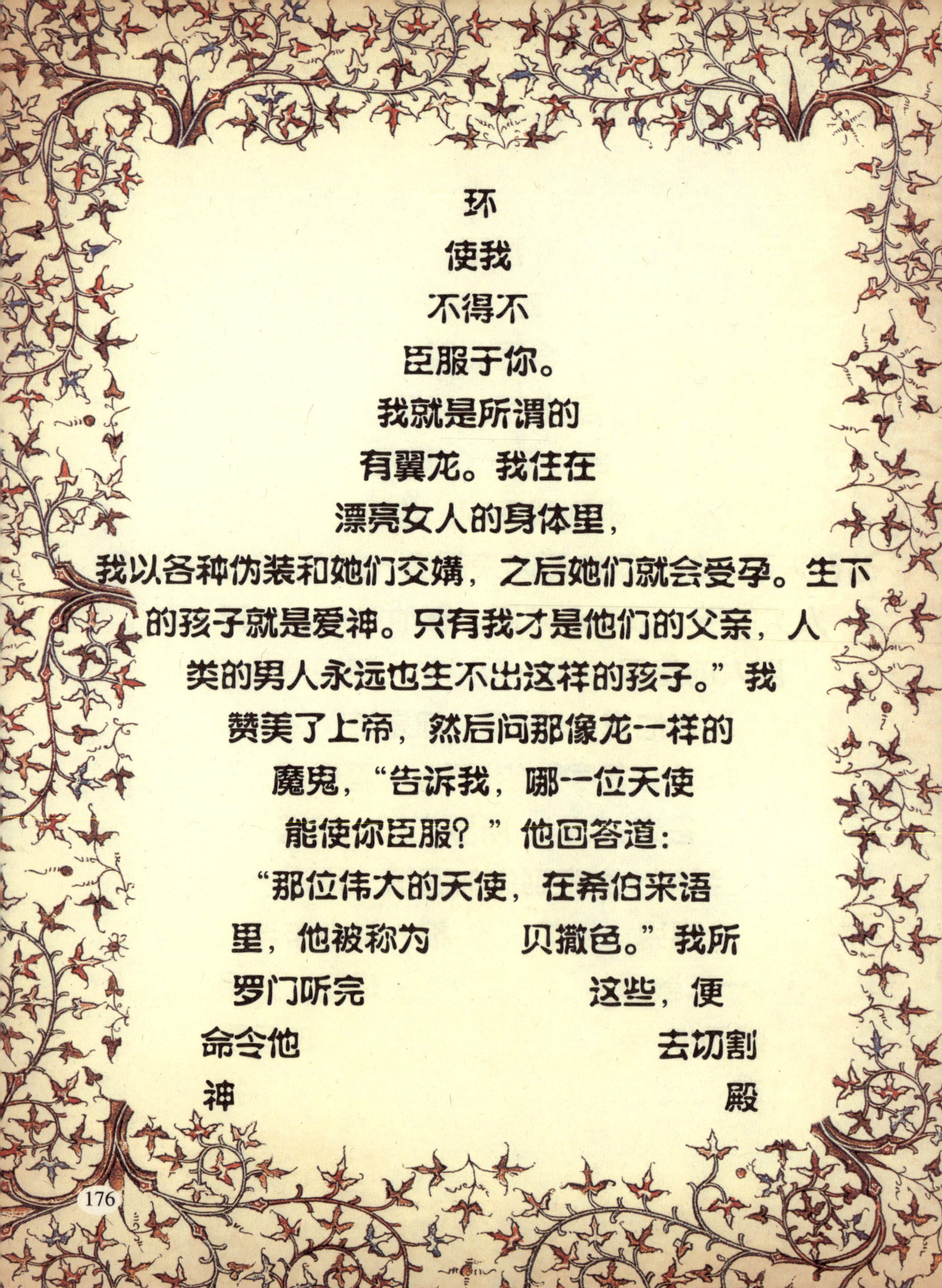

环
使我
不得不
臣服于你。
我就是所谓的
有翼龙。我住在
漂亮女人的身体里，
我以各种伪装和她们交媾，之后她们就会受孕。生下
的孩子就是爱神。只有我才是他们的父亲，人
类的男人永远也生不出这样的孩子。”我
赞美了上帝，然后问那像龙一样的
魔鬼，“告诉我，哪一位天使
能使你臣服？”他回答道：
“那位伟大的天使，在希伯来语
里，他被称为贝撒色。”我所
罗门听完这些，便
命令他去切割
神殿

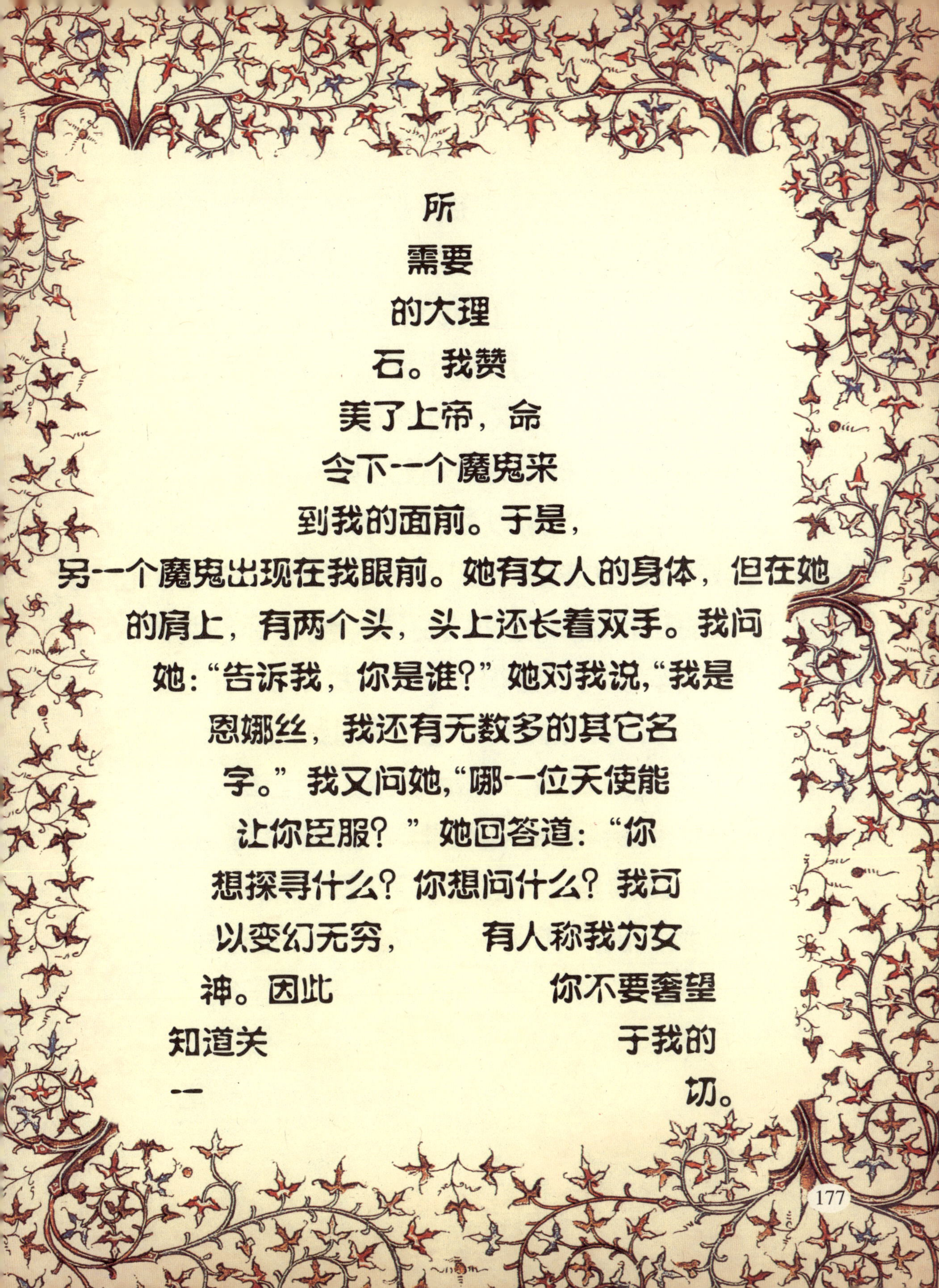

所
需要
的大理
石。我赞
美了上帝，命
令下一个魔鬼来
到我的面前。于是，
另一个魔鬼出现在我眼前。她有女人的身体，但在她
的肩上，有两个头，头上还长着双手。我问
她：“告诉我，你是谁？”她对我说，“我是
恩娜丝，我还有无数多的其它名
字。”我又问她，“哪一位天使能
让你臣服？”她回答道：“你
想探寻什么？你想问什么？我可
以变幻无穷，有人称我为女
神。因此你不要奢望
知道关于我的
一切。

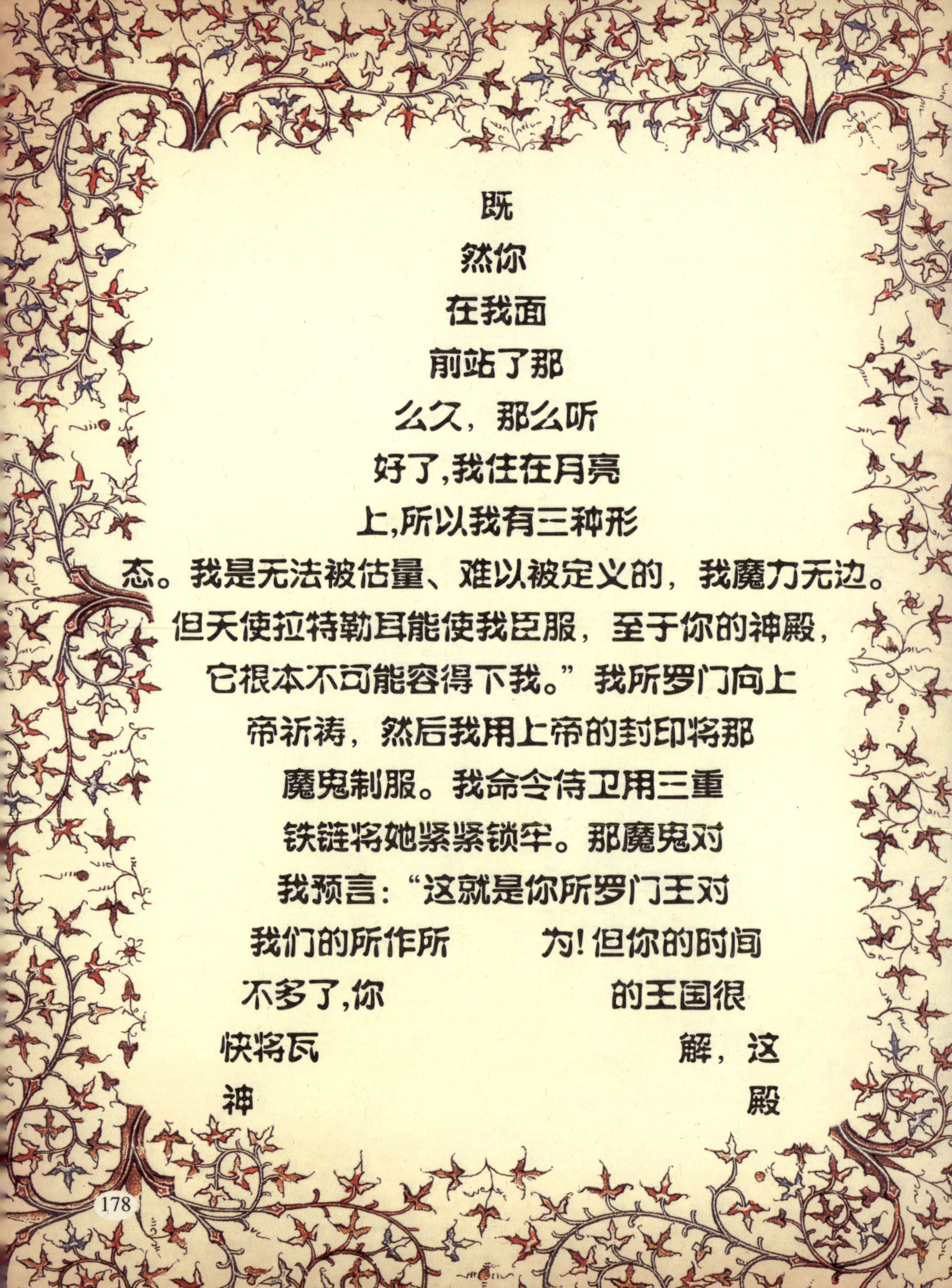

既然你在我面前站了那么久，那么听好了，我住在月亮上，所以我有三种形态。我是无法被估量、难以被定义的，我魔力无边。但天使拉特勒耳能使我臣服，至于你的神殿，它根本不可能容得下我。”我所罗门向上帝祈祷，然后我用上帝的封印将那魔鬼制服。我命令侍卫用三重铁链将她紧紧锁牢。那魔鬼对我预言：“这就是你所罗门王对我们的所作所为！但你的时间不多了，你的王国很快将瓦解，这神殿

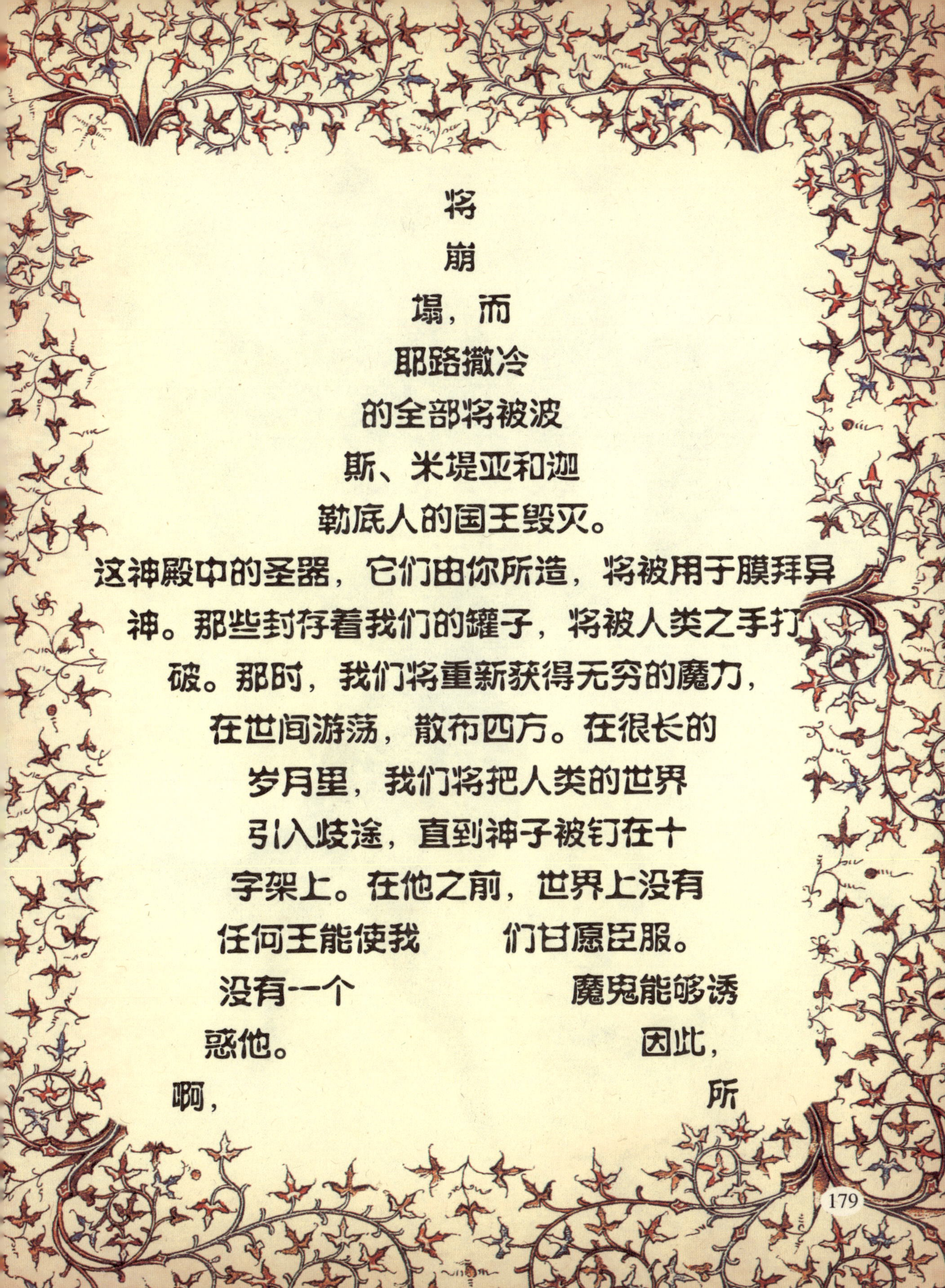

将
崩
塌，而
耶路撒冷
的全部将被波
斯、米堤亚和迦
勒底人的国王毁灭。
这神殿中的圣器，它们由你所造，将被用于膜拜异
神。那些封存着我们的罐子，将被人类之手打
破。那时，我们将重新获得无穷的魔力，
在世间游荡，散布四方。在很长的
岁月里，我们将把人类的世界
引入歧途，直到神子被钉在十
字架上。在他之前，世界上没有
任何王能使我　　们甘愿臣服。
没有一个　　　　　　魔鬼能够诱
惑他。　　　　　　　　　因此，
啊，　　　　　　　　　　　所

BOOK XIII
险阁下卷

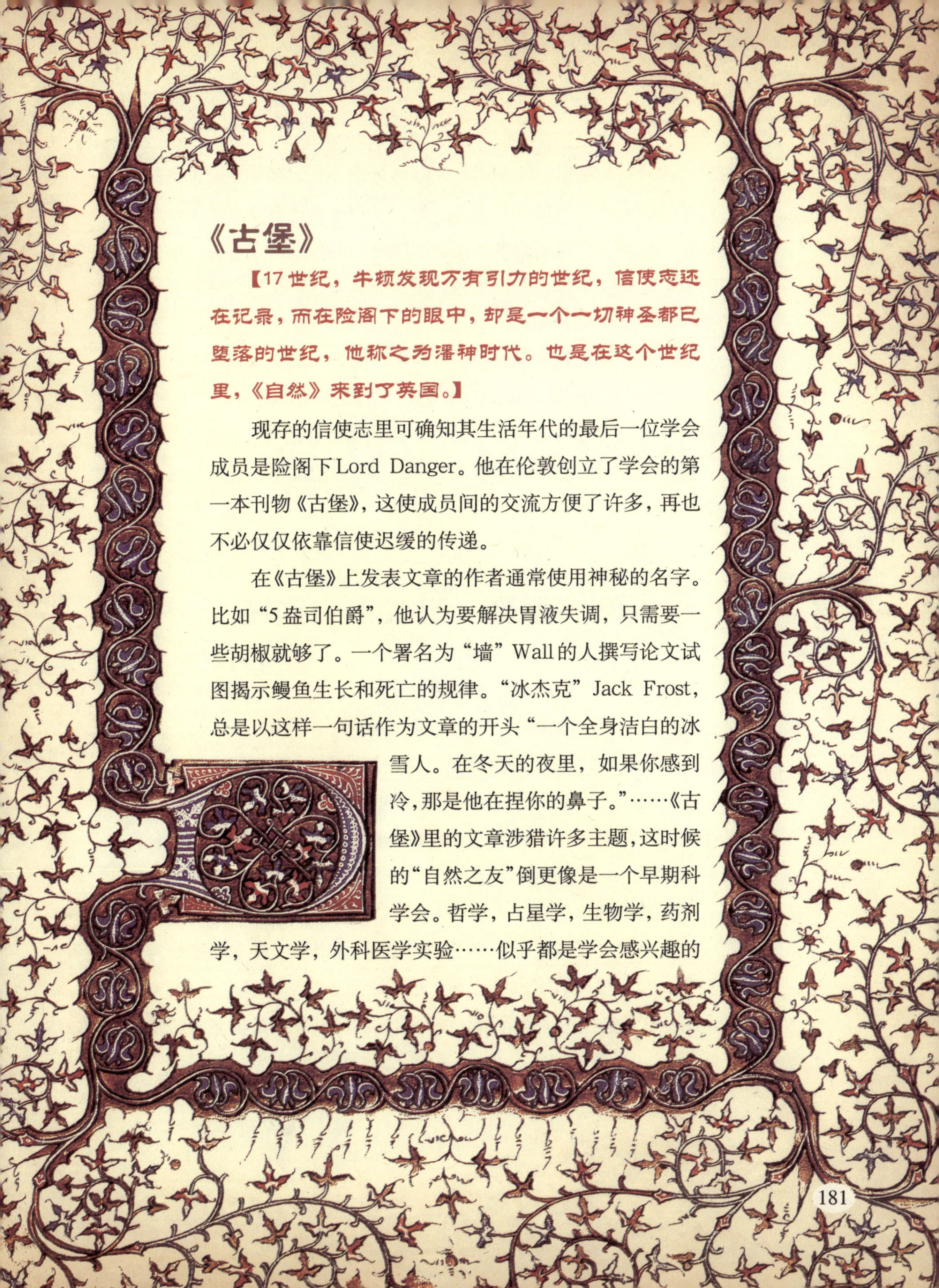

《古堡》

【17世纪，牛顿发现万有引力的世纪，信使志还在记录，而在险阁下的眼中，却是一个一切神圣都已堕落的世纪，他称之为渎神时代。也是在这个世纪里，《自然》来到了英国。】

现存的信使志里可确知其生活年代的最后一位学会成员是险阁下Lord Danger。他在伦敦创立了学会的第一本刊物《古堡》，这使成员间的交流方便了许多，再也不必仅仅依靠信使迟缓的传递。

在《古堡》上发表文章的作者通常使用神秘的名字。比如“5盎司伯爵”，他认为要解决胃液失调，只需要一些胡椒就够了。一个署名为“墙”Wall的人撰写论文试图揭示鳗鱼生长和死亡的规律。“冰杰克”Jack Frost，总是以这样一句话作为文章的开头“一个全身洁白的冰雪人。在冬天的夜里，如果你感到冷，那是他在捏你的鼻子。”……《古堡》里的文章涉猎许多主题，这时候的“自然之友”倒更像是一个早期科学会。哲学，占星学，生物学，药剂学，天文学，外科医学实验……似乎都是学会感兴趣的领域。在这些文章里，甚至还有许多与烹饪有关，那些发明了美味或古怪菜肴的人饶有兴趣的和大家分享。《古堡》里还有许多关于炼金术的讨论。这是一个显见的事实，在险阁下的时代，对于永生，学会更多的把希望寄托于炼金术而不再是草药学。火与矿物和金属得到更多的重视。

1665年大瘟疫在伦敦流行，50万人口的城市就死了近7万人。“瘟疫十分悲惨，人们已来不及掩埋死者”（信使语）。1666年伦敦大火the Great Fire of London之后，险阁下回到了他在约克郡的庄园。

继续《古堡》的刊印之余，他开始写作自己的书。此时他已十分苍老。

潘哥·斑二世和玫瑰

险阁下曾写下许多关于甘草根的文章，比如“论甘草根在伟大艺术（指炼金术）中的作用”、“论甘草根的灵性”、“论甘草根与特殊的致幻药物”等。使人猜想甘草在他所居住的地方一定是很常见的植物。险庄园邻近有一个种子交易市场。人们可以在那里买到韭葱、芥菜、卷心菜和洋葱的种子，流动种子商们牵着他们的驮马在其间穿梭，互相交换着信息。有些种子商从远东和印度带来苦橙，说是传说中的金苹果。那里是险阁下最喜欢去的地方。

庄园里只有三位成员，险阁下，他的一个仆人，还有就是他养的一只猫，那只猫的名字也被记录在信使志里，潘哥·斑二世Pangur Ban II。在荒凉的英国约克郡，如此安静的庄园应该是灵异事情发生的最佳场所。一个深夜，前去拜访的信使曾有这样的记录，他看见一个穿裙子的老妇人坐在庄园围墙上晃荡着腿，诡异的望着他笑。

险阁下的庄园里生长着很多野生种玫瑰，6月时节花已在墙上和篱笆上蔓延盛开，花朵细小，气味芬芳。险阁下用它们来制作玫瑰蜂蜜酒，玫瑰油，好吃的玫瑰酱和玫瑰糖。庄园不大，但也有一个小的草药园。草药园的四周围着树篱，园子的中央放着一个书桌，有时候险阁下会在那里阅读，思索星的奥秘。

在险庄园，险阁下完成了他的第一部也是惟一的著作《草药书，又名占星药学》*Herball, or the Astrologie of Medicines*。

星的医学

在《草药书，又名占星药学》里，险阁下努力使占星术与医学相协调一致，并发展出独特的诊病治疗体系。他的著作全面阐述了占星学理论，并提供了诊病用的全部占星术系统。

险阁下认为，人体的各部位、各种疾病和草药都有其特定的主导星，主导星支配并深深影响着它们，使之呈现出不同的热 warm、干 dry、冷 cold、湿 moist 性质。

当人体生病时，治疗应该遵循4个基本的步骤。

【先确定哪一星体与该疾病有关，即疾病的星属性。】

【再确定病灶在身体的具体部位，一般来说病痛的部位就是病灶所在的地方，尤其要弄明白病灶的位置属于哪一个范畴，

肉、血、骨、还是心脏。】

【然后使用与疾病和病灶所在身体部位的星属性完全相反的药物。比如木星属性的疾病要用水星属性的草药来治疗，而火星属性的疾病则应该用金星属性的草药来医治。】

【若病灶位于已经变得虚弱的身体部位，则需要使用与该部位星属性近似的药物来治疗。】

《草药书，又名占星药学》是一部写给普通大众的医学书。这也是险阁下写作此书的原因。他试图将草药学从医疗行会的垄断中解放出来，变成一个简单、易于理解和实践的学问，任何人都可以轻松掌握，并用这些知识来自我治疗。医学不再是神秘的。险阁下在书中使用英文常用名而不是拉丁名字来指称草药，目的是为了更方便普通大众阅读。他主张用当地生长的草药代替昂贵的进口草药。这样，即使贫穷的人也可以不用花钱而从自家附近的田野采摘到所需的药。在书中，险阁下还详细列出了各种草药的最佳采摘时间和方法。由于草药对阳光和黑夜如此敏感，因此必须在合适的时候采集才能排除恶灵的干扰，保持最好的药效。《草药书，又名占星药学》一书除了教授如何对抗疾病，也记载了应付巫咒、淫欲和忧郁的方法。

“英格兰的冬天如此难过，我感觉身体很虚弱。”这是险阁下对信使的最后一次谈话。

天上的星，地上的星

【“要从内心理解医学，医生应该懂得如何在天空中的星与草药中的星之间建立联系。药物应该在星的指引下制成，并成为星。天空中的星使我们生病和死亡，也能使我们健康，所以医生应该在星光的指引下理解医学，天上的星和地上的星。没有星的指引，药物就不可能发生作用。”——险阁下 】

【与太阳同一属性的草药】

Angelica 当归
Ash tree 白蜡树
Burnet 地榆
Centaury 翼枝美苦草
Eyebright 小米草
Lovage 拉维纪草
Marigolds 金盏花
Peony 芍药
St. Johns wort 圣约翰草
St. Peters wort 圣彼得草
Pimpernel 海绿
Rosemary 迷迭香
Rue 芸香
Saffron 番红花
Tormentil 直立委陵菜
Turnsole 向阳花
Vipers Bugloss 蓝蓟
Walnut tree 胡桃树

【与月亮同一属性的草药】

Adders Tongue 赤莲
Cabbages 甘蓝
Coleworts 芸苔
Columbines 耧斗菜
Watercresses 水田芥
Ivy 常春藤
Water Lilies 睡莲
Loosestrife 千屈菜
Moonwort 月草
Mousear 卷耳
Orpine 景天
Poppies 罂粟
Purslane 马齿苋
Privet 女贞
Rattle grass 响尾草
White Roses 白玫瑰
White Saxifrage 白虎耳草
Burnet Saxifrage 地榆虎耳草
Gilliflowers 康乃馨
Willow tree 柳树

【与水星同一属性的草药】

Mountain Mint 山薄荷
Carrots 胡萝卜
Caraway 葛缕子
Dill 莳萝
Fennel 茴香
Hogs Fennel 前胡
Germander 石蚕
Hazelnut tree 榛树
Horehound 欧夏至草
Lavender 熏衣草
Liquorice 甘草
Maidenhair tree 银杏
Marjoram 墨角兰
Melilot 草木犀
Moneywort 珍珠菜
Mulberry tree 桑树
Oats 燕麦
Parsley 欧芹
Cow Parsnep 白芷
Pellitory of the Wall 药用墙草
Summer Savory 夏香薄荷
Scabious 山萝卜
Smallage 野芹菜
Trefoil 三叶草
Valerian 缬草
Woodbine 欧洲忍冬

【与金星同一属性的草药】

Ground Ivy 欧亚活血丹
Black Alder tree 灰桤木
Alter Tree 桤木
Apple Tree 苹果树
Dead Nettles 荨麻
Beans 蚕豆
Bedstraw 蓬子菜
Birch tree 桦树
Bishops Weed 主教草
Bugle 筋骨草
Burdock 牛蒡
Cherry tree 樱桃树
Chickweed 繁缕
Coltsfoot 款冬
Cowslips 药用樱草
Daisies 雏菊
Elder 接骨木
Figwort 玄参
Foxgloves 毛地黄
Gromwell 紫草
Groundsel 千里光
Herb Robert 罗伯特草
Herb Truelove 真爱草
Kidneywort 肾草
Ladies Mantle 女士披风
Mallows 锦葵
Mercury 山靛
Mints 薄荷
Motherwort 母亲草
Mugwort 艾蒿
Catmint 猫薄荷
Parsnip 欧洲防风
Peach tree 桃树
Pear tree 梨树
Plum tree 李树
Primroses 欧洲樱草
Ragwort 狗舌草
Rocket 芝麻菜
Damask Roses 大马士革玫瑰
Sanicle 变豆菜
Selfheal 夏枯草
Sorrel 酢浆草
Strawberries 草莓
Garden Tansy 金艾菊
Silver weed 银草
Vervain 马鞭草
Vine 葡萄
Violets 紫罗兰
Wheat 小麦
Yarrow 欧蓍草

【与火星同一属性的草药】

Barberry 小檗
Bramble 黑刺莓
Briony 泻根
Broom 金雀花
Broomrape 列当
Crowfoot 毛茛
Cuckoopint 斑叶阿若母
Cranesbill 老鹳草
Cotton Thistle 棉蓟
Flaxweed 亚麻籽
Garlic 大蒜
Hawthorn 山楂
Mustard 芥菜
Onions 洋葱
Radish 野生萝卜
Thistles 大鳍蓟
Star thistle 矢车菊
Tobacco 烟草

Wild Campions 野生麦瓶草
Pilewort 欧洲毛艮
Goosegrass 蟋蟀草
Comfrey 聚合草
Cudweed 鼠曲草
Cress 独行菜
Crosswort 十字草
Darnel 黑麦草
Dodder 菟丝子
Elm tree 榆树
Fleawort 桂根旋复花
Fumitory 蓝堇
Wintergreen 冬青
Hemlock 芹叶钩吻
Hemp 大麻
Henbane 天仙子
Horsetail 杉叶藻
Knapweed 黑矢车菊
Knotgrass 两耳草
Medlar tree 欧楂树
Moss 地衣
Mullein 毛蕊花
Nightshade 颠茄
Polypodium 水龙骨
Poplar tree 杨树
Quince tree 榅桲树
Rupturewort 裂草
Rush 灯芯草
Solomons Seal 黄精
Service tree 花楸果
Spleenwort 铁角蕨
Tamarisk 怪柳
Melancholly Thistle 忧郁蓟
Blackthorn 黑刺李
Woad 菘蓝
Weld 淡黄木犀草
Wormwood 苦艾

【与木星同一属性的草药】

Agrimony 龙牙草
Alexanders 亚历山大草
Asparagus 龙须菜
Avens 水杨梅
Bay tree 月桂树
White Beets 白甜菜
Bilberries 欧洲越桔
Bugloss 牛舌草
Chervil 欧洲没药
Sweet Cicely 甜香根芹
Costmary 艾菊
Bloodwort 血草
Endive 菊苣
Hartstongue 荷叶蕨
Hyssop 海索草
Housleek 长生草
Liverwort 叶苔
Lungwort 疗肺草
Oak tree 橡树
Red Roses 红玫瑰
Sage 鼠尾草
Scurvy grass 辣根菜
Ladies Thistles 女人蓟

【与土星同一属性的草药】

Barley 大麦
Red Beets 红甜菜
Beech tree 山毛榉
Twayblade 双叶兰
Birdsfoot Violet 鸟足堇菜
Snakeweed 蛇草

罗门王，你统治的时代是短暂而不幸的，你的王国将被你的奴仆窃取。”

我所罗门听完这些，赞美了上帝。虽然我对那魔鬼的话深深震惊，但我却并没有相信它们，直到那预言真的实现。当预言成真，我才开始明白。于是，在死亡带走我以前，我为我的子民写下了这些话，这样他们就能了解这些魔鬼有何魔力，它们会以何种面貌出现，以及能够消除它们邪恶魔法的天使的名字。这些都是后来的事

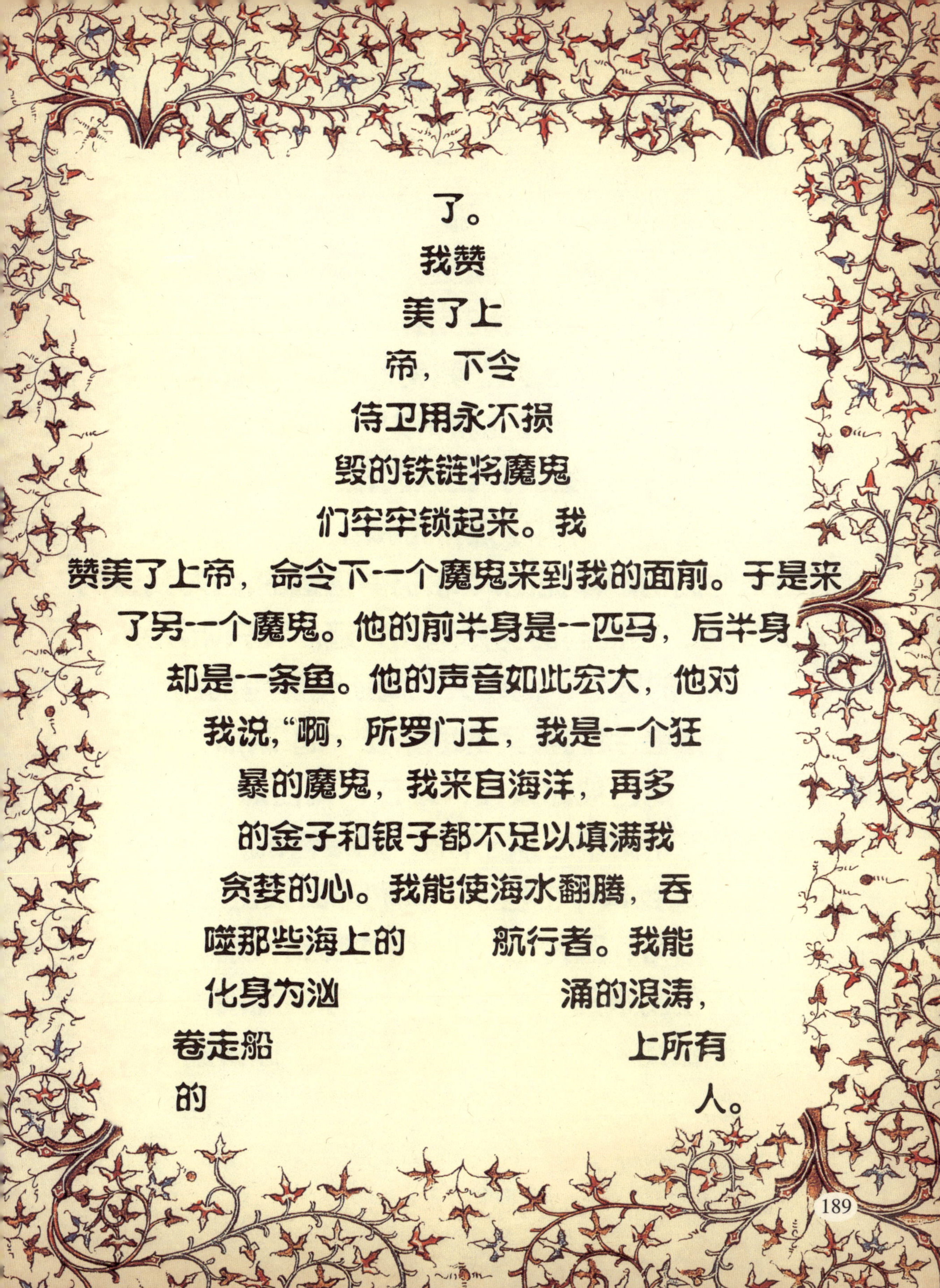

了。我赞美了上帝，下令侍卫用永不损毁的铁链将魔鬼们牢牢锁起来。我赞美了上帝，命令下一个魔鬼来到我的面前。于是来了另一个魔鬼。他的前半身是一匹马，后半身却是一条鱼。他的声音如此宏大，他对我说，"啊，所罗门王，我是一个狂暴的魔鬼，我来自海洋，再多的金子和银子都不足以填满我贪婪的心。我能使海水翻腾，吞噬那些海上的航行者。我能化身为汹涌的浪涛，卷走船上所有的人。

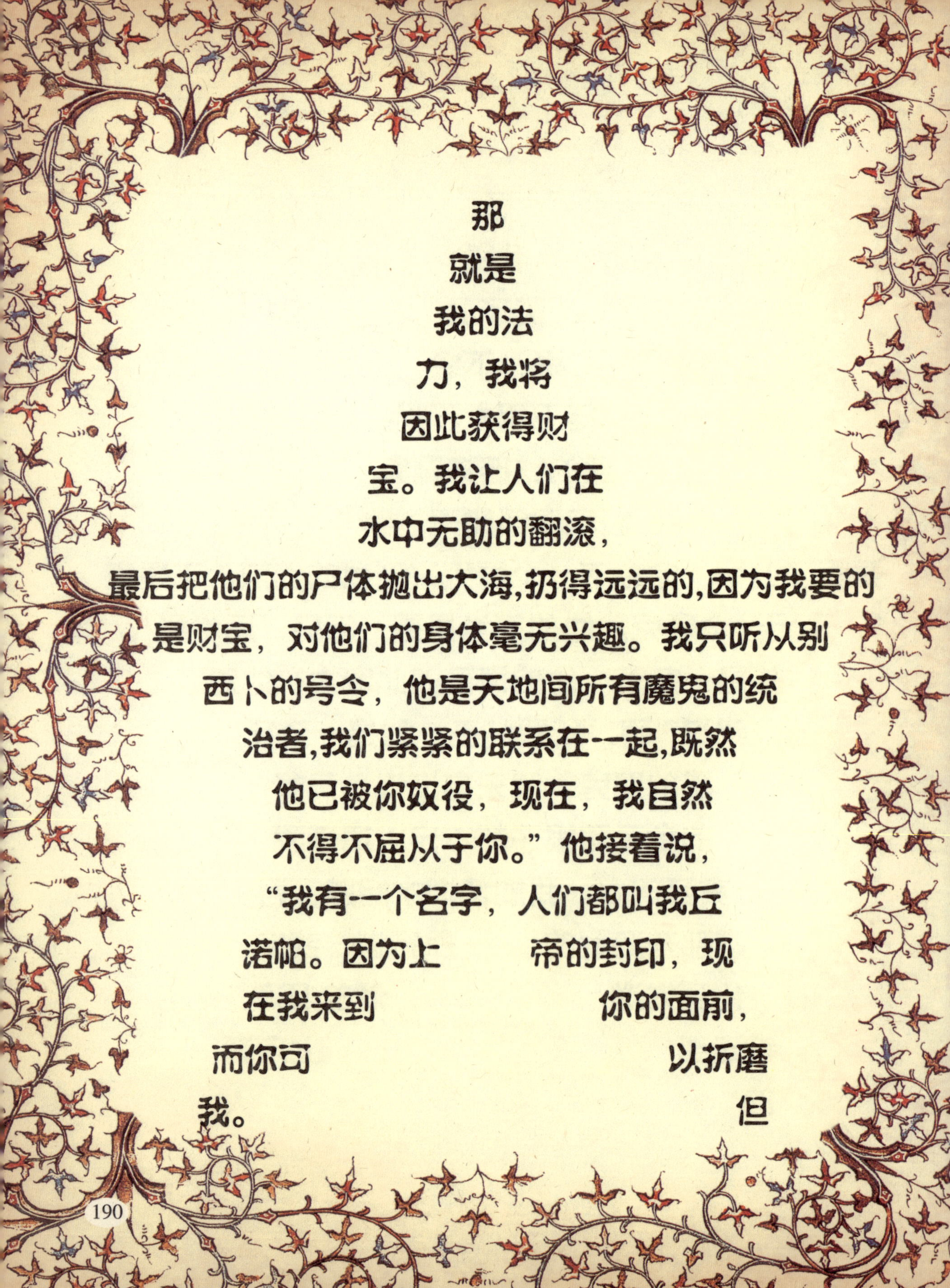

那
就是
我的法
力，我将
因此获得财
宝。我让人们在
水中无助的翻滚，
最后把他们的尸体抛出大海，扔得远远的，因为我要的
是财宝，对他们的身体毫无兴趣。我只听从别
西卜的号令，他是天地间所有魔鬼的统
治者，我们紧紧的联系在一起，既然
他已被你奴役，现在，我自然
不得不屈从于你。”他接着说，
“我有一个名字，人们都叫我丘
诺帕。因为上帝的封印，现
在我来到你的面前，
而你可以折磨
我。但

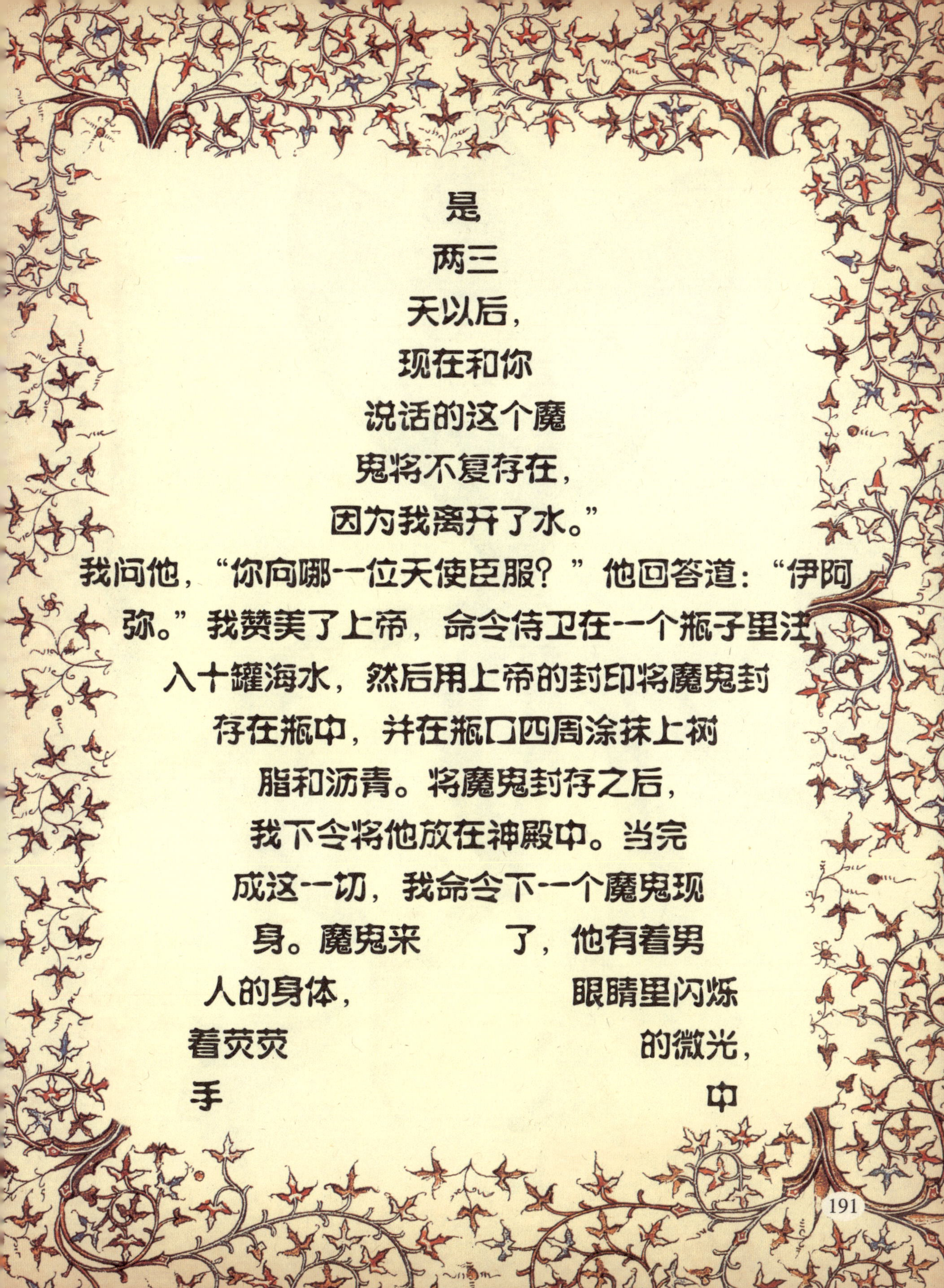

是
两三
天以后，
现在和你
说话的这个魔
鬼将不复存在，
因为我离开了水。”
我问他，“你向哪一位天使臣服？”他回答道：“伊阿弥。”我赞美了上帝，命令侍卫在一个瓶子里注入十罐海水，然后用上帝的封印将魔鬼封存在瓶中，并在瓶口四周涂抹上树脂和沥青。将魔鬼封存之后，我下令将他放在神殿中。当完成这一切，我命令下一个魔鬼现身。魔鬼来了，他有着男人的身体，眼睛里闪烁着荧荧的微光，手中

BOOK XIV
星卷

物质的星属性并非险阁下的创造，这是一套自信使Ollo时代即已确立的看待宇宙的方式。老Grimm谓之星法 The Law of Stars。

人体是宇宙的微缩，遵循同一法则。若得知宇宙的规律，就能了解人体的奥秘，反之亦然，若知悉人体的规律，同样能理解造物的宇宙。整个星的系统投射在人的身体中，对其产生影响，并决定了其性质。

人体的星属性由两大星的系统决定，七大行星和黄道十二星座。而这两大星的系统之间又存在着复杂的关系，人体因此而变得微妙。

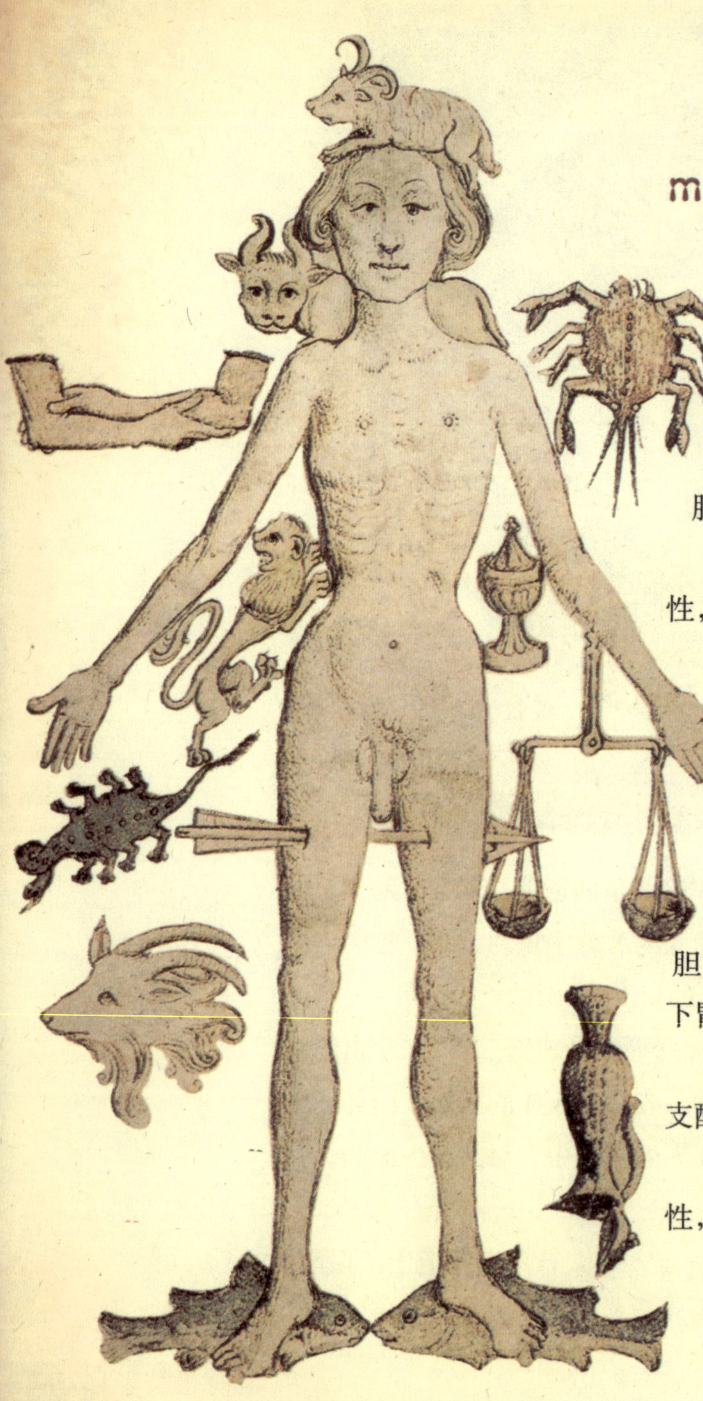

Whoever knows man knows the universe.

白羊座Aries：性质热、干，黄胆汁性，支配人的头部、大脑、眼睛

金牛座Taurus：性质冷、干，黑胆汁性，支配颈部、咽喉、下颌、耳朵

双子座Gemini：性质热、湿。血液性，支配双手和手臂、肩部、手指、肺

巨蟹座Cancer：性质冷、湿，粘液性，支配胸部、双乳、上胃部、肝脏的上部

狮子座Leo：性质热、干，黄胆汁性，支配心脏、脊椎、背

处女座Virgo：性质冷、干，黑胆汁性，支配腹部、肝脏的下部、肋和下胃部

天秤座Libra：性质热、湿，血液性，支配肠、肾和腰部

天蝎座Scorpio：性质冷、湿，粘液性，支配生殖器官、膀胱、尿道和臀部

射手座Sagittarius：性质热、干，黄

胆汁性，支配大腿、髋、骨盆和下肢血管

摩羯座 Capricorn：性质冷、干，黑胆汁性，支配膝盖、皮肤

水瓶座 Aquarius：性质热、湿，血液性，支配小腿、脚踝和小腿血管

双鱼座 Pisces：性质冷、湿，粘液性，支配双脚、脚趾

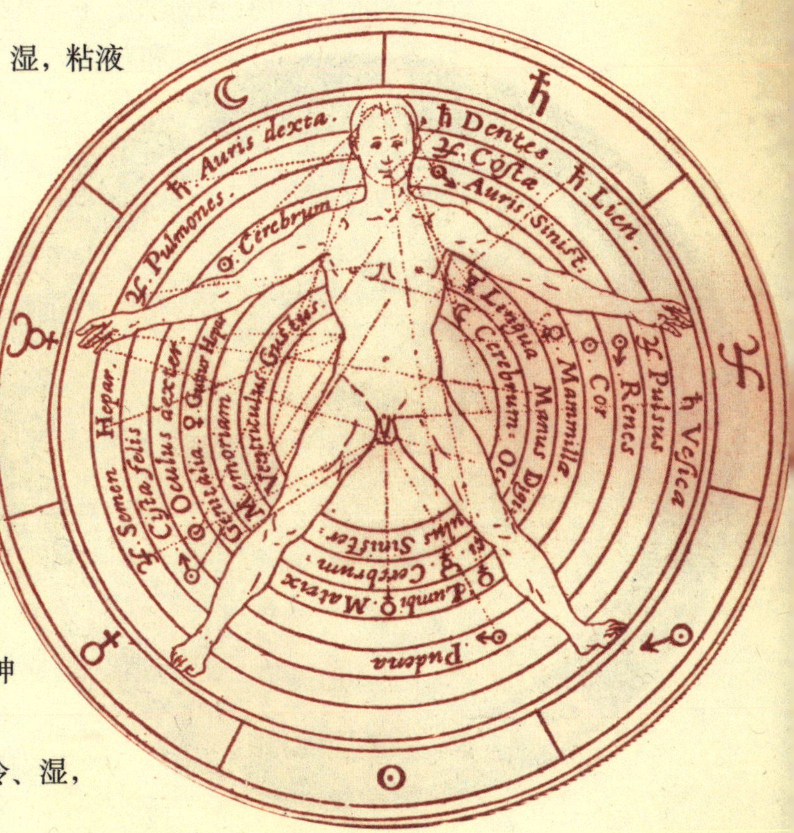

Whoever knows the universe knows man.

太阳 the Sun：性质热、干，黄胆汁性，支配大脑、神经、心脏、右眼

月亮 the Moon：性质冷、湿，粘液性，支配胃、肠、左眼

水星 the Mecury：性质冷、干，黑胆汁性，支配感觉、舌头、手和脚

金星 the Venus：性质冷、湿，粘液性，支配子宫、生殖器官、肾、咽喉、双乳和肝脏

火星 the Mars：性质热、干，黄胆汁性，支配胆、嗅觉、左耳

木星 the Jupiter：性质热、湿，血液性，支配肺、肋、身体两侧、血管

土星 the Saturn：性质冷、干，黑胆汁性，支配膀胱、脾、牙齿和右耳

对太阳有利的星座：狮子座，对太阳不利的星座：水瓶座

对月亮有利的星座：巨蟹座，对月亮不利的星座：摩羯座

对水星有利的星座：双子座、处女座，对水星不利的星座：射手座、双鱼座

对金星有利的星座：金牛座、水瓶座，对金星不利的星座：白羊座、天蝎座

对火星有利的星座：白羊座、天蝎座，对火星不利的星座：天秤座、金牛座

对木星有利的星座：射手座、双鱼座，对木星不利的星座：双子座、处女座

对土星有利的星座：摩羯座、水瓶座，对土星不利的星座：白羊座

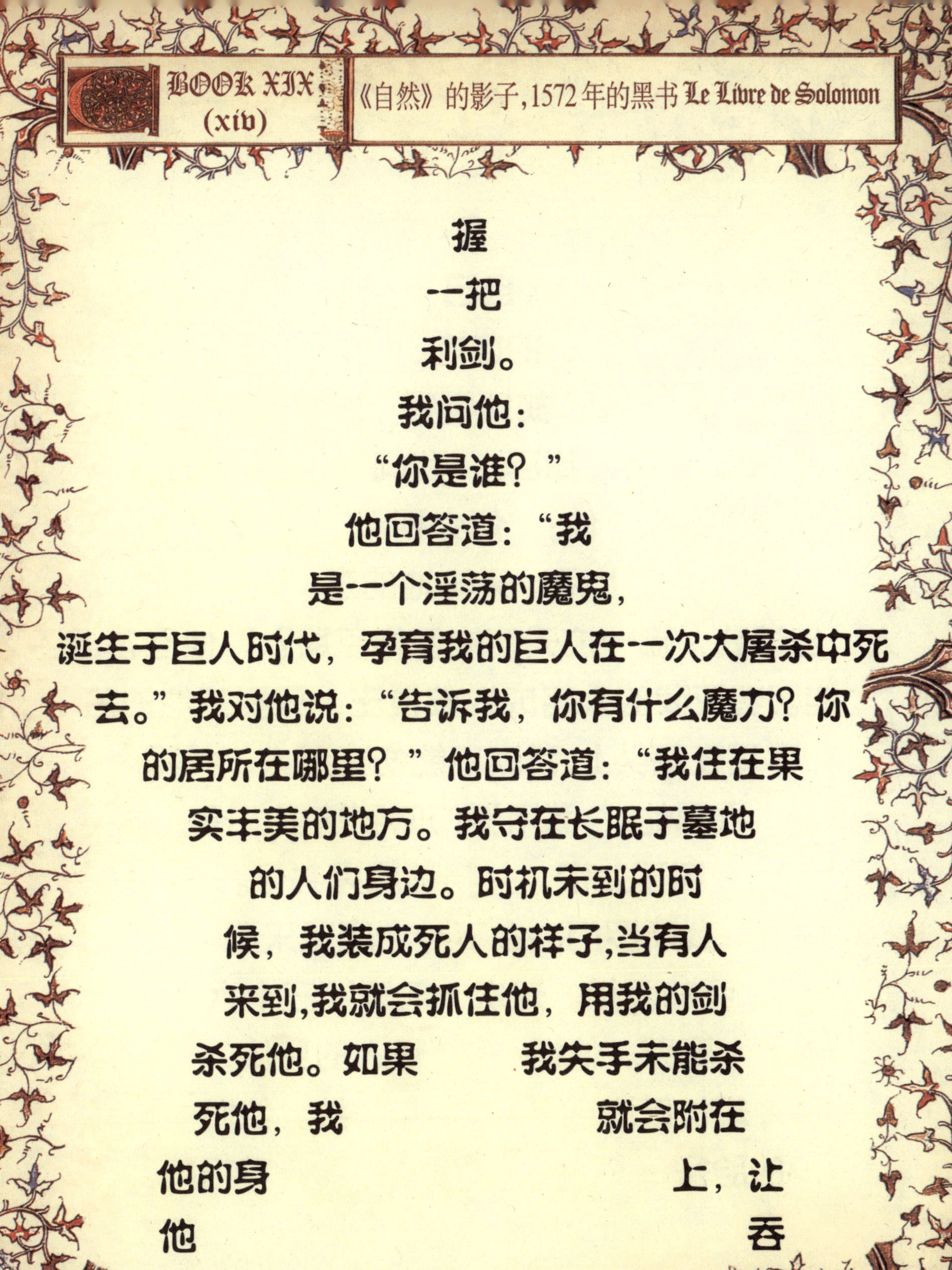

握
一把
利剑。
我问他：
“你是谁？”
他回答道：“我
是一个淫荡的魔鬼，
诞生于巨人时代，孕育我的巨人在一次大屠杀中死
去。”我对他说：“告诉我，你有什么魔力？你
的居所在哪里？”他回答道：“我住在果
实丰美的地方。我守在长眠于墓地
的人们身边。时机未到的时
候，我装成死人的样子，当有人
来到，我就会抓住他，用我的剑
杀死他。如果 我失手未能杀
死他，我 就会附在
他的身 上，让
他 吞

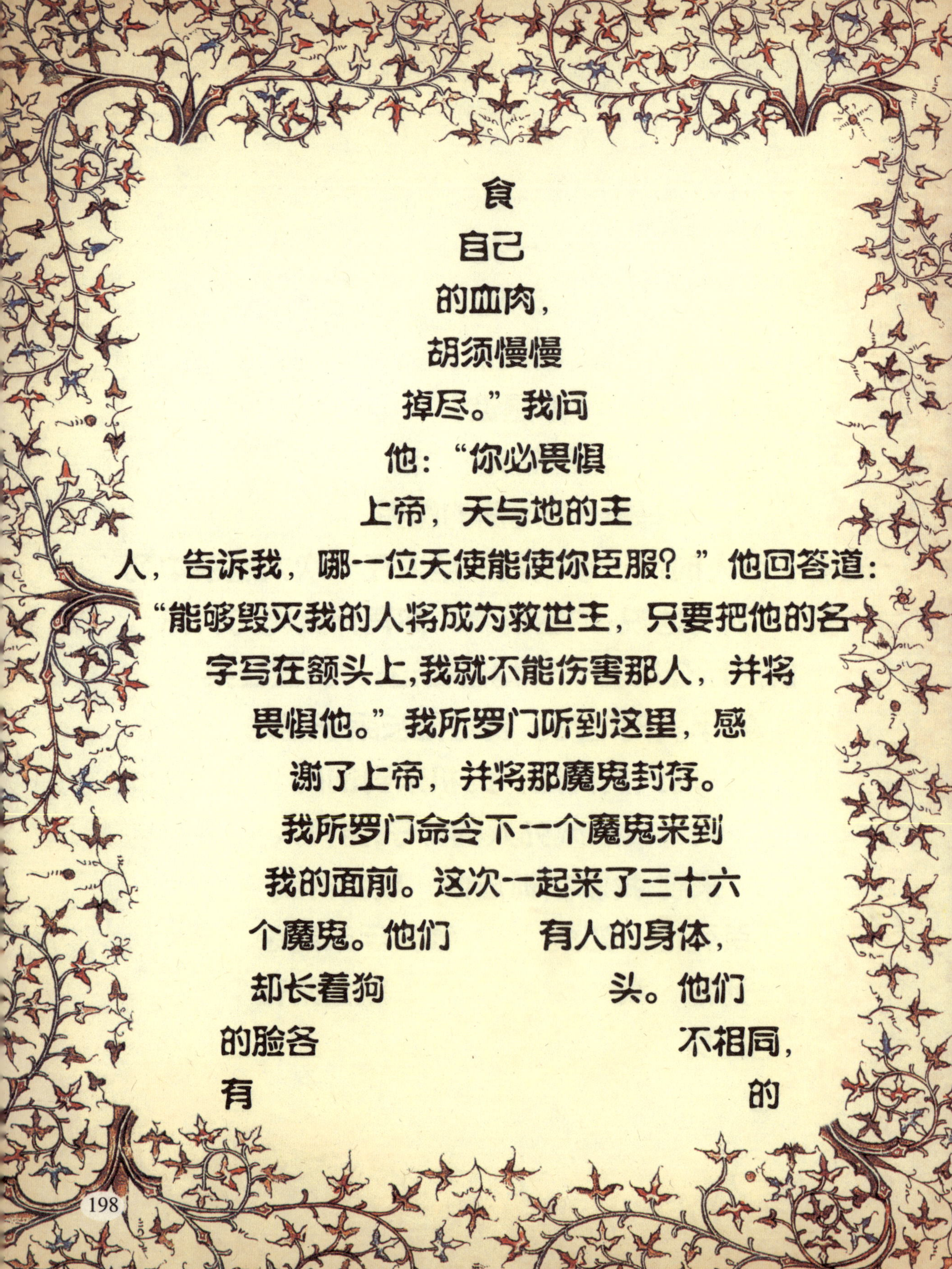

食
自己
的血肉，
胡须慢慢
掉尽。”我问
他：“你必畏惧
上帝，天与地的主
人，告诉我，哪一位天使能使你臣服？”他回答道：
“能够毁灭我的人将成为救世主，只要把他的名
字写在额头上,我就不能伤害那人，并将
畏惧他。”我所罗门听到这里，感
谢了上帝，并将那魔鬼封存。
我所罗门命令下一个魔鬼来到
我的面前。这次一起来了三十六
个魔鬼。他们 有人的身体，
却长着狗 头。他们
的脸各 不相同，
有 的

像
驴，
有的像
公牛，还
有的像鸟。我
所罗门看见他
们，深感惊异，我
问他们："你们是谁？"他们用一个声音回答我："我
们是三十六元素，幽冥世界的统治者。啊，所
罗门王，凭你是不能禁锢我们的，更不可
能奴役我们。然而，既然上帝赐予
你这力量，让你统御天空、尘
世和冥界所有的魔鬼，我们只
好在你面前臣服。来自白羊宫，
金牛宫，双子宫，巨蟹宫，
狮子宫，处女宫，天
秤宫，天蝎宫，
射手

宫，魔羯宫，水瓶宫和双鱼宫的我们都已站在你的面前。”我所罗门王开始对他们问话，“你叫什么？你有什么魔力？”我命令他们一个一个依次回答。第一个魔鬼走上前来，回答道：“我住在黄道十二宫的第一宫，白羊宫。我的主人，我叫雷克斯。我能使人的头脑变得迟钝，我掠夺他们的智慧。只要对我说，‘米迦勒，禁锢雷克斯’，我的法力立即就会消失。”第二个魔鬼回答道：“我叫巴撒菲

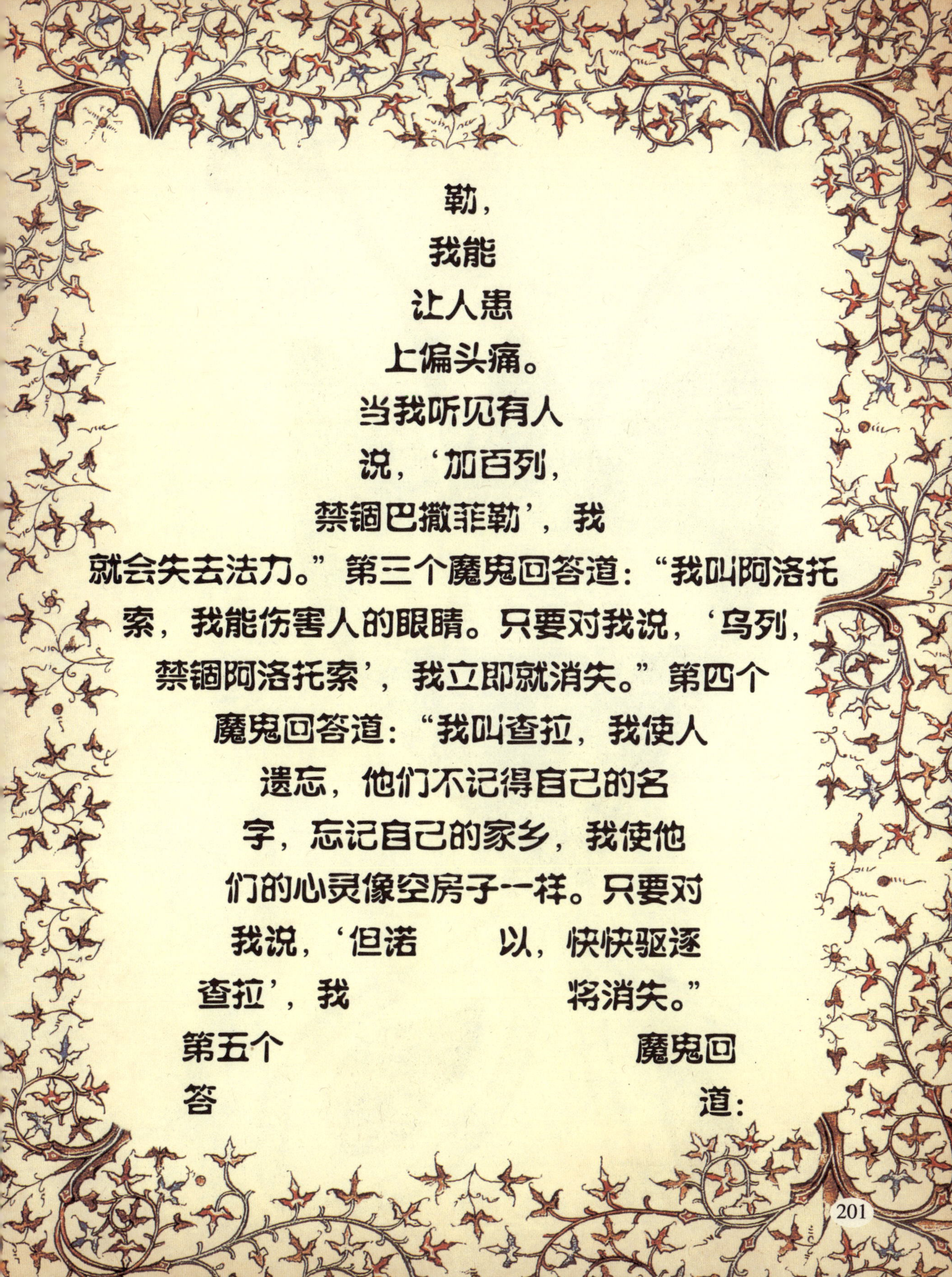

勒，
我能
让人患
上偏头痛。
当我听见有人
说，‘加百列，
禁锢巴撒菲勒’，我
就会失去法力。”第三个魔鬼回答道：“我叫阿洛托
索，我能伤害人的眼睛。只要对我说，‘乌列，
禁锢阿洛托索’，我立即就消失。”第四个
魔鬼回答道：“我叫查拉，我使人
遗忘，他们不记得自己的名
字，忘记自己的家乡，我使他
们的心灵像空房子一样。只要对
我说，‘但诺以，快快驱逐
查拉’，我将消失。”
第五个魔鬼回
答道：

BOOK XV
东方·爱卷

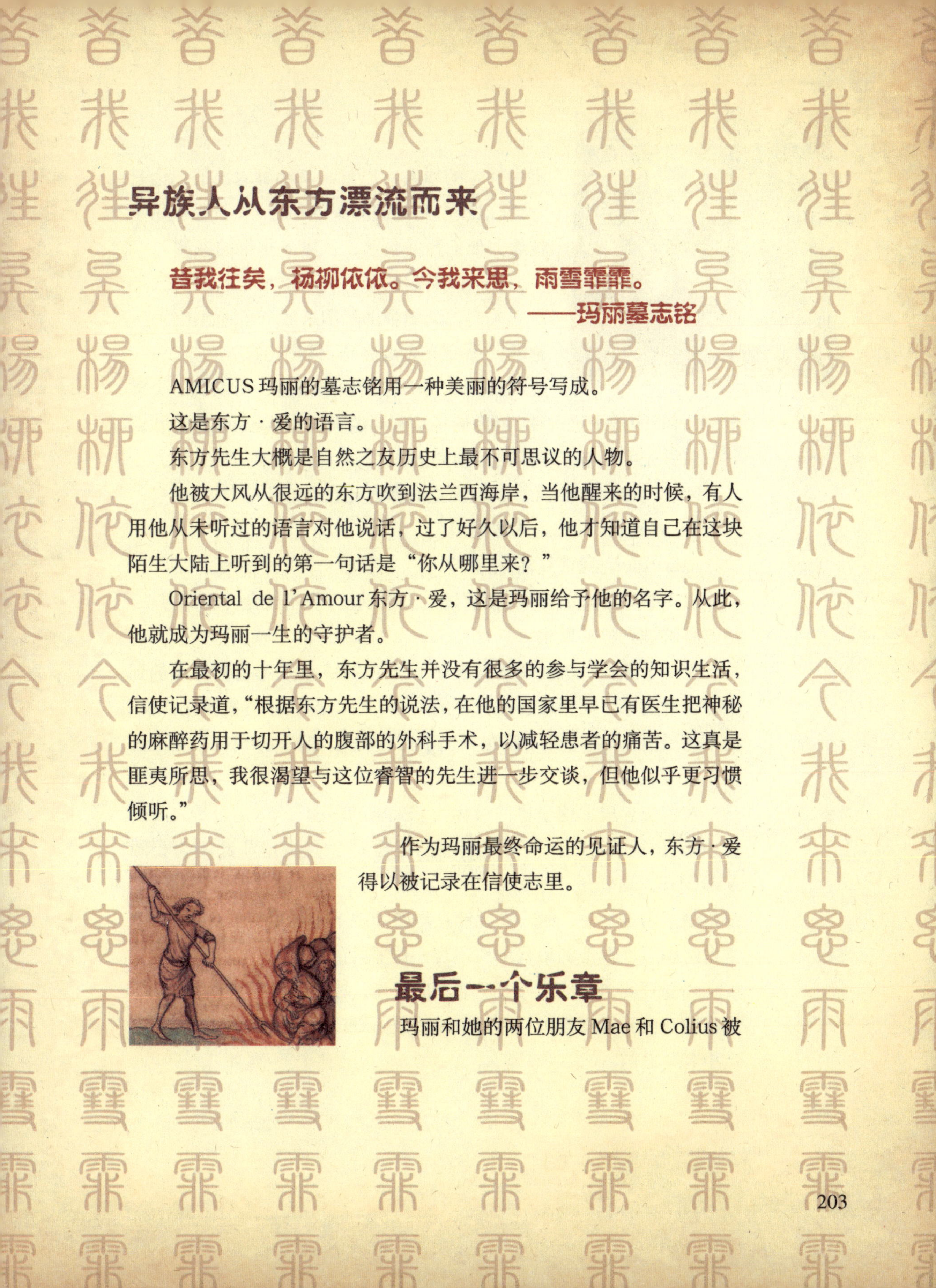

异族人从东方漂流而来

昔我往矣，杨柳依依。今我来思，雨雪霏霏。
——玛丽墓志铭

AMICUS 玛丽的墓志铭用一种美丽的符号写成。

这是东方 · 爱的语言。

东方先生大概是自然之友历史上最不可思议的人物。

他被大风从很远的东方吹到法兰西海岸，当他醒来的时候，有人用他从未听过的语言对他说话，过了好久以后，他才知道自己在这块陌生大陆上听到的第一句话是“你从哪里来？”

Oriental de l’Amour 东方 · 爱，这是玛丽给予他的名字。从此，他就成为玛丽一生的守护者。

在最初的十年里，东方先生并没有很多的参与学会的知识生活，信使记录道，“根据东方先生的说法，在他的国家里早已有医生把神秘的麻醉药用于切开人的腹部的外科手术，以减轻患者的痛苦。这真是匪夷所思，我很渴望与这位睿智的先生进一步交谈，但他似乎更习惯倾听。”

作为玛丽最终命运的见证人，东方 · 爱得以被记录在信使志里。

最后一个乐章

玛丽和她的两位朋友 Mae 和 Colius 被

定为邪恶的罪人，巴黎最高法庭对此的结语是“疯狂已经占据他们的头脑和心灵，智慧被用于歧途。他们拒绝救赎，已堕入永恒的深渊”。

火刑宣判后的第二天，巴黎下起了雪。

人们曾试图帮助玛丽逃脱，可是她拒绝了，她说，“总会有人被烧死，只要还有火刑架。……造就我的一切仍在人世间存在，所以我必会重生。那时我的样子已改变，但你们将从碌碌的人群中认出我，并爱我。”

东方先生记下了玛丽最后的言语：

Nascentes morimur 我们出生时即已死亡。

Nil desperandum 不要绝望。

Resurgam 我将复活。

出于某种形式的怜悯，在被送上火堆以前，玛丽被允许服毒自杀，她的心脏被完整的取出。

在一个黑云沉沉的黄昏，东方先生在“泉”里，等待着马车的到来。使者送来了用银质器皿保存的玛丽心脏。这颗心脏被葬在“泉”的草药园里，几年以后，那里长出了蓝色的鸢尾花，据说每朵花上都出现了金色的字样，“Ave Marie”。

在信使志里，这个事件被称为“火中的玛丽”。这是自然之友历史中最悲伤的记忆。作为对玛丽的纪念，学会决定从此不再授封AMICUS。这就是“永恒的23友”的来历。玛丽把她能留下的一切都留给了东方·爱。他一直生活在玛丽的地下世界里直到死去。4个多世纪以后，在他的后代中将出现一位非凡的医生。

玛丽赞美《自然》为人类智慧的荣光，按照玛丽的嘱咐，东方·爱在地下世界里复制了《自然》一书的惟一摹本，在它传到下一个“被选中者”之前。

“我叫伊乌。我能阻塞听觉，使人的耳朵变聋。只要听到‘乌列，禁锢伊乌’，我立刻消失。”第六个魔鬼回答道：“我叫斯芬多内，我能使人的脖子肿大，咽喉发炎，颈项僵直。只要对我说‘撒柏拉，禁锢斯芬多内’，我就会马上消失。”第七个魔鬼回答道：“我叫思梵德，我能削弱肩臂的力量，使它们颤抖。我还能麻痹手神经，挫伤颈骨，吸出骨髓。但只要一听到‘亚列，禁锢思梵德’，我的法力即

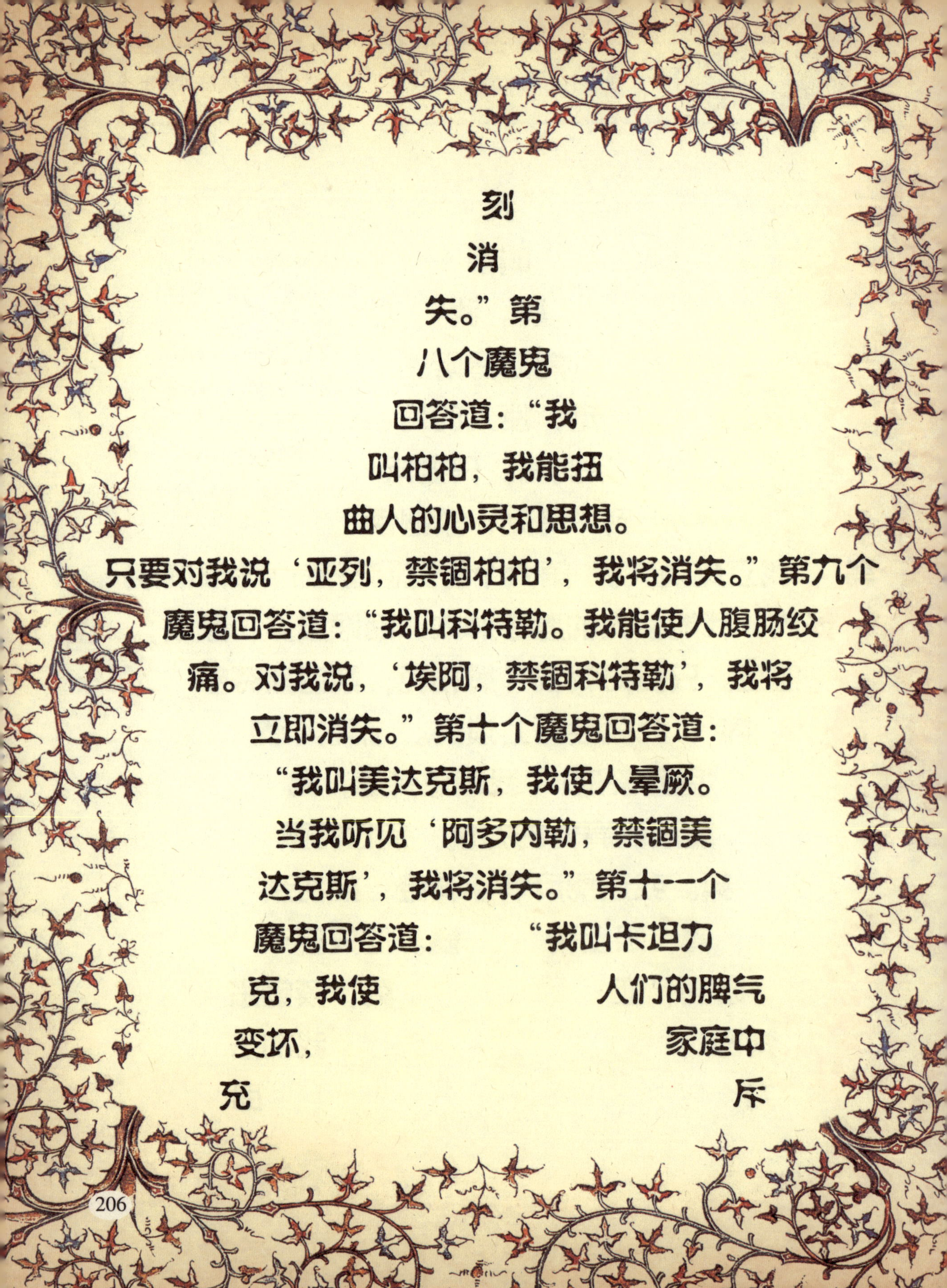

刻消失。”第八个魔鬼回答道：“我叫柏柏，我能扭曲人的心灵和思想。只要对我说‘亚列，禁锢柏柏’，我将消失。”第九个魔鬼回答道：“我叫科特勒。我能使人腹肠绞痛。对我说，‘埃阿，禁锢科特勒’，我将立即消失。”第十个魔鬼回答道：“我叫美达克斯，我使人晕厥。当我听见‘阿多内勒，禁锢美达克斯’，我将消失。”第十一个魔鬼回答道：“我叫卡坦力克，我使人们的脾气变坏，家庭中充斥看争吵。只要对我说，‘以上帝的名义，埃阿，禁锢卡坦力克’，我即消失，家庭将重获和睦。”第十二个魔鬼回答道：“我叫撒法托内，我能使人产生偏见，让他们走入迷途。只要在纸上写下天使的名字，伊托特，那些迷途的人就会重获清醒，我将消失。”第十三个魔鬼回答道：“我叫柏贝，我能引起神经的疾病。只要我听到伟大天使阿多内的名字，我就会消失。”第十四个魔鬼回答道：“我叫勒宾，我

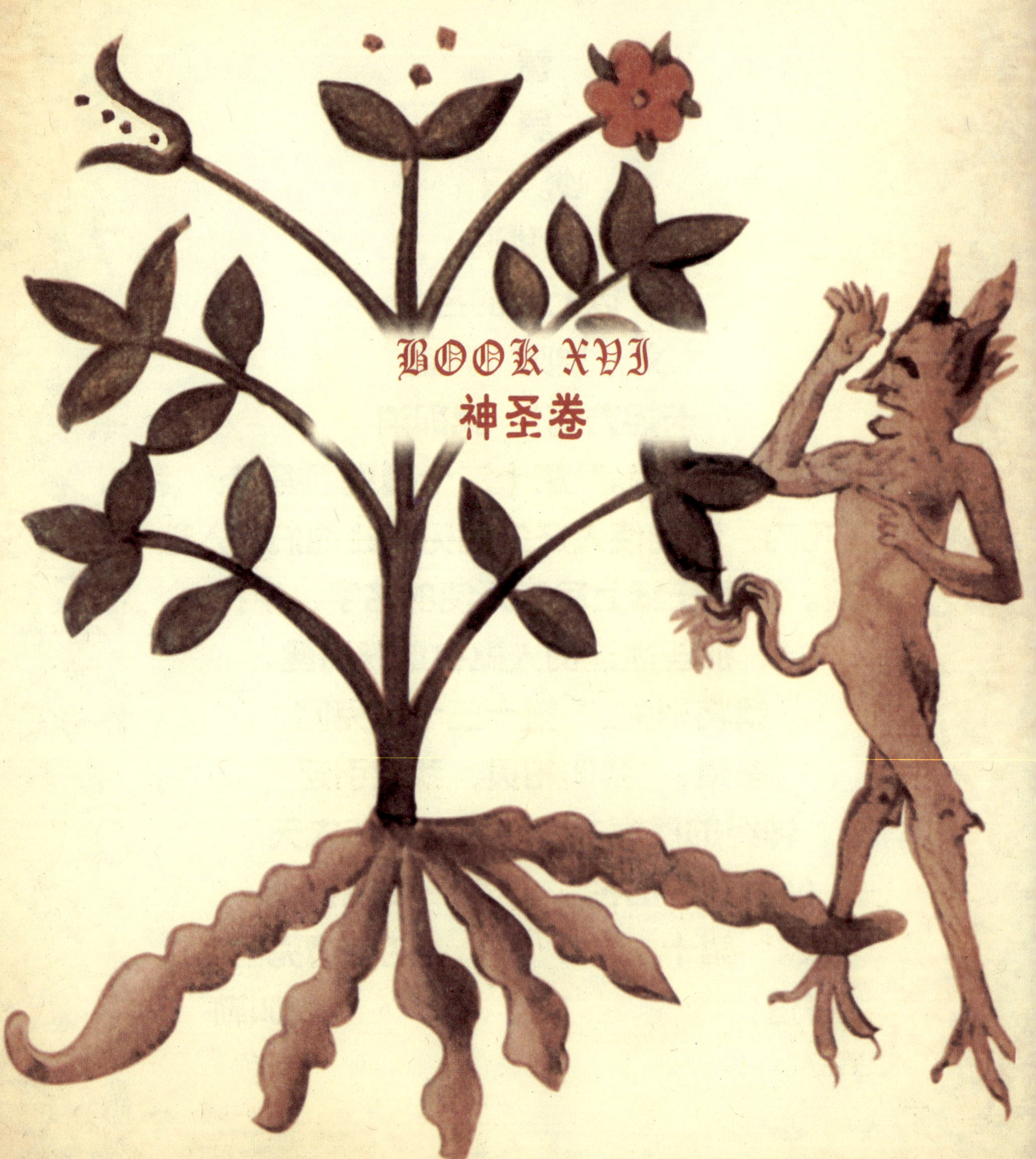

BOOK XVI
神圣卷

无论从书的尺寸，质材，图画或是文字，摹本《自然》完全忠实的再现了原书。亲眼见过的人，无不惊叹其制作描摹的精细程度。然而两处明显的差异还是可以使两部文献相区别。

与5位AMICUS的《自然》*Naturae*原本相比，东方·爱的摹本《自然》新增两幅插图：在正文之前，新增一页扉页插图*the Frontispiece*。在正文的末尾，姬莎伊名下亦新增一幅植物。

扉页插图中是围坐的七人像，老Grimm称之为“七圣会”。七人像的外围用金色的大写希腊字母写着“赞颂玛丽”。一个女子身穿罗马贵族式装束，高坐在“荣耀之座”上，这就是玛丽。Zeus宙斯神坐在她的右边，宙斯手持草药，玛丽侧身为接受的姿态，寓意着神赐予她运用草药和植物治疗的天赋。

从她的左边开始，顺时针依次是Diocls of Carystos，Theophrastus，Dioscorides，Pliny和Galen。这5位数世纪以来因其对医学的贡献而备受世人尊崇的学者出现在摹本中并不仅仅出于礼赞之目的，而是意在暗示他们与自然之友学会不同寻常的联系。

【Diocls of Carystos】大约生活在公元前300年，他是亚里斯多德的学生，也是现在所知最早的草药书的作者。其著作至今只剩下一些片段存在于后世作家的引用中。它是以下作品的资料来源：Theophrastus的第9部书*Enquiry into Plants*，作于公元前300年；Nicander of Colophon的*Alexipharmaca*

和 *Theriaca*，作于公元前200年；Crateuas的草药书，作于公元前100年；Dioscorides的《药物书》，作于公元1世纪。

【Theophrastus】《植物史》*Historia de Plantis*的作者，生活在公元前3世纪。希腊哲学家和自然科学家，被誉为“植物学之父”。其著作以亲身观察和逻辑推理为基础。他对草药的观察十分精确，还曾尝试通过种植来改变其某些性质，例如将野生薄荷改造为人工栽培薄荷。

【Dioscorides】“药学之父”Pedanius Dioscorides（公元40—90），是尼禄时代罗马军队的随军医生，曾在意大利、高卢、西班牙、北非游历。公元70年的时候，根据前辈医学家典籍和口耳相传得来的医学知识，连同自己的亲身观察，Dioscorides用希腊文完成了《药物书》*De Materia Medica*。这部著作里记录了600多种植物以及30余种取自动物的药物。每种植物后面列出了其别名，并详细描述了它们的生长地，应该如何栽种，如何从中萃取药物，以及它们的疗效。在其后的1500年里，《药物书》以其全面准确成为西方药物学的权威著作。这部书被广泛阅读，1478—1600年间，其拉丁文版本已有96种，并附有36种不同的注释。此著作现存最古老的版本是茱丽安娜·安利西亚抄本*Juliana Anicia Codex*，约成书于公元512年，现藏于奥地利国家图书馆the Austrian National Library in Vienna，编号*Codex Vindobonensis Medicus Graecus 1*，所以又被称为《维也纳迪奥考莱》*Vienna Dioscorides*。在医学上，Dioscorides的态度是，让事实自己说话。

【Pliny】罗马历史学家（公元23—79），在他的《自然史》*Naturalis Historia*一书中，记录了用玫瑰制成的药物32种，百合制成的药物21种，紫罗兰药物17种，薄荷药物25种。《自然史》中有许多关于唾液的妙用，比如"朝地上吐唾沫，制成唾液黏土，再用这黏土涂抹眼睛，"就可以对抗魔法。

【Galen】这位罗马医生（公元130—200）制药和混合药物的法则支配了西方1500年。他在罗马教授医学和药剂学，是他那个时代里最杰出的药物学家和医生。其药方十分复杂，有时一种药甚至有几十种成分。在他的配方里，有对鸦片、天仙子、曼根草、葡萄汁、葡萄酒和冷敷法的高超使用。Galen研发了多种混合、萃取、精炼和化合药物的方法，对加强药物效用有很好的作用。这些方法直到18世纪仍在西方世界使用。

能
使人
全身麻
痹，手脚
冰凉，看见的
人会以为他就要
死去。但只要对我
说出天使斯菲那的名字，我将消失。”第十五个魔鬼
回答道：“我叫罗里德，我能使人胃痛。对我
说，‘埃阿克斯，禁锢罗里德’，我就会
消失。”第十六个魔鬼回答道：“我
叫阿特拉克，我使人发高烧。
只要对我说，‘高烧源自污秽，
我以神圣上帝的名义将你驱除，
带着你的污 秽，从上帝的
造物身上 离开。’我
立即就 会消
失。” 第

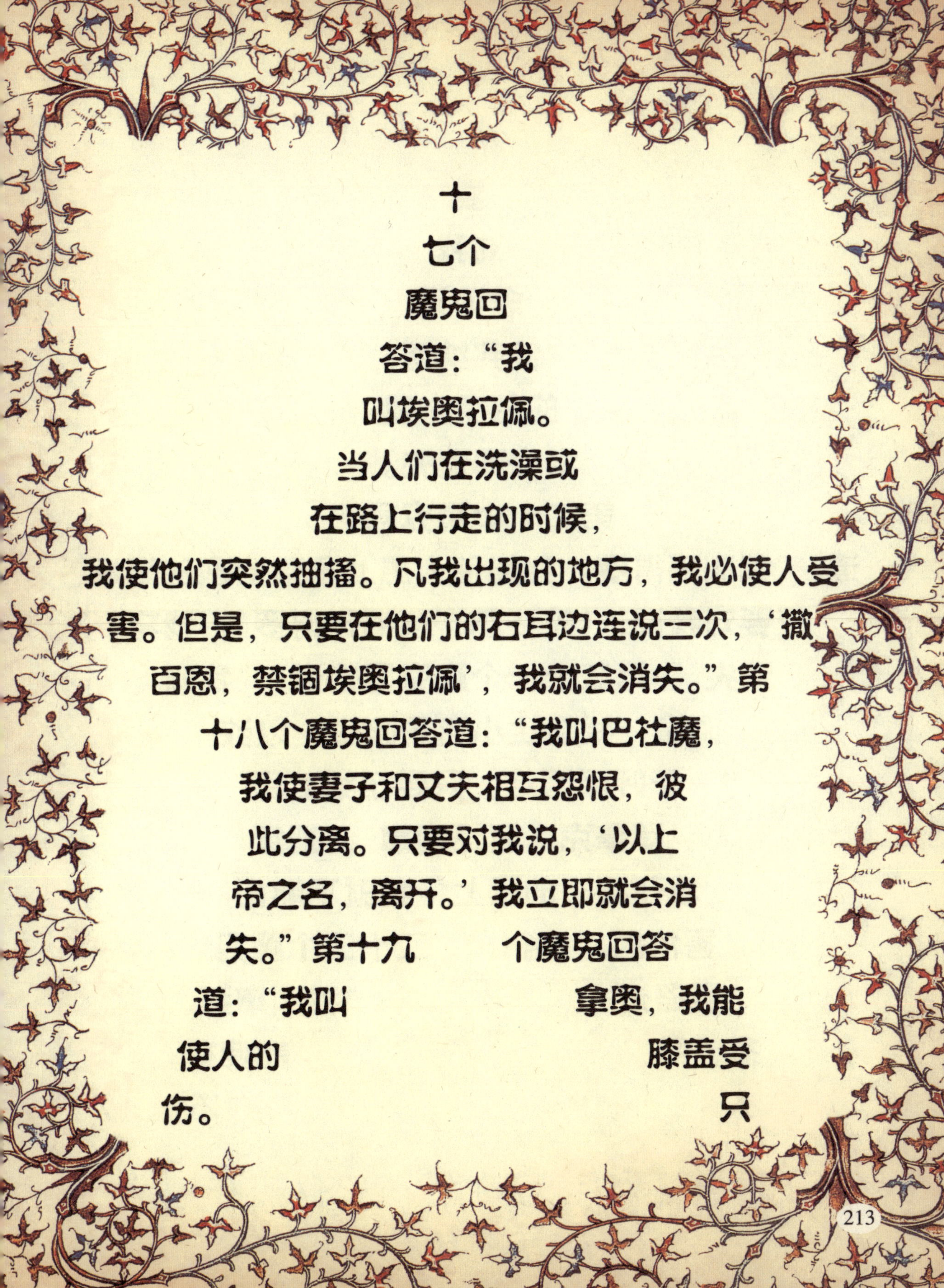

十七个魔鬼回答道："我叫埃奥拉佩。当人们在洗澡或在路上行走的时候，我使他们突然抽搐。凡我出现的地方，我必使人受害。但是，只要在他们的右耳边连说三次，'撒百恩，禁锢埃奥拉佩'，我就会消失。"第十八个魔鬼回答道："我叫巴杜魔，我使妻子和丈夫相互怨恨，彼此分离。只要对我说，'以上帝之名，离开。'我立即就会消失。"第十九个魔鬼回答道："我叫拿奥，我能使人的膝盖受伤。只要对我念诵天使弗纳博的名字，我将立即消失。”

第二十个魔鬼回答道：“我叫玛得罗。我能使人患上永难治愈的高烧，只要对我说，‘拉斐尔，禁锢玛得罗’，我将消失。”第二十一个魔鬼回答道：“我叫阿拿，我能让小孩子咳嗽，以致于呼吸困难。只要在纸上写‘罗拿克，驱逐阿拿’，把纸套在孩子的颈上，我就不能伤害他们。”第二十二个魔鬼回答道：“我叫拿那撒，我能使女人不

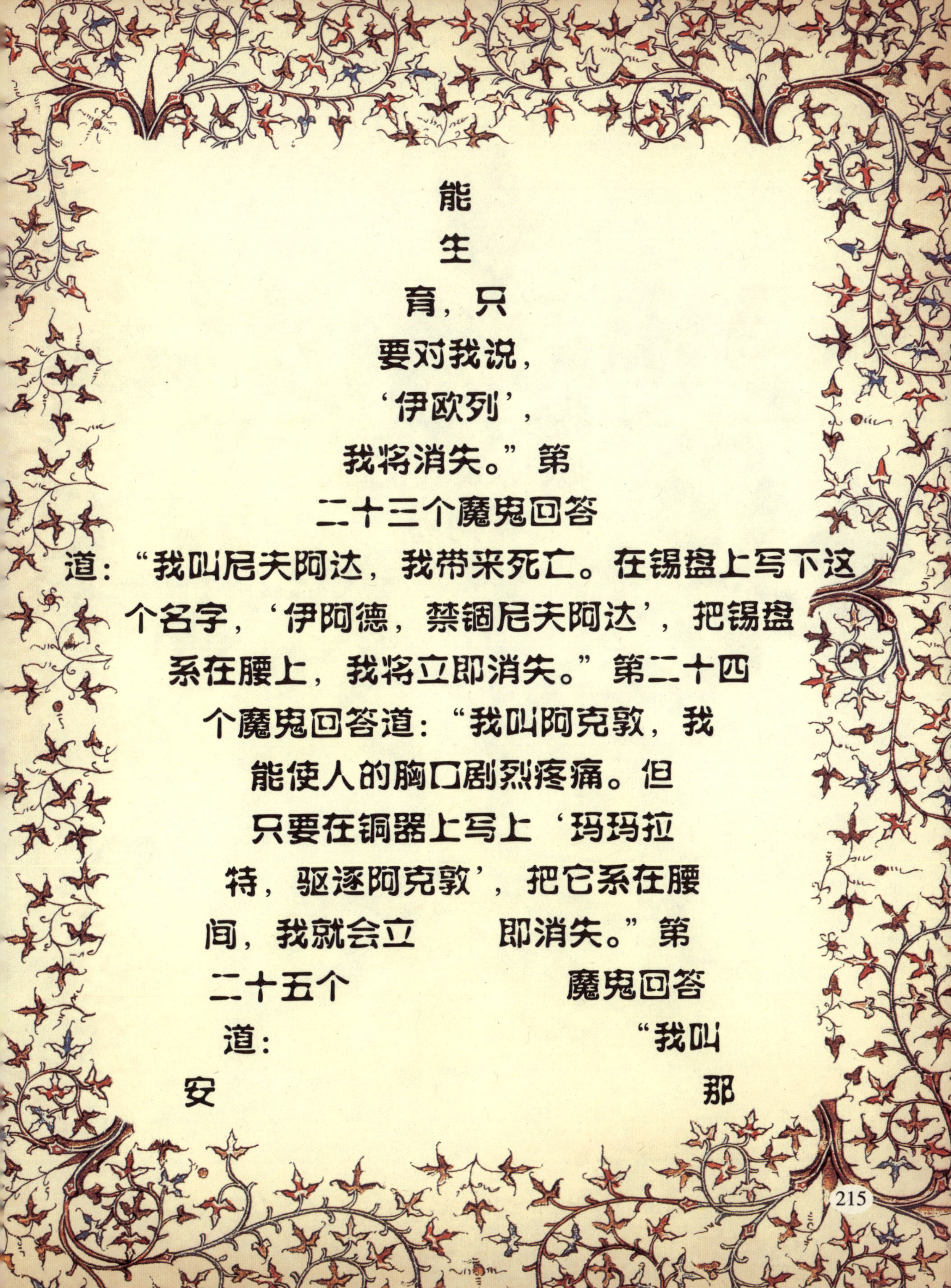

能
生
育，只
要对我说，
‘伊欧列’，
我将消失。”第
二十三个魔鬼回答
道：“我叫尼夫阿达，我带来死亡。在锡盘上写下这
个名字，‘伊阿德，禁锢尼夫阿达’，把锡盘
系在腰上，我将立即消失。”第二十四
个魔鬼回答道：“我叫阿克敦，我
能使人的胸口剧烈疼痛。但
只要在铜器上写上‘玛玛拉
特，驱逐阿克敦’，把它系在腰
间，我就会立即消失。”第
二十五个魔鬼回答
道：“我叫
安那

BOOK XVII
诺阿卷

诺阿的墓地与星空

诺阿Noir d'Enfer以及他的两个朋友的事情都记录在《笔记》*Liber Notarum*里面。

Noir d'Enfer是地狱之黑的意思，然而这位少年却有着和他的名字很不相符的外表，柔软的金色头发，湛蓝眼睛。

Ursa Minor小熊座、Ursa Major大熊座、Draco天龙座、Cepheus仙王座、Cassiopia仙后座、Perseus英仙座、Andromeda仙女座、Camelopardalis鹿豹座……星星闪烁在巴黎的夜空，然而当少年诺阿眼望星空的时候，他看见的却是不一样的图景，星不过是它们在地上的对应物。

诺阿迷恋墓地，人们的墓志铭使他着迷，他为此而游历各处。他到过的每一个墓地，见过的每一块墓碑，他把它们记录下来，放置到天上，这就成了诺阿的星空图谱。

谁会知道1902年巴黎的夜里藏着多少秘密。

被一个惊雷吓死的杜皮先生在巴黎的墓穴至少成就了三个人的友谊。诺阿，一个食腐尸者Lusus和一个哲学家阿蒙·朗第耶Aumont Lantier。

三个好朋友常聚在杜皮先生“哭泣的小天使”墓碑脚下，畅快的分享阿蒙的葡萄酒，这种酒来自阿蒙的家乡，用丁香、姜、桂皮、肉豆蔻、黑葡萄和蜂蜜酿成。

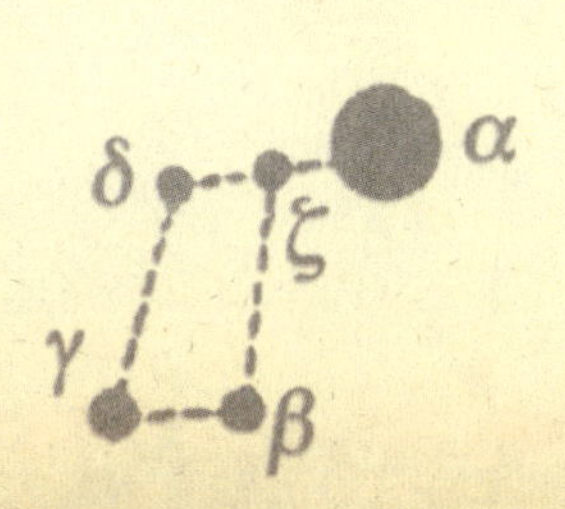

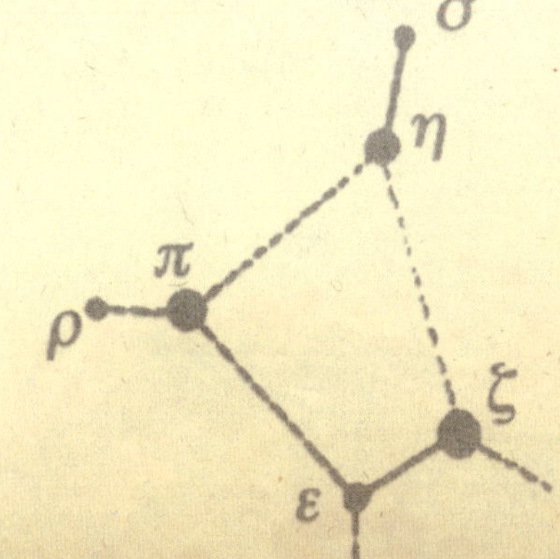

关于杜皮先生

杜皮先生临死前神智不清，在那令人惊诧的清醒间歇来到的时候，他的两个儿子和一个女儿正守在床边。于是他对妻子说，“亲爱的，我总觉得这辈子好像和你生过孩子？幻觉真是可笑。”

阿蒙·朗第耶：奥尔良公爵的遗传与变异

阿蒙惯常的装束是一件连帽黑色斗篷。他的剪影有尖尖的帽尖，即使在巴黎这样的地方，也算得上是种奇怪的打扮。这位思考者说，我为人类所谓的文明深深的悲哀。他以“自由的雄狮”自比，宣称在他所属的那个世界有更高贵光荣的法则。

有一天，阿蒙从放纵肉欲的一夜中醒过来，突然感到厌恶人群，他宁愿忍受死人。于是他开始长时间在墓地里独处，认为自己可以听到亡灵智慧的对话，从中窥探死亡的谜。当阿蒙决心在被所有人厌弃的处所上建立一个全然不同的幸福王国时，他说他不再属于造物主，他自己创造了自己。

【阿蒙的话】

【阿蒙说，我们一生里要遇到多少陌生人啊，餐厅，路上，车站，街市……每一次的相遇不过是一场生者对死者的告别。因为直到他们死去，我们也不会再见面了。】

【阿蒙说，人们总是有太多的想法，他们迫不及待的表述着自己

的观点，并称之为“思想”。可是我从祖父给小孩子讲的故事，还有他平静的沉默中却明白了更多。】

【阿蒙说，我对这一切厌恶极了，正义是模糊的，自由是虚假的。】

【阿蒙说，我所知道的最美的女人就是莱茵河里的女妖萝蕾了，她用美貌和歌声诱惑船夫使船触石沉没。】

【阿蒙说，每个人心底有一层肥腻腻的黑泥潭，那是一些不愉快的记忆、哀伤惶恐的情绪以及邪恶的想法。它们像烂叶那样腐败，在没有阳光的暗夜里，时时刻刻以各种悄无声息的方式折磨着对此无所察觉的心灵。不让阳光照进那里，只是给了它们机会来吞噬人的快乐。】

【阿蒙说，我长大的过程也是一千万人长大的过程。】

【阿蒙说，你们这些年轻人只有欲望，却没有冲动，所以失去了所有幸福的可能。而你们的脸看起来也好老。】

《笔记》里记录了阿蒙最后的结局。

【房间阴暗冰冷，他（阿蒙）床前点着微弱的烛火。然而每一个走进房间的人还来不及感受寒冷，扑鼻而来的浓烈气味已先将人扼住。他身上脓疮散发的恶臭弥漫了整个屋子，无法形容的肮脏和恐怖。当人们不得不进入这个房间的时候，那些因恐惧而极度扭曲的面孔在蜡烛的映照下看起来比病人的脸更可怕。几个影子在那一面墙上，缓慢的晃动。阿蒙用最后的力气说，“我已经听见树叶的声音。从树顶望过去就只有灰蒙蒙的天。我知道巴黎的天空。但在边界那边，靠近我的家乡，天就变成了蓝色，阳光温暖极了。我从没想过有那么一天，我会想念我的家乡，从我离开的那时起。”】

食腐尸者

食腐尸者Lusus咧着嘴笑，牙齿自然就露出来了，上面积满了黑黄的污垢。他总是说，“最好不要让我看见正常的食物，我怕在短暂的反胃之后会回忆起它们的味道，想起从前的好时光。”食腐尸者对正常食物的惟一记忆就是在很久以前的一个早晨，他和几个哥哥在餐桌上用白面包做一条船。

Lusus认为食物是人仅仅需要的东西。他在垃圾堆里寻找食物，他吃能从里面找到的所有肉类，不管来自动物还是人，他说最美味的就是死掉的弃婴。以腐尸为食的好处在于，他可以永远不用为食物担心，

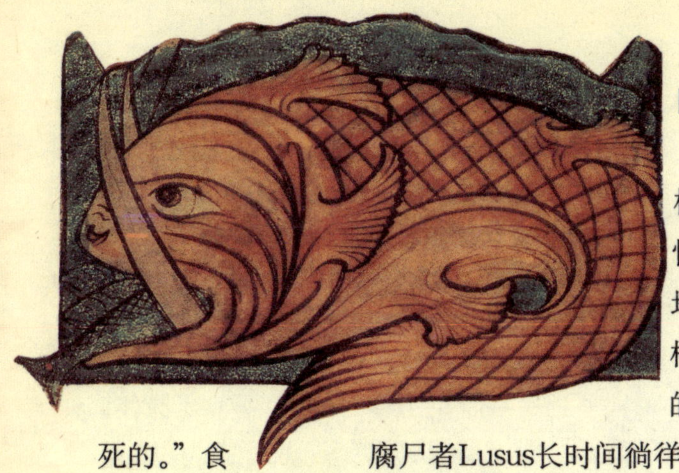

因为世界上总会有死人。

即使像食腐尸者这样的人也会有害怕的事情，“如果法国所有的墓地都像巴黎地下墓场那样要收取费用才让人进的话，我一定会心碎而死的。”食腐尸者Lusus长时间徜徉在墓地的动因是希望能够离食物更近，墓志铭在他看来同食物说明书没有太大差别。

食腐尸者对腐尸的特殊兴趣其实只是一个关于蛋白质的问题，其实质是蛋白质恐慌症。这与恋尸癖者完全不同。

【有恋尸癖人格的人，崇尚权势和金钱，认为暴力是解决问题的惟一办法。恋尸癖Necrophilia，在弗洛姆Erich Fromm《论人类的破坏欲》*the Anatomy of Human Destructiveness*中有很好的论述。】

食腐尸者从外省刚来到巴黎的时候，他还是一个正常人，住在地下室里，“我看得见太阳，它就在那里，却照不到我身上。即使在这样一个阳光之城，对我又有什么好处呢？就像那种小东西，蛇或蜥蜴，没有体温和嗅觉，一身冰凉的住在不见天日的洞穴里，随便吃着肮脏的东西。”巴黎生活就是这样改变了他。

【在闲暇的时光，食腐尸者的乐趣就是幻想天使和天堂】

【圣人能和天使对话，当他们处于危险的时候，天使会显身帮助

他们。当魔鬼来引诱圣人时，天使也会出现。当神父虔诚祈祷的时候，天使就站在他们身边。】

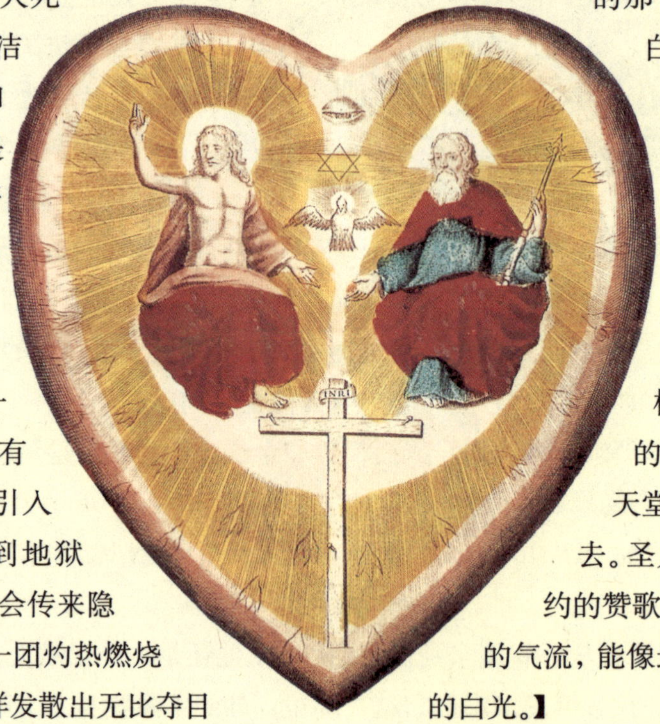

【在人死的那一刻，会有一只洁白的鸽子从他口中飞出，那就是人的灵魂离开了身体。每只鸽子都是白的，至少说明每个人的灵魂都是一样的，我的也是。有的灵魂会被天使引入天堂，而另一些只能到地狱去。圣人死的时候，空中会传来隐约的赞歌。他们的灵魂像一团灼热燃烧的气流，能像最透明的玻璃一样发散出无比夺目的白光。】

【如果将死的人看见了天使，那么屋子里必定会充满光和甜香味，这说明死者灵魂将进入天堂。那些有罪的人就惨了，穿着黑衣的人，乌鸦或是兀鹫会来到他面前，这些都是魔鬼的化身，魔鬼面目冷酷，还会从嘴里吐出火焰。这些都说明一个人死的时候总会有东西来迎接他，不管去哪里，有人陪着都还不错。】

【脱离身体以后的灵魂会变得像玻璃球，像月亮一样，表面长满了眼睛。】

【死者的魂灵能在人世间行走。】

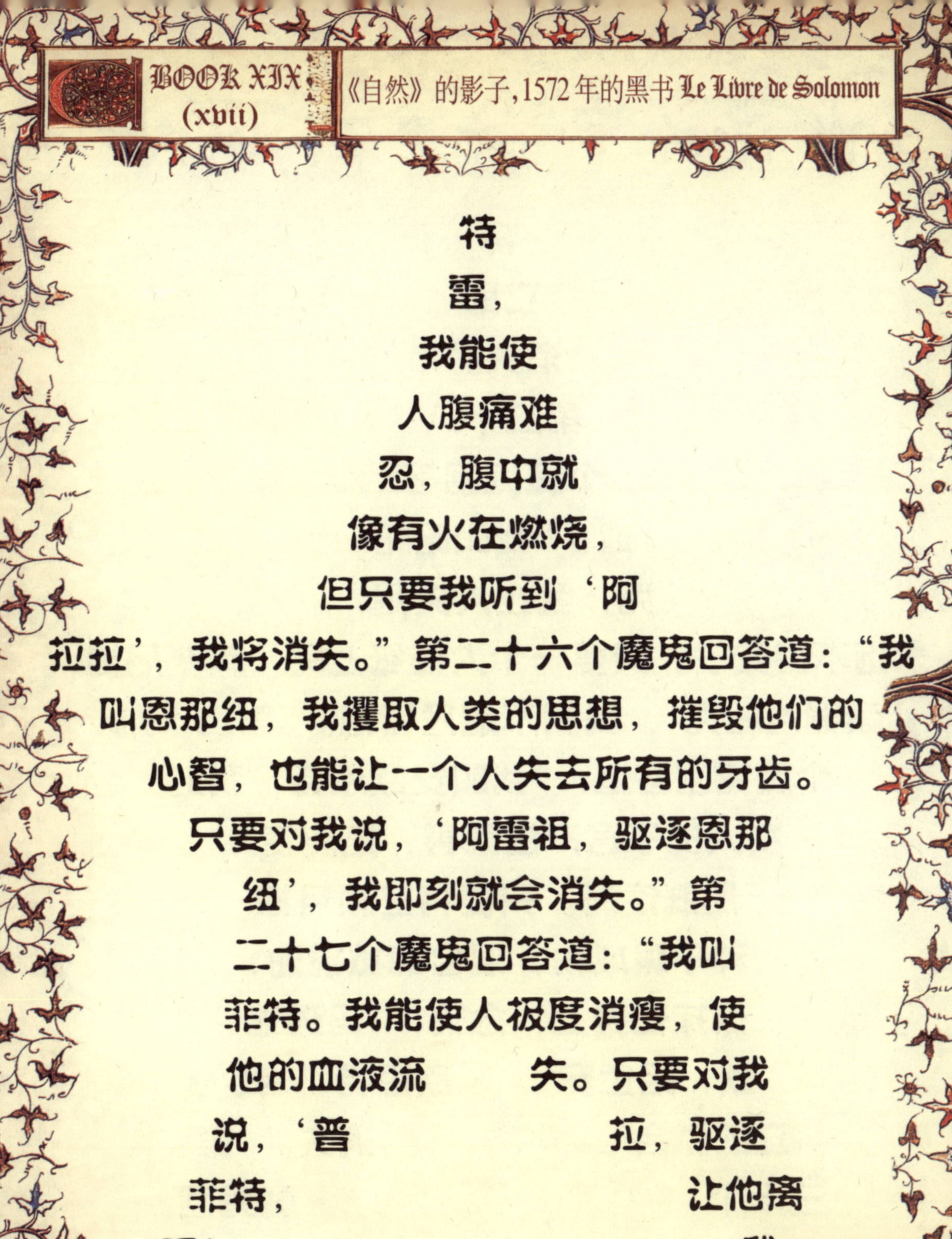

特雷，我能使人腹痛难忍，腹中就像有火在燃烧，但只要我听到‘阿拉拉’，我将消失。”第二十六个魔鬼回答道：“我叫恩那纽，我攫取人类的思想，摧毁他们的心智，也能让一个人失去所有的牙齿。只要对我说，‘阿雷祖，驱逐恩那纽’，我即刻就会消失。”第二十七个魔鬼回答道：“我叫菲特。我能使人极度消瘦，使他的血液流失。只要对我说，‘普拉，驱逐菲特，让他离开’，我

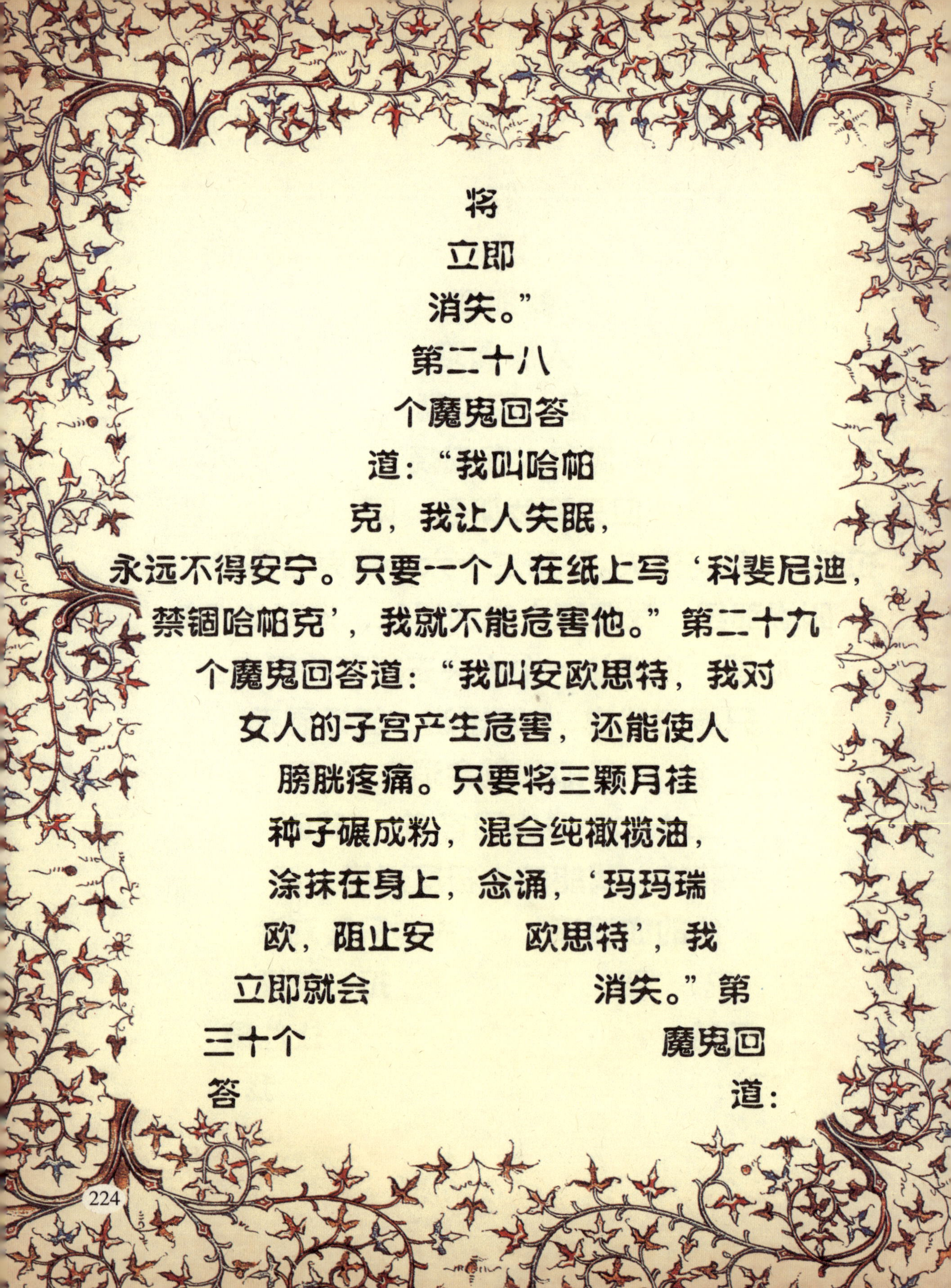

将立即消失。”第二十八个魔鬼回答道：“我叫哈帕克，我让人失眠，永远不得安宁。只要一个人在纸上写‘科斐尼迪，禁锢哈帕克’，我就不能危害他。”第二十九个魔鬼回答道：“我叫安欧思特，我对女人的子宫产生危害，还能使人膀胱疼痛。只要将三颗月桂种子碾成粉，混合纯橄榄油，涂抹在身上，念诵，‘玛玛瑞欧，阻止安欧思特’，我立即就会消失。”第三十个魔鬼回答道：

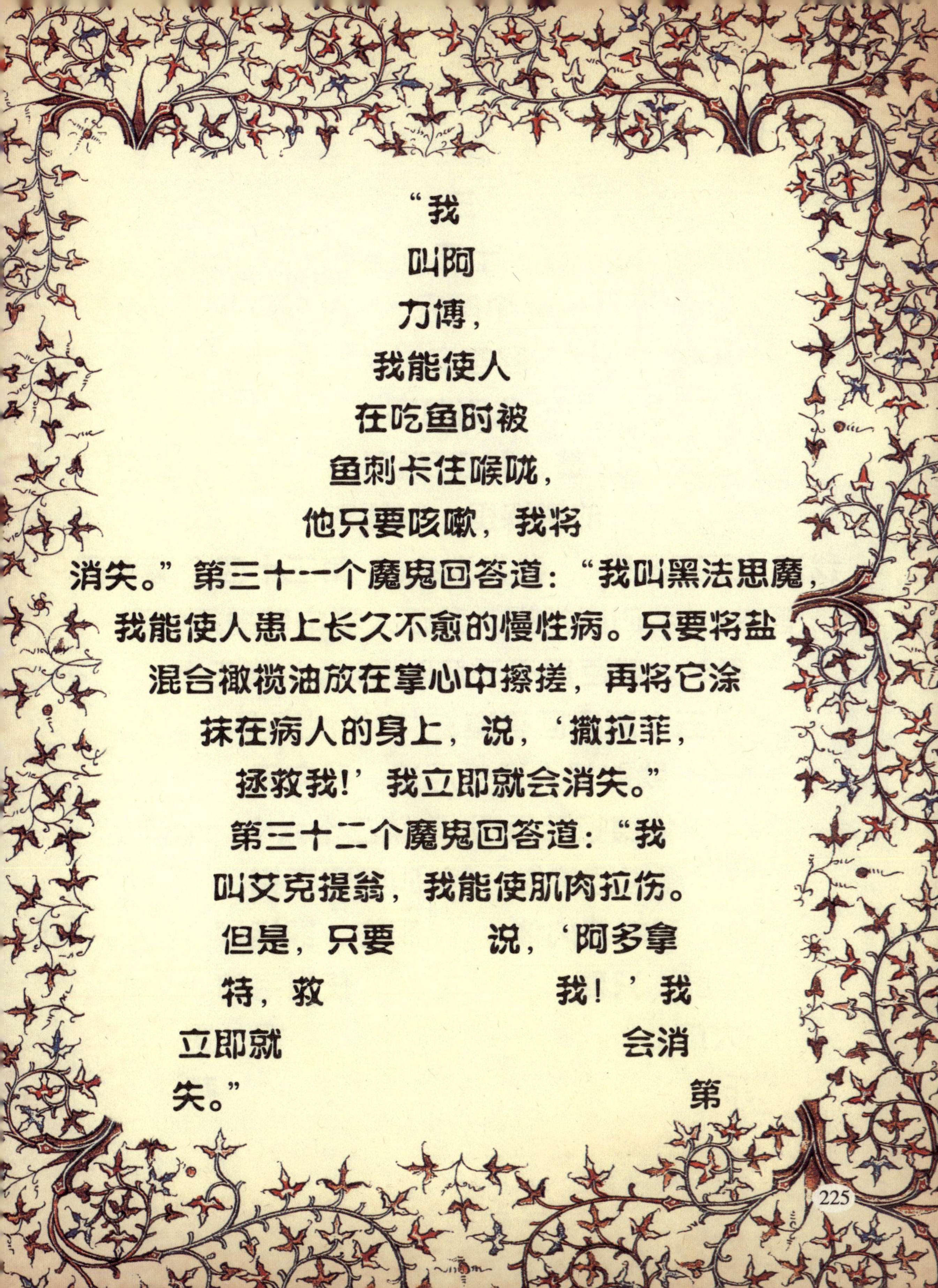

"我叫阿力博，我能使人在吃鱼时被鱼刺卡住喉咙，他只要咳嗽，我将消失。"第三十一个魔鬼回答道："我叫黑法思魔，我能使人患上长久不愈的慢性病。只要将盐混合橄榄油放在掌心中擦搓，再将它涂抹在病人的身上，说，'撒拉菲，拯救我！'我立即就会消失。"第三十二个魔鬼回答道："我叫艾克提翁，我能使肌肉拉伤。但是，只要说，'阿多拿特，救我！'我立即就会消失。"第

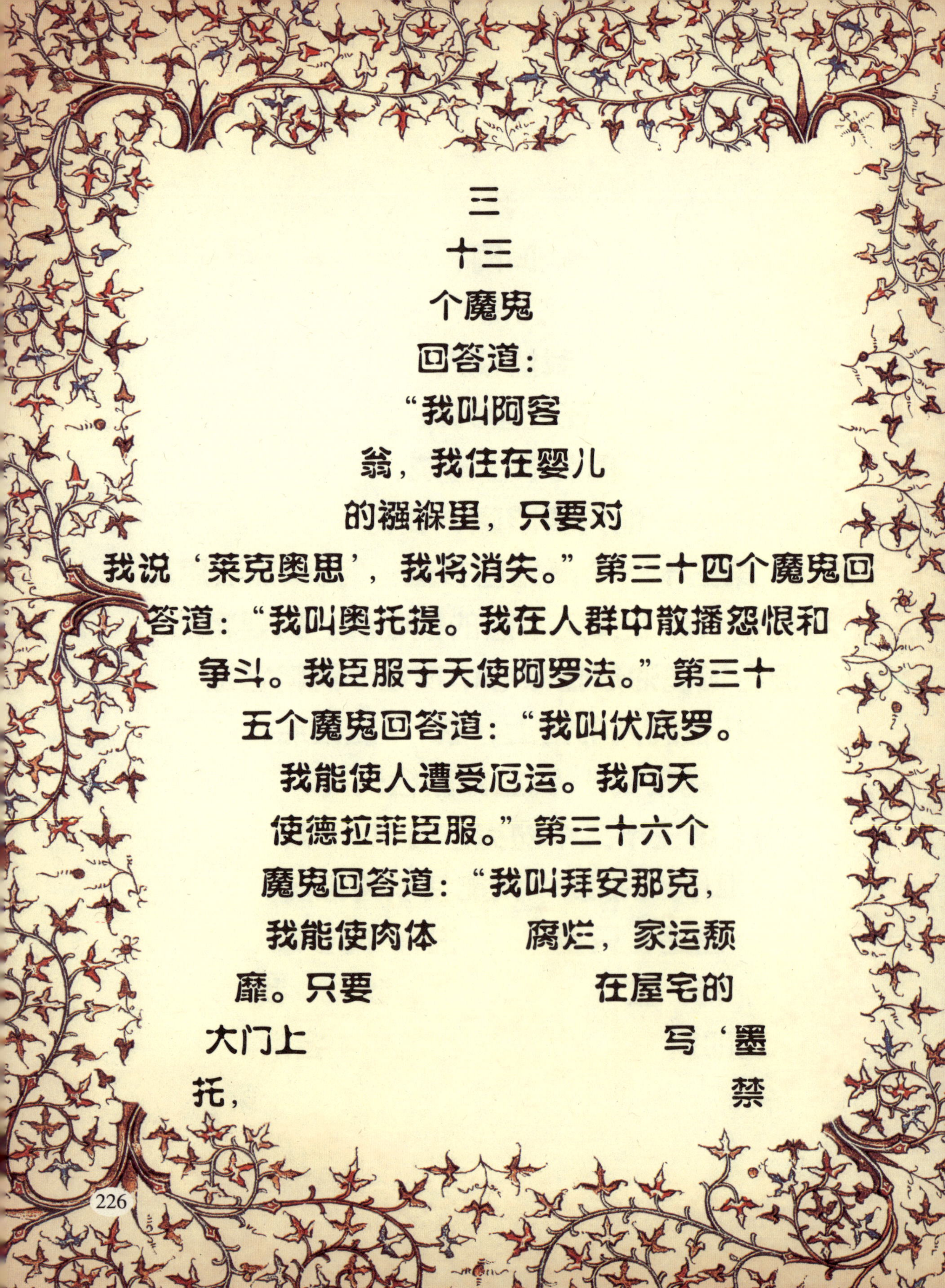

三十三个魔鬼回答道："我叫阿客翁，我住在婴儿的襁褓里，只要对我说'莱克奥思'，我将消失。"第三十四个魔鬼回答道："我叫奥托提。我在人群中散播怨恨和争斗。我臣服于天使阿罗法。"第三十五个魔鬼回答道："我叫伏底罗。我能使人遭受厄运。我向天使德拉菲臣服。"第三十六个魔鬼回答道："我叫拜安那克，我能使肉体腐烂，家运颓靡。只要在屋宅的大门上写'墨托，禁

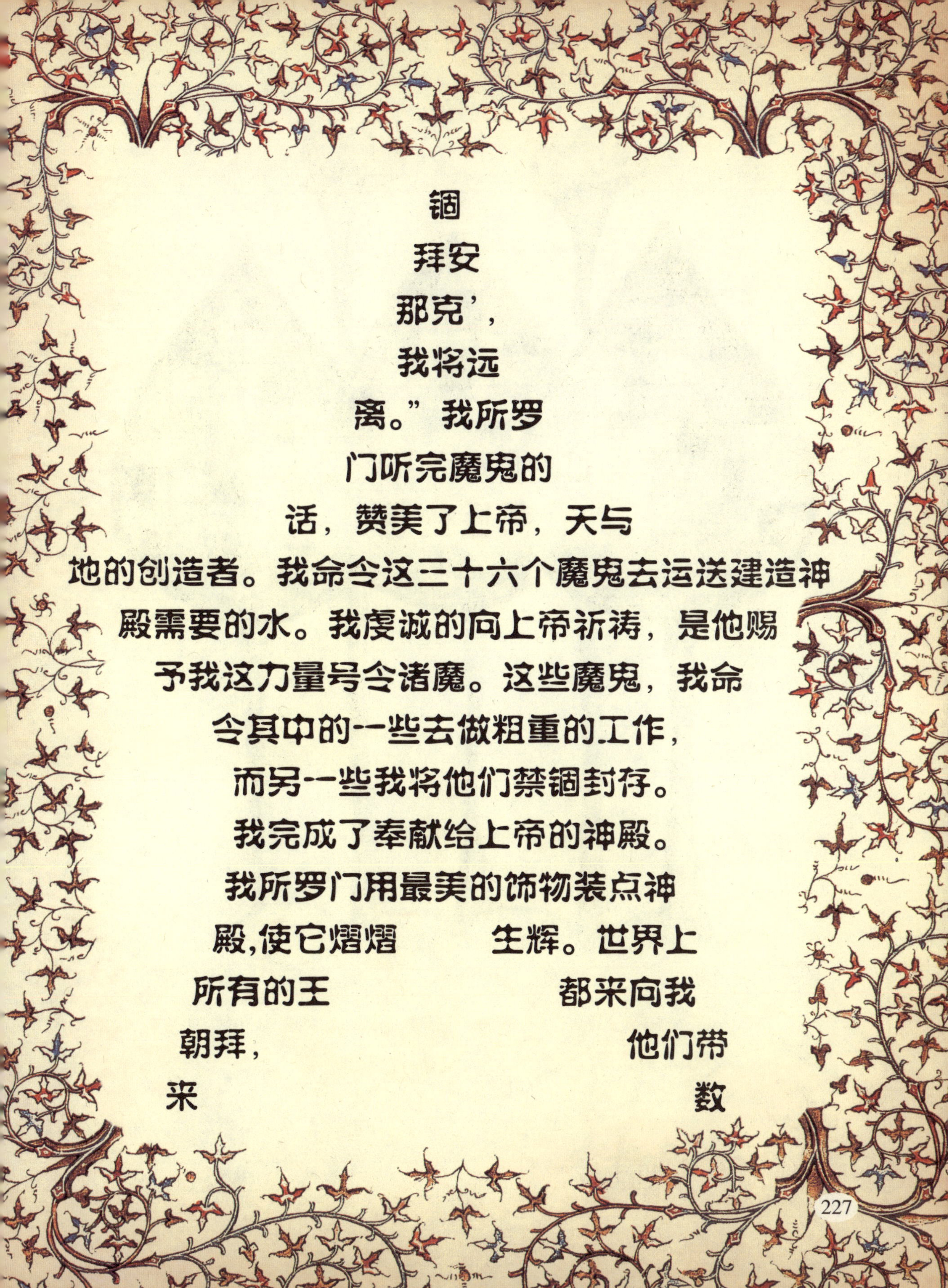

锢拜安那克'，我将远离。"我所罗门听完魔鬼的话，赞美了上帝，天与地的创造者。我命令这三十六个魔鬼去运送建造神殿需要的水。我虔诚的向上帝祈祷，是他赐予我这力量号令诸魔。这些魔鬼，我命令其中的一些去做粗重的工作，而另一些我将他们禁锢封存。我完成了奉献给上帝的神殿。我所罗门用最美的饰物装点神殿，使它熠熠生辉。世界上所有的王都来向我朝拜，他们带来数

BOOK XVIII
邦医生卷

洛

【“她已经从一个婴儿长成女孩儿了，时间过得真快。我从巴黎给她送去一个吻，当它到达的时候，只要她一伸手就能抓住，否则只能滑到湖里去了。告诉她。”

——摘自邦医生给看护人的信】

“看护人”就是《笔记》*Liber Notarum*的作者，我们对这位看护人的背景和个人历史一无所知，我们甚至无法得知其性别。他或者她的全部只是一个签名字母R。

按照邦医生的委托，看护人R终生为他守护着一件珍宝。这件宝贝有琥珀色的眼睛，如缎般的栗色头发，白皙的脸庞看起来比花朵还要明媚。她有一个名字，洛Lor。这位少女从记事起就不曾见过她的父亲，在她的整个童年里，邮差是他们之间惟一的联系。她的母亲沉睡在地下。

洛和看护人住在湖边的房子里，她的父亲希望因此而使她远离所有不良气息的影响，在他能够将她从人类的死亡宿命里拯救出来以前。

《笔记》巨细靡遗的记录了关于邦医生女儿洛的一切，虽然她的一生如此短暂。而我们对邦医生的了解，很大程度上也藉由R的讲述。

邦

邦Bon de l'Amour，东方·爱Oriental de l'Amour在19世纪的后裔，摹本《自然》、现在我们所能见的大部分"信使志"并玛丽的《草药》以及东方先生历史记述的最后一位受件人，自东方先生之后，它们曾以家族留传的方式一代代得以保存下来。

这位巴黎圣佩特里哀医院la Salpêtrière的执业医生，在他心爱的妻子意外离世之前，他在沙可教授的诊所里负责研究感觉的工作。邦医生的理论认为，人是感觉的，除了感觉的真实，所谓的客观真实其实是不存在的。人类的情绪依靠感觉自然生发，同时却又都可以通过药物来刺激实现。

在如何对待古代医学这个问题上，邦医生完全信服克洛德医生的观点，"发黄的旧书堆里找不到任何对现代科学有实用价值的东西，

沙可Jean-Martin Charcot(1825—1893)，19世纪法国最著名的神经病理学家，19世纪中叶法国病理心理学传统的奠基人之一，1862年他在巴黎的圣佩特里哀医院任职，并在其中建立了19世纪举世闻名的神经病临床诊疗所，法国著名心理学家让内Pierre Janet（1859—1949）和后来精神分析学的创始人弗洛伊德都曾在其诊疗所里学习。

克洛德·贝尔纳Claude Bernard（1813—1817），法国生理学家，实验医学的奠基人之一。在医学上，他反对只重观察而不实验的经验主义态度，主张将自然科学的方法引入医学研究，并强调根据精确的概念和确定的事实进行推理的重要性。1854年，在法国索邦大学开设实验生理学讲座。主要著作《实验医学导论》(1865)对当时的欧洲学术界产生了深远的影响。克洛德提出了正常机制和病理机制基本等同的假设，认为正常生物体的一般规律也可以用来分析病理现象，而病理研究的方法和结论亦可反过来用于研究正常现象。这一假设是法国病理机能心理学和精神分析学得以建立的重要理论假设之一。

那是过去的知识，充斥着谬误。以为古书里藏着什么能够推进科学发展的真理，那不过是现代人浪漫的虚妄想法。”

因着这个道理，在邦医生看来，自然之友的整部历史只算得上是粗陋的药物研究史，而学会对永生的追寻不过是些早期无神论者希冀与人类必死命运抗争的无谓幻想。

邦医生的克洛德式观念在他深爱的妻子死后完全被改变。

妻子的离去使他痛苦，但很快他就把妻子的死亡看作一个启示，因为在此之前，他从未如此强烈的相信人的永生是可以并且应该迫切被实现的。在上帝最终带走他的洛之前，找到万灵药 elixir of life 成为他全心投入的工作。

在他向尘封的家族文献求助之前，阿诺德·威兰诺瓦 Arnold de Villanova（1240—1311）使用鲜血提炼灵药的理论是邦医生工作的主要指引。

许多年后的某一天，邦突然意识到他所渴求的永生之术也许只是一个虚幻，然而这并非意味着“永生”的荒谬。就像一个银币的两面，上帝把他的旨意以隐喻的形式表达出来，永生的另一面是什么？死亡，如果能找到一种灵药，使死亡变得易于沉醉，那么与永生是同样的道理啊，这药必将谱写生命乐章的至高音符。这领悟使他颤栗，他跪倒在妻子的墓前，满怀着强烈的宗教热情，诚心礼赞上帝。

邦医生家族对封印地的记忆：

一个侏儒群体几个世纪以来看守着封印地。他们是一种矮型人种的后代，并不像大众认为的那样智力低下，他们懂得栽培可以在黑暗中生长的谷物和果实，
以及在温暖的地方
种植草药。

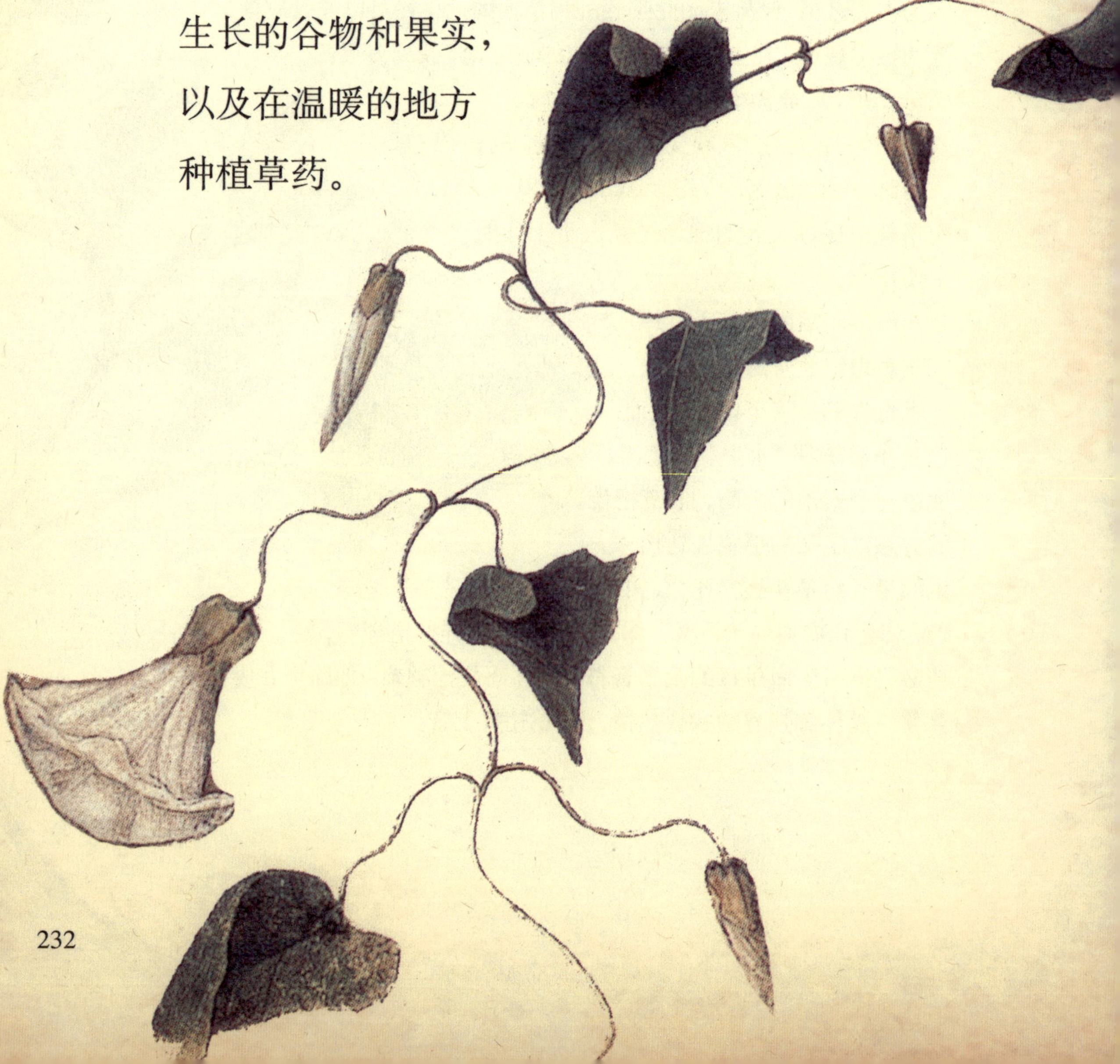

上帝银币的另一面

【夜里，姬莎伊带着五只蝗虫到来，对我说，“把这些蝗虫拿去，以摩罗神之名碾碎它们，我就能与你共枕。”我没有丝毫迟疑，立即按照她说的做了。

当我所罗门念出那个异神的名字，上帝的圣灵瞬间便离弃了我，从此我便堕入不可救赎的深渊，言语愚蠢，神志昏聩。　　——《所罗门之书》】

在东方·爱的摹本《自然》里，“姬莎伊”名下绘制了一幅原本没有的植物图，那是一株盛开的白色重瓣花，洁白的花瓣轮廓用金粉勾勒出来，仪态高贵。这植物有金色的花蕊，和精细的须根。图的左下方用红色的墨汁顺次写有几个很小的符号【[illegible]】、【[illegible]】、【[illegible]】，在邦医生的笔记里，他将这符号用作植物的名字。

对于这幅植物插图，邦医生的笔记里记载着这样一段晦涩的诗句

有一种花
如此美丽并非幻影
经历了几十万年的时光
形态有所改变
效用却仍如最初
她的各种已知的样子都曾被画出
以帮助寻找者不被那些不同的形态所迷惑
在体验幸福的一刻
直达永恒

邦医生的笔记写在一张不间断的长卷上，老Grimm在《一千年的真知》里称之为“巴黎长卷”*the Paris Scroll*。

“巴黎长卷”记录了关于“爱洛芙”的全部。

没有哪一本医学杂志愿意发表我的意见，我亦不愿与人争论。余下的工作仅仅是如何使人们更好的理解她。幸福的全部在于人们对幸福的接受意愿。要知道，我们为了知识曾舍弃上帝赐予的伊甸。

……

看见这卷手稿的人一定会有许多问题要问。他们会认为自己看到了一个疯癫者的呓语。我不为自己辨解，它只是一个家族的记事本。愿那些本可以超脱于痛苦的人得到幸福。有人认为世界变了很多。可是它从来就没有改变过。我们之所以感到改变是因为我们忘记了自己的过去，那些还在风中低诉的历史。

……

解决问题的方法已然发现，无须任何验证，在我看来就是这样。正如要理解爱的意义，并不需要通过验证爱药的效力。她（爱洛芙）是哲学和崇高理想。她将为我们开启死亡的幸福之门。人们向往光明，然而即使在最黑暗之地也有美丽的花，深暗的海底也有丰富的图景。

……

人应该从对死亡的恐惧中被拯救出来，死亡应该是有趣的、富有吸引力的、令人兴奋的，就像去体验一场未知的冒险，应该是孩子们会憧憬的旅行，如同他们梦想扬帆远航。

……

这古老的配方，激发出生命乐章的至高音符，让感觉沉浸在最美妙的时刻，快乐从此漫溢充塞一个人的永恒此在。

……

不需要宗教、假设和幻觉，我们也能体味死亡的甘甜，那是人类本该享有的幸福。

……

我所做的一切，只是为了爱，没有别的。

——《巴黎长卷》

爱 la Amour

对于“爱洛芙”的描述，看护人R的语言比邦医生更接近医学的客观和冷静。姬莎伊名下的植物插图是一种象征，在自然界里是找不到的。其根、茎、叶、花乃至蕊的每个部分依据其形态、比例、绘制该部分所使用的原料和颜色都隐藏着暗示，指代一种成分及其来源和提取方式。这不是一种单纯的花，而是包含几种草药成分及制法的复合配方，一种“阿莫多瓦”的衍生物。这种药能够麻痹神经，抑制呼吸，但毒性发作的过程很温和，使人可以在毫无痛苦中安宁的死去。并且理论上，在受体死亡以前会出现“意识定格”的瞬间。这就是邦医生所谓的生命乐章的至高音符，“感觉沉浸在最美妙的时刻，快乐从此漫溢充塞一个人的永恒此在。”

由于缺乏对“巴黎手稿”原件的研究，R的描述对我们的理解帮助不大，它不过使一种不可思议的配方显得更加离奇。

与普通毒药不同的是，邦医生能够通过受体情绪的变化来控制药性的发作时间和效果，这一点他是如何做到的，R没有作任何解释，但在《笔记》里却提供了一个真实的例证。

邦医生来不及亲身实验他的创造物，根据R对症状的描述，我们得以知道他不幸死于心脏衰竭。R记录下邦一生中最后的话语：

“一切都会结束和消逝，那一天我们和所爱的人互相说再见，然后开始新的物种旅行。下一次我希望以石头的形式存在，再也不看，不听，不感受。”

死前不久，邦医生把“世界上最好的礼物”留给了他的洛。

关于洛后背肌肤上漂亮的金色纹身，她与诺阿的爱情，“爱洛芙”的效用如何被完美的证实，以及她最终如何变成了诺阿星空图谱里最深沉的怀念，都记录在《笔记》里。

那又是另一个故事了。

【狂风大作的雨夜，漆黑阴冷的小教堂开出了绚烂的花，温暖的光就照在上面。就在那祭坛上，我的洛品尝了爱的甘美，死神却如期而至。

——《笔记》】

不
尽的
金银和
珍贵的宝
石。他们仰
望献给上帝的神
殿，都深深敬仰叹
服。从此,我所罗门的世界变得祥和平静。我的一生都
在深沉的安宁中度过，天空下所有人都敬我爱
我。我的王国无限繁荣。耶路撒冷充满
欢乐。我有无数美丽的妻子，她们
来自不同的地方。但当我来
到雅比萨恩，看见姬莎伊的
时候，我还是立刻疯狂的爱上
了她。我是如 此渴望她成为
我的妻子。 我对那里
的祭司 说，
“我 要

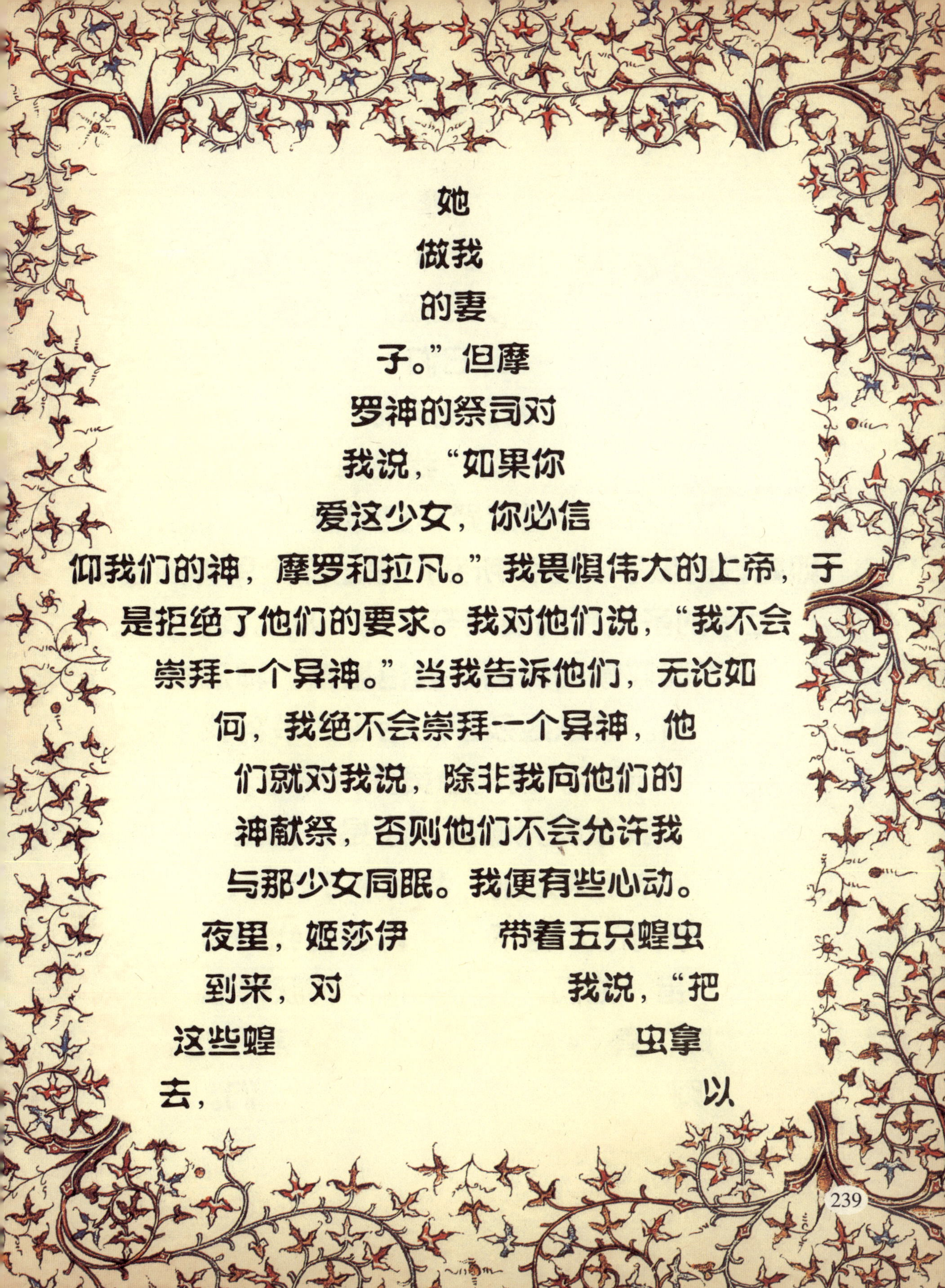

她做我的妻子。”但摩罗神的祭司对我说，“如果你爱这少女，你必信仰我们的神，摩罗和拉凡。”我畏惧伟大的上帝，于是拒绝了他们的要求。我对他们说，“我不会崇拜一个异神。”当我告诉他们，无论如何，我绝不会崇拜一个异神，他们就对我说，除非我向他们的神献祭，否则他们不会允许我与那少女同眠。我便有些心动。夜里，姬莎伊带着五只蝗虫到来，对我说，“把这些蝗虫拿去，以

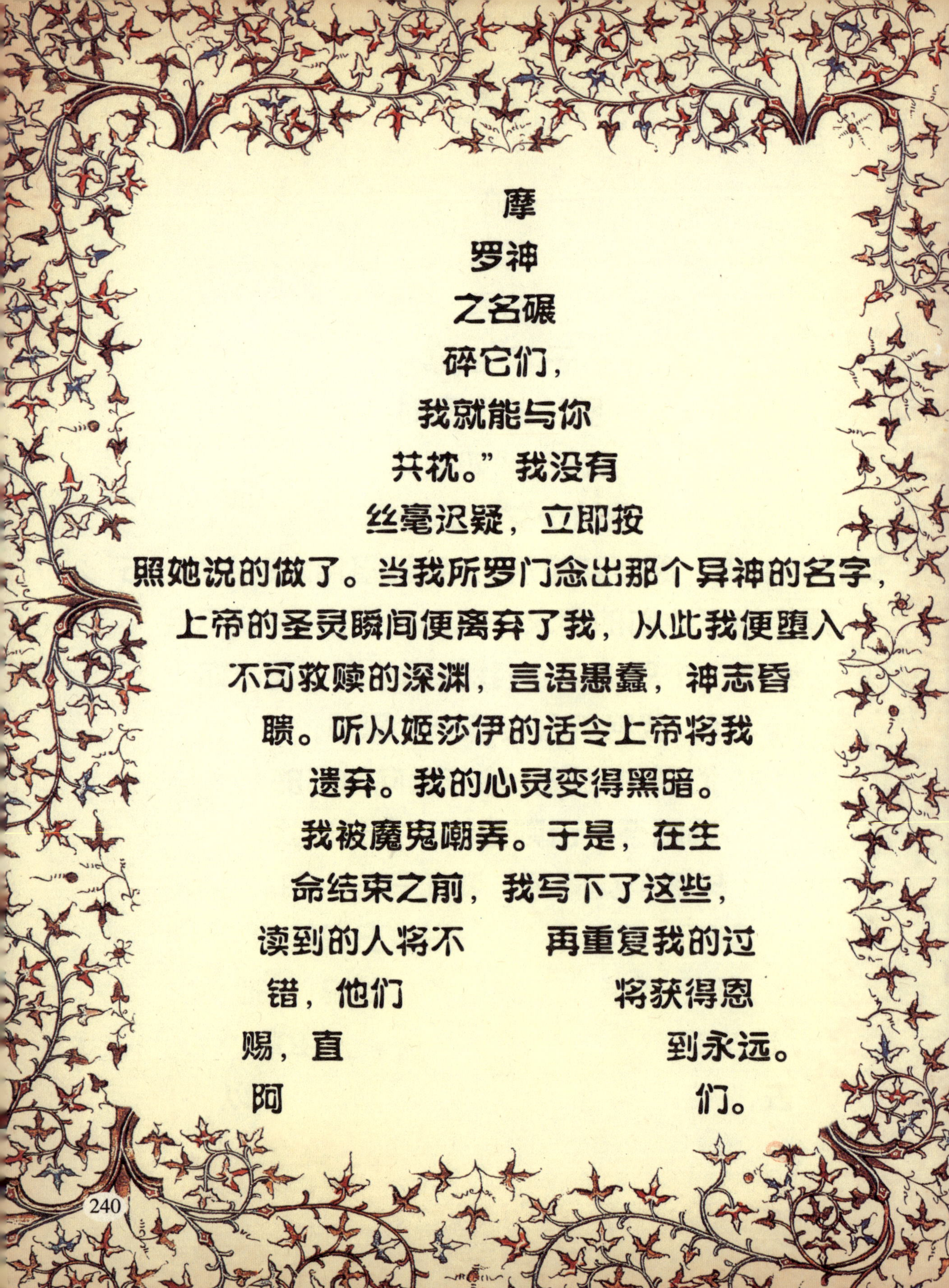

摩
罗神
之名碾
碎它们，
我就能与你
共枕。”我没有
丝毫迟疑，立即按
照她说的做了。当我所罗门念出那个异神的名字，
上帝的圣灵瞬间便离弃了我，从此我便堕入
不可救赎的深渊，言语愚蠢，神志昏
聩。听从姬莎伊的话令上帝将我
遗弃。我的心灵变得黑暗。
我被魔鬼嘲弄。于是，在生
命结束之前，我写下了这些，
读到的人将不　　再重复我的过
错，他们　　　　　将获得恩
赐，直　　　　　　到永远。
阿　　　　　　　　们。

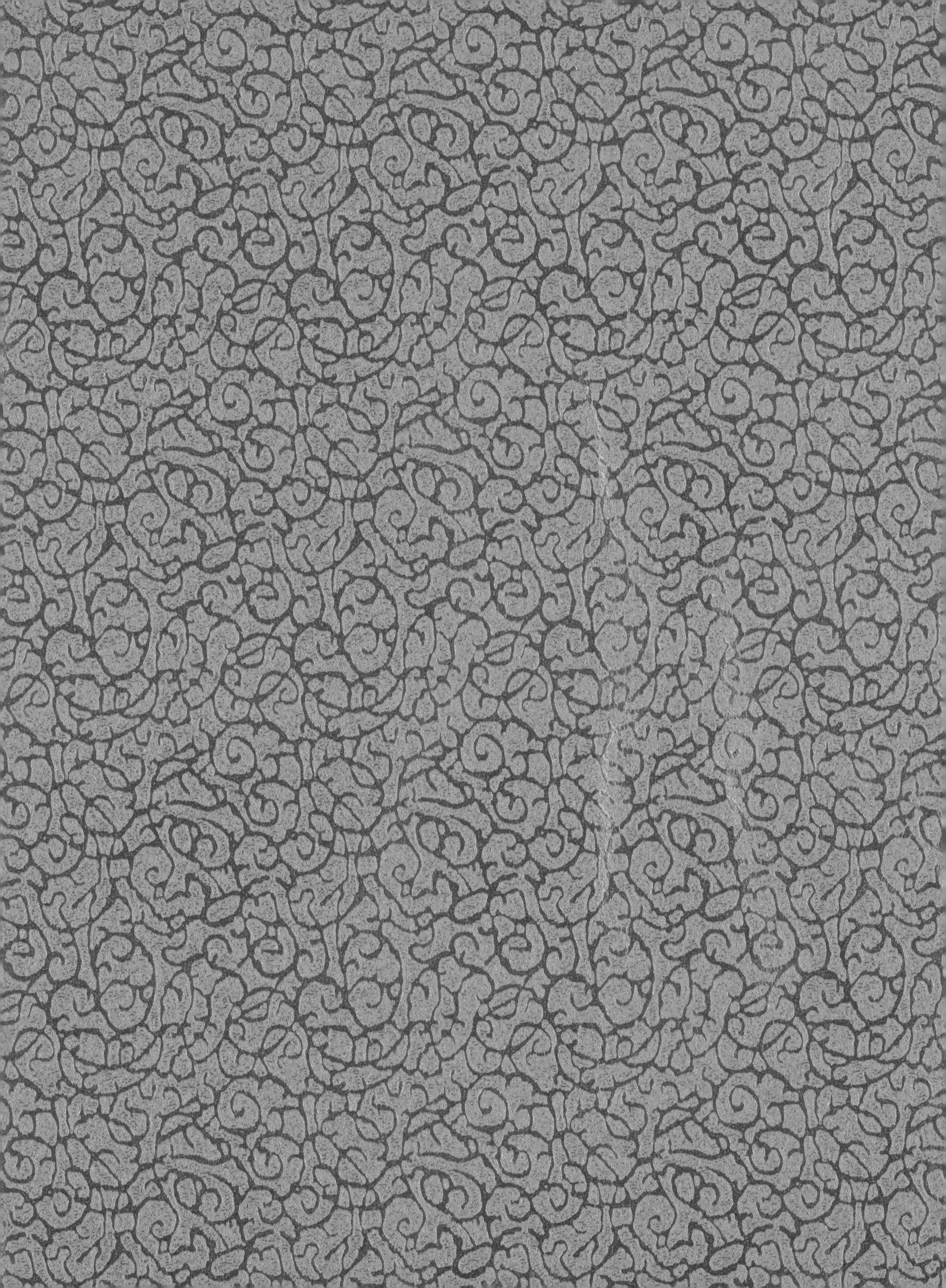